JN274904

Tax, Accounting in Network Society

ネットワーク社会の税務・会計

河﨑 照行 [編著]
Kawasaki Teruyuki

税務経理協会

はじめに

　本書『ネットワーク社会の税務・会計』は，ネットワーク社会における税務および会計のあり方について，理論・制度・実態の三つの側面から，その現状を総合的・体系的に分析するとともに，その将来を展望しようとするものである。

　今日のわが国は，本格的なネットワーク社会（インターネット社会）を迎えており，インターネット利用者の数とインターネット取引（電子商取引）の規模は，着実に増加の一途をたどっている。『情報通信白書（平成22年度）』によれば，わが国のインターネット利用者数は9,408万人（普及率78.0％）と推計されている。また，経済産業省『電子商取引に関する市場調査（平成21年度）』によれば，「一般消費者向け電子商取引」（Ｂ２Ｃ）の市場規模は6兆6,960億円に達しているとされる。このような本格的なネットワーク社会にあって，税務および会計の理論・制度・実務は，どのような影響を受けるのであろうか。

　これまで，わが国では，税務および会計の分野において，情報技術（Information Technology）の利用に関する法制度面での対応が図られてきた。例えば，税務面では，1998年に，「電子計算機を使用して作成する国税関係帳簿書類の保存方法等の特例に関する法律」（「電子帳簿保存法」）が制定されている。また，2004年2月からは，「電子申告・納税システム」（e−Tax）が開始され，現在では，全国規模でその普及・推進が図られている。他方，会計面では，2001年6月から金融庁のEDINET（「金融商品取引法に基づく有価証券報告書等の開示書類に関する電子開示システム」）が本格稼働し，2004年6月からは強制適用されている。また，2006年5月に施行された「会社法」では，電子帳簿や電子公告について一層の整備が図られた。

　しかし，このような税務および会計における法制度面での整備・充実にもかかわらず，インターネットに代表される情報技術の発展が税務および会計の理論・制度・実務にどのような影響を与えるかについて，断片的・個別的な研究

はみられるものの，それらの総合的・体系的な取組みは皆無であるといってよい。

本書の目的は，かかる問題意識のもとで，ネットワーク社会における税務および会計をめぐる諸問題に対して，総合的・体系的観点から真摯に取り組むことによって，わが国における税務および会計の理論・制度・実務の充実・発展に寄与しようとするものである。

本書は，4編17章から構成されている。各編および各章では，以下のような問題が議論されている。
(1) 「第1編　総論」（第1章～第3章）では，本書の理論的・技術的背景が論じられている。今日の企業環境（産業構造）は，情報技術の発展により，プロダクト型市場経済からファイナンス型市場経済へ，さらには，ナレッジ（知識情報）型市場経済へ移行しつつある。このような企業環境の変化は，税務および会計のあり方を必然的に変化させることになる。このような問題意識のもとで，第1編では，企業環境の変化が税務や会計の理論に与える影響（第1章），ネットワーク環境における内部統制のあり方（第2章），企業環境の変化が利益（所得）概念に与える影響（第3章）といった問題が議論されている。
(2) 「第2編　ネットワーク社会と電子帳簿」（第4章～第7章）では，会計行為のインプット面に焦点をあて，ネットワーク社会における会計帳簿（電子帳簿）のあり方が議論されている。わが国では会社法の創設により，会計帳簿の記帳要件(適時性と正確性)が規定された。今日のようなコンピュータ会計（電子帳簿）の時代に，会計帳簿に関する記帳要件が会社法に盛り込まれたのはなぜであろうか。このような問題意識のもとで，第2編では，わが国の電子帳簿保存法の創設・改正の経緯と問題点（第4章），わが国の電子帳簿制度とドイツにおける電子帳簿（ＥＤＶ簿記）制度との比較分析（第5章），わが国の電子帳簿の記載要件（第6章），電子帳簿の技術的特質とその将来（第7章）といった問題が議論されている。

はじめに

(3) 「第3編　電子商取引と税務処理」(第8章～第13章) では，会計行為のプロセス面に焦点をあて，インターネット取引 (電子商取引) が税務および会計に与える影響が論じられている。第3編は本書の核心的な部分をなしており，主として，電子商取引をめぐる課税問題が取り上げられている。「電子商取引における企業実体とは何か」，「電子商取引の所得は，いつ，どのように認識すべきか」，「デジタル財はどこで費消されたとみるべきか」，そもそも「電子商取引は課税すべきか」といった諸問題がこれである。このような問題意識のもとで，第3編では，インターネット取引 (電子商取引) をめぐって，課税原則のあり方 (第8章)，課税所得概念 (第9章)，移転価格税制 (第10章)，消費課税 (第11章)，租税回避 (第12章)，電子商取引の最新動向 (第13章) といった個別問題を取り上げ，それらが理論的かつ具体的に議論されている。

(4) 「第4編　ネットワーク社会と電子申告」(第14章～第17章) では，会計行為のアウトプット面に焦点をあて，ネットワーク社会における電子申告のあり方が論じられている。電子申告は，わが国では，2004年2月から導入され，関係機関・関係団体の努力によってその普及が推進されてはいるものの，必ずしも十分な普及状況とはいえない。わが国の電子申告システムはXBRL (eXtensible Business Reporting Language) という最先端のインターネット技術によって構築されており，その普及・推進は国家的課題であるといってもよい。このような問題意識のもとで，第4編では，電子申告の概要 (第14章)，電子申告と税務情報の信頼性 (第15章)，技術的基盤としてのXBRL (第16章)，電子申告の実態と課題 (第17章) といった問題が議論されている。

本書の原型となったのは，税務会計研究学会・特別委員会「ネットワーク社会における税務会計の諸問題」(2006年度～2007年度)，および日本学術振興会・科学研究費補助金基盤研究(B)「サイバースペース社会と財務会計・税務会計のパラダイム・モデルに関する総合研究」(2007年度～2009年度) である。本書は，

これらの共同研究の成果に，経験豊かな実務者の英知を結集したものである。それゆえ，本書はネットワーク社会における税務および会計に関する総合的かつ体系的な理論書であるとともに，豊富な経験と英知に裏付けられた実務書でもある。

　本書は，数多くの方々の温かいご指導とご支援によるものである。とりわけ，本書を日本会計研究学会元会長・税務会計研究学会元副会長の故武田隆二先生に捧げたい。本研究の推進に力強いご支援とご指導を賜ったことに感謝申し上げるとともに，心よりご冥福をお祈りしたい。

　最後に，本書の上梓をご快諾頂いた(株)税務経理協会社長・大坪嘉春氏，および企画・編集にご尽力いただき，実に粘り強く編者のわがままをお聞き届け頂いた同社シニアエディター・堀井裕一氏並びに同社書籍製作部・原さやかさんに，厚くお礼を申し上げたい。

　2011年3月

編著者　河﨑　照行

目　次

はじめに

第1編　総　　論

第1章　ネットワーク社会と税務・会計の課題 ―― 3
Ⅰ　はじめに ……………………………………………………………… 3
Ⅱ　ネットワーク社会と企業環境の変化 ………………………………… 4
Ⅲ　ネットワーク社会と会計理論の変貌 ………………………………… 5
　1　プロダクト型市場経済における会計理論の特質 …………………… 6
　2　ファイナンス型市場経済における会計理論の台頭 ………………… 7
　3　ナレッジ型市場経済における会計理論の必要性 …………………… 7
Ⅳ　ネットワーク社会と会計ディスクロージャー ……………………… 7
　1　開示対象の拡大化 …………………………………………………… 7
　2　開示手段としてのXBRL ………………………………………… 9
Ⅴ　ネットワーク社会における税務・会計の問題領域 …………………10
Ⅵ　むすび …………………………………………………………………12

第2章　ネットワーク社会と内部統制 ―― 15
Ⅰ　ＩＴ統制構築の基本的視点 ……………………………………………15
Ⅱ　ネットワーク環境におけるＩＴ統制の重要性 ………………………17
Ⅲ　ＩＴ統制の構造と内容 …………………………………………………18
Ⅳ　ＩＴ統制の評価 …………………………………………………………22
　1　ＩＴ統制評価の勘所 ……………………………………………………22
　2　ＩＴ全般統制およびＩＴ業務処理統制の評価 ………………………24

  3　スプレッドシートの評価……………………………………………26
 Ⅴ　制度を超えたＩＴ統制の重要性……………………………………28

第3章　ネットワーク社会と所得概念の変容 ── 31

 Ⅰ　は じ め に………………………………………………………………31
 Ⅱ　産業構造の変化による貸借対照表構成比率の特徴……………32
 Ⅲ　電子商取引にみる収益認識の特徴…………………………………35
 Ⅳ　収益認識における契約成立主義と期中取引への
  公正価値会計の応用……………………………………………………37
 Ⅴ　む　す　び………………………………………………………………41

第2編　ネットワーク社会と電子帳簿

第4章　電子帳簿保存法の概要と制度的課題 ── 47

 Ⅰ　は じ め に………………………………………………………………47
 Ⅱ　電子帳簿保存法の創設・改正の経緯と現行法の概要…………47
  1　電子帳簿保存法の創設・改正の経緯……………………………47
  2　電子帳簿保存法の概要……………………………………………50
 Ⅲ　電子帳簿保存法における法規制上の問題の所在…………………55
 Ⅳ　電子帳簿保存法と個別税法における法規制の整備………………58
 Ⅴ　む　す　び………………………………………………………………61

第5章　電子帳簿と正規の簿記 ── 65

 Ⅰ　は じ め に………………………………………………………………65
 Ⅱ　ＥＤＶ簿記を巡る法的な仕組み……………………………………66
  1　歴史的経緯…………………………………………………………66
  2　ＥＤＶ簿記の許容を巡る「法の目的に応じた，法規範の組み立て」…67

　　　　　　　　　　　　　　　　　　　　　　　　　　　　　目　　次

  3　ＥＤＶ簿記の種類とその特有の条件……………………………………70
Ⅲ　1995年GoBSと「その他の規範」……………………………………………72
  1　1995年GoBS……………………………………………………………72
  2　ＥＤＶ簿記を巡る「その他の規範」…………………………………74
  3　「場の条件」と「実箱であるGoB」……………………………………76
Ⅳ　法規範と「簿記の正規性」の展開……………………………………………77
  1　「簿記の正規性」の展開………………………………………………77
  2　見読可能性確保の問題…………………………………………………78
  3　処理プロセスの検証の問題（特に文書化を中心として）…………78
  4　遡及的追加・修正・削除防止の問題…………………………………80
  5　保　　　　存……………………………………………………………81
  6　ＥＤＶ簿記における責任………………………………………………83
Ⅴ　わが国の電子帳簿に関する法制との対比…………………………………84
  1　商法と商業帳簿の電磁的保存…………………………………………84
  2　問 題 提 起………………………………………………………………85
Ⅵ　む　す　び………………………………………………………………………87

第6章　電子帳簿と記帳要件　――――――――――――――――91

Ⅰ　は じ め に………………………………………………………………………91
Ⅱ　商業帳簿の記帳要件……………………………………………………………92
  1　記帳要件の規定…………………………………………………………92
  2　適時性と正確性…………………………………………………………93
  3　電子帳簿の記帳要件……………………………………………………95
Ⅲ　会計帳簿の意義…………………………………………………………………96
  1　会計帳簿と電子帳簿……………………………………………………96
  2　商業帳簿の目的…………………………………………………………97
  3　会計帳簿の重要性………………………………………………………98
Ⅳ　XBRLによる財務情報…………………………………………………………99

3

1　XBRLによる文書 …………………………………………99
　　2　XBRL　GL（Global Ledger） ……………………………99
　Ⅴ　むすび ………………………………………………………103

第7章　電子帳簿の技術的課題 ―――――――――― 105

　Ⅰ　はじめに ………………………………………………………105
　Ⅱ　コンピュータによる会計処理の進展 …………………………106
　Ⅲ　電子帳簿に求められる要件と技術的課題 ……………………108
　　1　電子データの訂正・加除の履歴保存 …………………………108
　　2　帳簿間で記録の相互追跡の可能性確保 ………………………108
　　3　処理過程の説明書類の整備・保存 ……………………………109
　　4　電子帳簿書類の見読可能性の確保 ……………………………109
　　5　電子データの検索機能の確保 …………………………………110
　Ⅳ　e―文書法に対応した電子帳簿保存法で求められる要件
　　　と技術的課題 …………………………………………………110
　　1　真実性の確保 ……………………………………………………111
　　2　見読性の確保 ……………………………………………………111
　　3　保存性の確保 ……………………………………………………111
　Ⅴ　電子帳簿にあわせたシステム設計と管理体制の再構築 ……113
　Ⅵ　電子帳簿を保存するにあたっての技術的課題 ………………114
　Ⅶ　むすび ………………………………………………………115

第3編　電子商取引と税務処理

第8章　電子商取引の特質と課税問題 ―――――――― 121

　Ⅰ　はじめに ………………………………………………………121
　Ⅱ　電子商取引と課税システムへの挑戦 …………………………122

	1	電子商取引課税の複雑性 …………………………………122
	2	課税システムに対する電子商取引の挑戦 ………………123
	3	電子商取引課税の可能性 …………………………………125
Ⅲ	電子商取引をめぐる課税上の個別論点 …………………………126
	1	恒久的施設 …………………………………………………127
	2	所　得　分　類 …………………………………………………128
	3	消　費　課　税 …………………………………………………129
Ⅳ	電子商取引と課税原則 ……………………………………………131
	1	中立性の原則 ………………………………………………132
	2	効率性の原則 ………………………………………………132
	3	確実性と簡素性の原則 ……………………………………133
	4	実効性と公正性の原則 ……………………………………134
	5	柔軟性の原則 ………………………………………………134
	6	効率性と公平性のトレードオフ …………………………135
Ⅴ	む　す　び ……………………………………………………………135

第9章　電子商取引と課税所得概念 ───── 139

- Ⅰ　は　じ　め　に …………………………………………………………139
- Ⅱ　電子商取引に関わる課税問題の中心 …………………………139
- Ⅲ　法人税における納税義務と課税所得範囲 ……………………141
- Ⅳ　源泉地国課税と居住地国課税の対立 …………………………144
- Ⅴ　租税原則の観点からの検討 ……………………………………146
- Ⅵ　む　す　び ……………………………………………………………151

第10章　電子商取引と移転価格税制 ───── 155
　　　　　－独立企業原則と定式分配法－

- Ⅰ　は　じ　め　に …………………………………………………………155
- Ⅱ　現行の移転価格税制 ……………………………………………156

	1	基本的思考 ………………………………………………………156
	2	独立企業原則の実施困難 …………………………………………157

Ⅲ　電子商取引の特徴と課税上の取扱い ……………………………………158
　　1　電子商取引の特徴 ……………………………………………………158
　　2　無形資産の重要性 ……………………………………………………161
Ⅳ　移転価格税制の理論に関する検討 ………………………………………162
　　1　独立企業原則の論理 …………………………………………………162
　　2　定式分配法の論理 ……………………………………………………163
　　3　租税原則に基づく検討 ………………………………………………164
　　4　他の税法規定との整合性 ……………………………………………166
　　5　独立企業原則の妥当性と定式分配法の否定 ………………………168
　　6　独立企業間価格としての利益分割法等の利益法の考察 …………170
Ⅴ　む　す　び ………………………………………………………………171

第11章　電子商取引と消費課税 ——————————— 175

Ⅰ　は じ め に ………………………………………………………………175
Ⅱ　電子商取引における間接税の問題 ………………………………………176
Ⅲ　ＥＵにおける付加価値税 …………………………………………………177
　　1　ＥＵ域内の取引における付加価値税 ………………………………177
　　2　デジタル財と付加価値税 ……………………………………………179
Ⅳ　ＥＵにおける電子商取引への対応 ………………………………………179
Ⅴ　む　す　び ………………………………………………………………182

第12章　電子商取引と租税回避 ——————————— 185

Ⅰ　は じ め に ………………………………………………………………185
Ⅱ　電子商取引と課税 …………………………………………………………186
　　1　公平・中立・簡素の原則 ……………………………………………186
　　2　電子商取引の分類 ……………………………………………………189

目　次

Ⅲ　電子商取引と税務執行 …………………………………………190
Ⅳ　租税回避の定義に対する影響 …………………………………192
Ⅴ　消費税と電子商取引（「Ｂ２Ｂ」と「Ｂ２Ｃ」）………………193
Ⅵ　米国における売上税・使用税（Ｂ２Ｃ）………………………195
Ⅶ　む　す　び ………………………………………………………197

第13章　電子商取引の新動向 ─────────── 199
　　　　　　─仮想世界サービスと仮想経済活動─

Ⅰ　は じ め に ………………………………………………………199
Ⅱ　仮想世界と仮想法律 ……………………………………………200
　1　経　験　経　済 …………………………………………………200
　2　仮想世界における経済活動 ……………………………………201
　3　仮想世界における仮想法律 ……………………………………205
Ⅲ　ＲＭＴと現実世界の企業ポイント ……………………………206
　1　ＲＭＴの意義と課題 ……………………………………………206
　2　日本円建てによるＲＭＴ取引と企業ポイントの比較 ………209
Ⅳ　仮想世界への課税問題 …………………………………………210
Ⅴ　む　す　び ………………………………………………………212

第４編　ネットワーク社会と電子申告

第14章　電子申告の概要 ──────────────── 219

Ⅰ　は じ め に ………………………………………………………219
Ⅱ　電子申告の法整備に向けた国税庁の取組み …………………220
Ⅲ　電子申告制度の情報セキュリティ対策 ………………………223
Ⅳ　電子申告制度の普及に向けた国税庁の取組み ………………225
Ⅴ　電子申告の徹底と無償独占のあり方 …………………………226

7

Ⅵ	電子申告システムの操作性に関する評価 …………………228
Ⅶ	電子証明書とＩＣカードリーダのあり方 …………………230
Ⅷ	電子税務調査 ………………………………………………231
Ⅸ	む　す　び …………………………………………………232

第15章　電子申告とＸＢＲＬ ─────── 237

Ⅰ　は　じ　め　に …………………………………………………237
Ⅱ　電子政府の実現に向けた諸施策 …………………………………238
Ⅲ　電子申告制度の始動 ………………………………………………242
　　1　納税者の利便性 ……………………………………………242
　　2　納税者の信頼 ………………………………………………243
　　3　適正・公平な課税 …………………………………………243
　　4　税務行政の効率性・高度化 ………………………………243
Ⅳ　電子申告・納税システムの送信データ構造 ……………………244
Ⅴ　ＸＢＲＬタクソノミの役割 ………………………………………248
　　1　インスタンス文書 …………………………………………248
　　2　タクソノミ …………………………………………………248
Ⅵ　む　す　び ………………………………………………………251

第16章　電子申告と税務情報の信頼性 ─────── 255

Ⅰ　電子申告の進展状況 ………………………………………………255
Ⅱ　最近の税務行政の動向 ……………………………………………256
Ⅲ　本章の趣旨 …………………………………………………………258
Ⅳ　近年の会計，税務情報の電子化の潮流 …………………………260
　　1　東西冷戦の終結がボーダーレス化を加速 ………………260
　　2　ＩＴ（Information Technology）革命がボーダーレス社会を牽引 ……261
　　3　ＩＴ革命による経済インフラの変容 ……………………262
Ⅴ　会計情報，税務情報の正確性を誘導する法規範等 ……………263

1	会社法上の記帳条件	263
2	巡回監査	264
3	米国内国歳入庁・歳入手続とわが国の電子帳簿保存法	265
4	会計参与制度	269
5	確定決算主義	270
6	税理士制度	271
7	税理士法33条の2による書面添付制度	274

Ⅵ　むすび ……………………………………………………………276

第17章　わが国における電子申告の現状と課題 ── 281
－上場企業2,000社および税理士2,000名に対する実態調査の結果と分析－

Ⅰ　はじめに ……………………………………………………………281
Ⅱ　実態調査の概要と回収結果 ………………………………………282
　　1　実態調査の概要 ………………………………………………282
　　2　実態調査の回収結果 …………………………………………283
Ⅲ　電子申告の現状 ……………………………………………………284
　　1　電子申告の利用状況 …………………………………………284
　　2　電子申告の利用程度 …………………………………………285
　　3　電子申告の利用動機 …………………………………………286
Ⅳ　電子申告の課題 ……………………………………………………288
　　1　電子申告導入の技術的阻害要因 ……………………………288
　　2　電子申告導入の制度的阻害要因 ……………………………289
Ⅴ　電子申告の将来 ……………………………………………………291
　　1　電子申告が税務に与える影響 ………………………………291
　　2　将来の展望 ……………………………………………………293
Ⅵ　むすび ……………………………………………………………295

索　引 …………………………………………………………………299

第1編

総論

第1章

ネットワーク社会と税務・会計の課題

I　はじめに

インターネットに代表される情報技術の発展が，企業環境（産業構造や取引形態）を変化させ，ひいては課税システムのあり方や所得概念を変化させる可能性がある。

『情報通信白書(平成22年度)』によれば，2009年のわが国のインターネット利用者数は9,408万人と推計され，人口普及率は78.0％に達しているとされる(総務省[2010], 160頁)。また，経済産業省の「平成21年度電子商取引に関する市場調査」によれば，2009年の一般消費者向け電子商取引（B2C）の市場規模は6兆6,960億円（対前年比10.0％増）とされ，電子商取引化率は2.08％（対前年比0.29％増）とされるのに対し，企業間電子商取引（B2B：狭義）の市場規模は131兆610億円（対前年比17.5％減）と推計され，電子商取引化率は13.7％（対前年比0.2％増）とされている(経済産業省[2009], 22頁)。このように，わが国では，インターネット利用者の数と電子商取引の規模は，着実に増加の一途をたどり，また，経済不況によるわが国全体の市場規模の急激な落ち込みにもかかわらず，電子商取引化率は着実に浸透している。

このような本格的なインターネット時代を迎え，わが国では，課税システムにおける情報技術の利用について，法制度面での整備が図られてきた。例えば，1998年には，国税関係帳簿書類の保存に係る納税者の負担を軽減する目的から，法人税法その他の国税に関する特例として，「電子計算機を使用して作成する

第1編　総　　論

国税関係帳簿書類の保存方法等の特例に関する法律」(いわゆる「電子帳簿保存法」)が制定された。また,「e－Japan構想」のもとで,2000年11月には,「高度情報通信ネットワーク社会形成法」(いわゆる「IT基本法」)が成立し,行政機関への申請・届出等の行政手続のオンライン化の一環として,2004年2月から,「電子申告・納税システム」が段階的に稼働し,現在では全国へとその適用地域が拡大している。しかし,このようなインターネット時代に対応した法整備や各方面の努力にもかかわらず,「電子帳簿」や「電子申告」の普及はあまり芳しいものとはいえないとされ(豊森[2004], 105-122頁),その問題の所在を究明するのが喫緊の課題とされる。

他方,情報技術の発展による「企業環境の変化」と「電子商取引の拡大」が,課税システムにどのような影響を与えるかについては,必ずしも,明らかではない(渡邉[2001], 113-121頁)。インターネット利用者の増加と電子商取引の急速な拡大を考慮すれば,それらが税務・会計の理論にどのような影響を与えるかについて議論を深めておく必要がある。例えば,「企業環境の変化」は伝統的な所得概念をどのように変化させるのか,また,「電子商取引の拡大」は課税システムの基礎概念(例えば,恒久的施設,所得分類など)をどのように変化させるのか,といった問題が具体的な議論の対象となりうる。

このような認識のもとで,本章の課題は,ネットワーク社会における税務・会計の諸問題について,理論的・体系的研究の必要性を強調するとともに,本書の研究目的・課題について論じることにある。

II　ネットワーク社会と企業環境の変化

ネットワーク社会における税務・会計のあり方について,その理論的・体系的研究が必要とされる経済的・社会的背景としては,企業環境の急激な変化をあげることができる。この変化は,次の四つの側面から浮き彫りにすることができる(武田[2001];古賀[2002];河﨑[2002])。

(1)　第1は「経済基盤の変化」である。従来の企業活動は国内に限定され,

資金調達も国内資本市場を前提とするドメスティックな活動であったのに対し，ネットワーク社会では，企業活動は国境を越えてグローバル化し，資金調達も世界的規模で拡大化している。
(2) 第2は「産業構造の変化」である。従来の経済社会は，製造業または製品プロダクトを主軸とした「プロダクト型市場経済」であったのに対し，ネットワーク社会では，金融サービス業または金融商品を主軸とした「ファイナンス型市場経済」へ重点が移動している。さらに，この変化は，無形財（ブランドやノウハウ等の知的資産）を主軸とした「ナレッジ型市場経済」へ移行する動きを見せている。
(3) 第3は「企業実体（エンティティ）の変化」である。従来の企業は「企業の継続性」が重視され，生産の持続的続行の観点から，社会性をもったエンティティとして存在していたのに対し，ネットワーク社会では，企業は「最大収益の獲得」のみを重視し，多数の「サイボーグ」（利潤追求という最大収益性をプログラムとしてビルトインされた事業単位）から形成される「サイボーグ・エンティティ」として特徴づけることができる（武田［2001］，9頁）。
(4) 第4は「取引形態の変化」である。この変化は，取引対象（商品）と取引方法の二つの側面から説明できる（安田［2003］，48頁）。
　(ア) 従来の取引対象は，有体物またはそれと不可分の著作物や有用な情報，知的サービス等の商品であったのに対し，電子商取引は，有体物と分離されたコンテンツがデジタル状態のままで保存され，自由に流通する。
　(イ) 従来の取引方法は，商品の移転が外形的に確認できたのに対し，電子商取引では，商品の移転を外部から確認することが困難であり，かつ，超高速にそれが行われ，その痕跡も残らない。また，電子商取引は地域性に制約されず，本質的にはボーダレスである。

III　ネットワーク社会と会計理論の変貌

会計の基盤である企業環境の変化は，必然的に，会計理論の体系を変化させ

ることになる。その変化は,「プロダクト型会計理論 → ファイナンス型会計理論 → ナレッジ型会計理論」への変化として特徴づけることができる(河﨑[2007], 1−15頁)。各会計理論の特質を要点的にまとめて示したのが**図表1−1**である。

図表1−1　会計理論の変貌の諸相

特質＼会計理論	プロダクト型会計理論	ファイナンス型会計理論	ナレッジ型会計理論
① 理論体系	・「原価・実現」アプローチ	・「時価・実現可能性」アプローチ	・企業価値創出のドライバーが無形財(ビジネスモデルやブランド)にあるとする認識 ・無形財がもたらす超過収益力(「のれん価値」)の評価 ・「将来キャッシュ・フローの現在価値」を評価基準の基軸とした会計理論
② 取引市場	・安定性が高く流動性が相対的に低い市場	・変動性と流動性が相対的に高い市場	
③ 収益認識	・「販売＝実現」が原則	・「実現可能性」	
④ 利益計算の課題	・分配可能利益または業績利益 ・過去指向的計算	・経済的利益(将来キャッシュ・フローの現在価値の期間比較) ・将来指向的計算	
⑤ 利益決定アプローチ	・収益費用アプローチ ・フロー重視の計算	・資産負債アプローチ ・ストック重視の計算	
⑥ 資産の評価基準	・取得原価	・時価(公正価値)	

(出典)　河﨑[2007], 4頁。

1　プロダクト型市場経済における会計理論の特質

「プロダクト型市場経済」における会計理論(「プロダクト型会計理論」)は,「原価・実現アプローチ」を基軸とする理論体系として構成されてきた。その前提となる取引市場は,安定性が高く流動性が相対的に低い市場が想定されている。したがって,そこでの収益認識は,「販売＝実現」が原則とされる。また,かかる会計理論では,物財やリアル資産を主たる認識対象とし,責任の遂行・利害調整と操業の業績評価を主要な目的とすることから,分配可能利益または業績利益(つまり,過去指向的計算)が利益計算の課題とされる。その場合,利益決定アプローチとして,収益費用アプローチ(フローを重視した計算)に焦点があてられ,資産の評価基準として,「取得原価」が適用されることとなる。

2 ファイナンス型市場経済における会計理論の台頭

これに対し,「ファイナンス型市場経済」における会計理論(「ファイナンス型会計理論」)は,「時価・実現可能性アプローチ」を基軸とする理論体系として構成されることとなる。その前提となる取引市場は,変動性(ボラティリティ)と流動性が相対的に高い市場が想定されている。したがって,そこでの収益認識は,「実現」にとらわれない「実現可能性」が採用される。また,かかる理論では,金融財やバーチャル資産を主たる認識対象とし,リスク管理と財務活動の業績評価を主要な目的とすることから,将来キャッシュ・フローの現在価値の期間比較という経済的利益(つまり,将来指向的計算)が利益計算の課題とされる。その場合,利益決定アプローチとして,資産負債アプローチ(価値評価というストックを重視した計算)に焦点があてられ,資産の評価基準として,「時価」(公正価値)が適用されることとなる。

3 ナレッジ型市場経済における会計理論の必要性

近年,情報技術の発展を背景に,企業価値創出のドライバーがブランドやノウハウという無形財にあるとする認識が高まってきた(古賀 [2005];伊藤 [2006])。このような「ナレッジ型市場経済」における会計理論(「ナレッジ型会計理論」)では,ブランドやノウハウという無形財(知的資産)がもたらす超過収益力(「のれん価値」)をいかに評価するかが課題とされる。したがって,今後の会計理論は,「将来キャッシュ・フローの現在価値」を評価基準の基軸とした会計理論の展開に,その重点を移動させることになるものと思われる。

IV ネットワーク社会と会計ディスクロージャー

1 開示対象の拡大化

企業環境の変化や会計理論の変貌は,会計ディスクロージャーの拡大化となって顕在化している。その嚆矢となったのが,米国のジェンキンス報告書で

第1編　総　　論

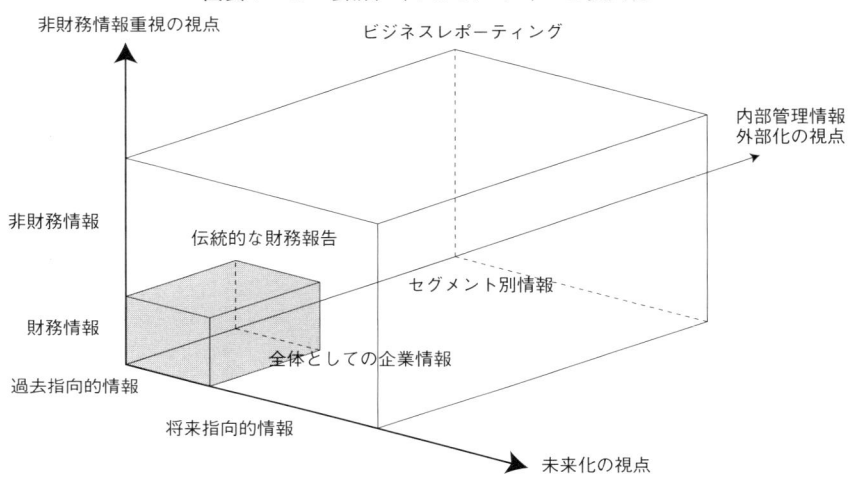

図表1-2　会計ディスクロージャーの拡大化

(出典)　河﨑［2001］，6頁。

ある。この報告書では，**図表1-2**に示すように，次の三つの視点から，従来の財務報告を外延的に拡大化（ビジネスレポーティング）させることを提案していた（AICPA［1994］）。

(1)　第1は，「未来化」の視点である。これは，経営計画やリスク情報といった将来指向的情報を重視することをいう。

(2)　第2は，「非財務情報重視」の視点である。これは，重要な事業の遂行プロセスなど，長期的な価値形成に焦点をあてた情報を重視することをいう。

(3)　第3は，「内部管理情報外部化」の視点である。これは，事業管理目的の情報を外部報告目的の情報として同列に取扱うことをいう。

このようなビジネスレポーティングのキー・ファクターは，ビジネスリスクに対する関心の高まりであり，リスクの予測情報（未来化）とともに，その補足情報（非財務情報重視）と補完情報（内部管理情報外部化）によって，会計ディスクロージャーの側面から，企業環境の変化に対応しようとするものである。

第1章　ネットワーク社会と税務・会計の課題

2　開示手段としてのXBRL

このような開示対象の拡大化は，開示手段としての電子メディアを前提としている。現在，会計ディスクロージャーの分野は，本格的な高度情報化時代を迎えており，電子商取引の急速な拡大と並行して，Webサイト（ホームページ）に各種の会社情報を掲載する企業が急速な勢いで増加している。このようなディスクロージャーの電子化（電子情報開示）は，従来の開示形式を，(a)「定期報告」から「即時的・継続的報告」へ，(b)「静的・一方的報告」から「動的・双方向的報告」へ変化させる可能性がある。

かかる変化を可能にするのが，インターネット言語としてのXBRL (eXtensible Business Reporting Language) である (Bergeron [2003]；坂上・白田 [2003])。これは，インターネット言語のXMLを基礎としたビジネスレポーティング用の言語であり，この言語によって，各企業のWebサイトが表現されれば，情報利用者(投資者等)はそれらを自在に利用（加工・処理）することが可能となる。

図表1－3　XBRLを基礎としたサプライチェーン

（出典）　XBRL Japan [2010]，4頁

その極限の姿を示したのが，**図表1-3**である。この図表では，XBRLにより，企業の財務情報が入力ポイントから最終利用ポイントまで一気通貫した形で，デジタルな情報として処理できることを示している。

V　ネットワーク社会における税務・会計の問題領域

　ネットワーク社会における企業環境の変化（また，会計理論および会計ディスクロージャーの変化）は，税務・会計の研究分野に新たな研究課題を提起することとなった。その新たな問題領域は，会計行為における「インプット → プロセス → アウトプット」の3局面に則して，次のように整理することができる。
(1)　インプット段階では，「電子帳簿」をめぐる問題が研究課題となりうる。周知のように，「会社法」の創設により，会計帳簿の「記帳要件」（適時性と正確性）が規定されることとなった。インターネット時代の会社法に，会計帳簿に関する記載要件が盛り込まれたことは画期的であるといってよい（武田 [2003]，2頁）。このことから，ネットワーク社会における会計帳簿（電子帳簿）のあり方と記帳要件の意義について考究することが検討課題となりうる。併せて，現在その利用が不活発である電子帳簿保存法の意義を再検討するとともに，その利用実態を調査し，現状と問題点を分析する必要があろう（【制度的・実態的課題】）。
(2)　プロセス段階は，税務・会計研究の核心的な部分であり，①「企業環境の変化」と②「電子商取引」がそれぞれに与える影響が研究課題となりうる（【理論的課題】）。
　①　「企業環境の変化」が税務・会計に与える影響の研究は，産業構造の変化が「所得」概念にどのような影響を与えるかについて考究することをいう。課税原理を構成する基本コンセプトとしての「給付能力」概念は，プロダクト型市場経済を前提として構成された概念であり，その内実も実体財の裏付けのある「所得」という趣旨で理解されてきた。しかし，プロダクト型市場経済からファイナンス型市場経済へ，さらには，

第1章 ネットワーク社会と税務・会計の課題

ナレッジ型市場経済への産業構造の変化とともに，「所得」の創出装置（企業活動）が大きく変化し，所得の実体をも変化させる動きを見せている。この動きを加速させているのがインターネットに代表される情報技術であり，それを利用した新たな取引形態（電子商取引）の拡大と発展である（武田[2004]，11頁）。このことから，ネットワーク社会における「所得概念」をどのように構成するかが，税務・会計の基礎的課題となりうる。

② 「電子商取引」をめぐる課税上の基本問題については，次の三つが指摘されている（根田他[2002]；日本公認会計士協会[2002]；安田[2003]）。

　(ア) 外国法人が国内に支店等を設置する代わりに，電子商取引によって営業を行う場合，恒久的施設を有さないものとして課税ができなくなる可能性（直接税＝恒久的施設問題）

　(イ) 内国法人が，外国法人からソフトウェア等のデジタル財を購入する場合，それを販売による「事業所得」とするか，著作権等の「使用料」とするかによって課税関係が異なってくる問題（所得分類問題）

　(ウ) インターネットによるデジタル財の購入では取引相手の外国事業者の所在地が国外であれば，原則として消費税が課税されないことになる可能性（間接税＝消費課税問題）

　これらは，ネットワーク社会における税務・会計の個別的・具体的課題であるといってよい。

(3) アウトプット段階では，「電子申告」をめぐる問題が研究課題となりうる。「電子申告」を支える技術手段の一つがXBRLであり，その導入について，わが国が世界を先導していることはあまり知られていない。例えば，国税庁のe-TaxにXBRLを導入したのは，オーストラリア，イギリスに次いで，世界で3番目である。しかし，先端的な運用基盤の整備にもかかわらず，その利用状況はあまり芳しいとはいえないとされる。そのため，電子申告の利用実態を調査し，その現状と問題点を分析することが喫緊の研究課題となりうる（【制度的・実態的課題】）。

第1編　総　　論

図表1-4は，以上の説明を要点的にまとめて示したものである。

図表1-4　ネットワーク社会における税務・会計の問題領域

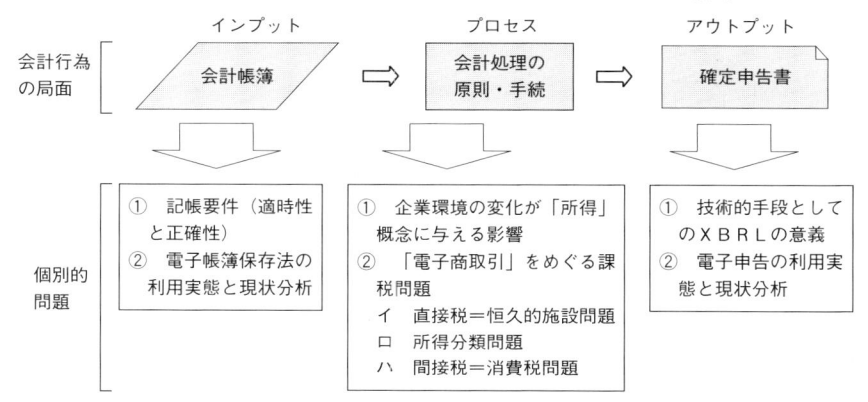

	インプット	プロセス	アウトプット
会計行為の局面	会計帳簿	会計処理の原則・手続	確定申告書
個別的問題	① 記帳要件（適時性と正確性） ② 電子帳簿保存法の利用実態と現状分析	① 企業環境の変化が「所得」概念に与える影響 ② 「電子商取引」をめぐる課税問題 　イ　直接税＝恒久的施設問題 　ロ　所得分類問題 　ハ　間接税＝消費税問題	① 技術的手段としてのXBRLの意義 ② 電子申告の利用実態と現状分析

VI　む　す　び

　本章の課題は，ネットワーク社会における税務・会計の諸問題を研究するにあたり，理論的・体系的研究の必要性を強調するとともに，本書の研究目的と研究課題を浮き彫りにすることであった。本章では，企業環境の変化が税務・会計の理論を変化させる可能性について指摘するとともに，会計行為の各局面に即して，税務・会計における個別的・具体的な研究課題を明らかにした。本章で提示された研究課題は，以下の本書の各章で議論されることになる。

【参考文献】
AICPA [1994] Special Committee on Financial Reporting, *Improving Business Reporting—A Customer Focus,* American Institute of Certified Public Accountants.
Bergeron, Bryan [2003], *Essentials of XBRL：Financial Reporting in the 21st Century,* John Wiley & Sons, Inc.（河﨑照行監訳 [2007a]『21世紀の財務報告：XBRLの本質』同文舘）
XBRL Japan [2010], *XBRL FACT BOOK (2010)*。
伊藤邦雄 [2006]『無形資産の会計』中央経済社。
河﨑照行 [2002]「ネットワーク社会と会計ディスクロージャー」『會計』第161巻第4号，

第1章 ネットワーク社会と税務・会計の課題

70-85頁。
―――編著 [2007]『電子情報開示のフロンティア』中央経済社。
経済産業省 [2009]『平成21年度我が国情報経済社会における基盤整備（電子商取引に関する市場調査）報告書』経済産業省。
古賀智敏 [2002]「金融商品とファイナンス型会計」『會計』第161巻第2号，62-73頁。
―――[2005]『知的資産の会計』東洋経済新報社。
根田正樹・矢内一好・青木武典・中村進・水野正・山口三恵子・小倉秀夫 [2002]『電子商取引の法務と税務』ぎょうせい。
坂上学・白田佳子編 [2003]『XBRLによる財務諸表作成マニュアル』日本経済新聞社。
総務省編 [2010]『平成22年版 情報通信白書』ぎょうせい。
武田隆二 [2001]「会計学認識の基点」『企業会計』第53巻第1号，4-10頁。
―――編著 [2003]『中小会社の会計』中央経済社。
―――[2004]「課税原理の認識基点」『ＴＫＣ』第373号，4-11頁。
豊森照信 [2004]『電子申告・電子帳簿の経理システム』中央経済社。
日本公認会計士協会 [2002]「電子商取引をめぐる課税上の取扱いについて」（租税調査会研究報告第8号）『JICPAジャーナル』第14巻第12号，183-190頁。
安田壮助 [2003]「電子商取引により変わる法人関連税制の考え方」『旬刊経理情報』第1006号，48-50頁。
渡辺智之 [2001]『インターネットと課税システム』東洋経済新報社。

（河﨑　照行）

第2章

ネットワーク社会と内部統制

I　IT統制構築の基本的視点

　金融商品取引法に基づく内部統制報告制度によって，上場会社を中心に，IT統制の整備が急速に進んだ。

　ただここで気をつけなければならないことは，内部統制報告制度はあくまでも財務報告の信頼性を確保するための内部統制を対象としたものに過ぎないことである。企業における法令順守を促すための内部統制は財務報告に関連する範囲に限られ，ITの運用と密接に関係する業務の有効性と効率性を達成するための内部統制は基本的には範囲外である。

　しかしながら，IT統制の構築に当たっては，制度が前提とする財務報告に直接関係するIT統制だけをピンポイントでつかまえるのではなく，全体的な視点が重要である。そうでないと「会計処理に関係するIT統制は有効に機能していたが，制度の範囲外とされたIT統制に欠陥があり長時間にわたる情報システムの機能停止が起こった」といった事態にもなりかねない。

　仏銀大手ソシエテ・ジェネラルのトレーダー不正取引では，当該トレーダーが管理部門にいたときの経験からアクセス管理の不備を突いてシステムに侵入，取引データの隠蔽や相殺を行っていたことが報道された（朝日新聞，2008年2月1日，朝刊）。この事件では，間接的とはいえ，IT統制（アクセス統制）の不備が企業のゴーイングコンサーンを揺さぶりかねない問題にまで発展する可能性を示唆するところとなった。

第1編　総　　論

　ＩＴ統制が組み込まれる情報システムは，そもそも業務の有効性（effectiveness）と効率性（efficiency）を達成するための手段である。したがって，ＩＴ統制の構築に当たっては，会計処理が適切に行われるかどうかという狭い視点だけではなく，その前提となる業務プロセスも含め，ＩＴがサポートする業務プロセス全般をカバーする必要がある。制度対応に際しても，まずもってこのような大局的な視点からするＩＴ統制構築のグランドデザインのもとで，必要なＩＴ統制を組み込むことが肝要である。

　さらに，広く「リスク管理」という観点からみれば，ＩＴ統制は，不正や誤謬を未然に防止し，適時に発見するための経常的な統制に限定されない。自然災害等による非常事態対応も含まれるし，ＩＴ投資に関わるスペキュレーティブ・リスクを適切にコントロールするための統制も含まれる。ＰＤＣＡサイクルによる統制のスパイラルアップという視点も求められる。

　多くの上場企業がそうであるように，制度対応が優先され，「まずは会計処理に関係するＩＴ統制から」というのもいたしかたない面があるが，ＩＴ統制のグランドデザインに基づく全体最適が意識されているかどうかは決定的に重要な点であろう。**図表２－１**は，このようなＩＴ統制構築の基本的視点をイメージしたものである。

図表２－１　ＩＴ統制構築の基本的視点

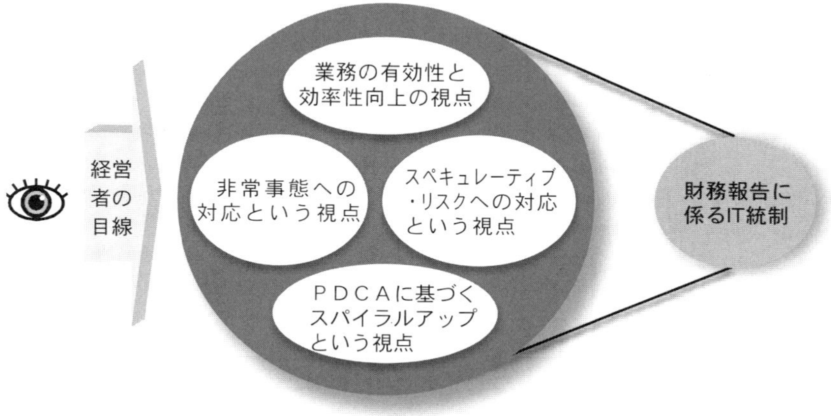

Ⅱ　ネットワーク環境におけるＩＴ統制の重要性

　ＩＴ統制は技術進歩の影響を強く受ける。**図表２－２**のように，今日の情報システムはさまざまな関係者とのネットワーク接続を無視しては考えられないことから，オープンなネットワーク環境を前提とした対応が求められている。

　Web技術を利用して，顧客が携帯端末から注文を出し，携帯端末で商品やサービスを受け取るといった取引形態は今日では珍しくない。企業側からみたとき，Webサーバなどのフロント系システムで顧客や取引先とのデータ授受と初期処理を行い，そのデータが社内ＬＡＮを通じて会計システムへとつながっているケースが多い。

　決済機関や業務委託先とのネットワーク接続も進んできており，ひとたびどこかのネットワークポイントで事故が起こると，被害の爆発的派生が起こる可能性もある。XBRLの普及も新たなリスクを生む可能性がないわけではない。あえて単純な言い方をすれば，入手・加工が容易な情報というのは，改竄等の攻撃に弱い。

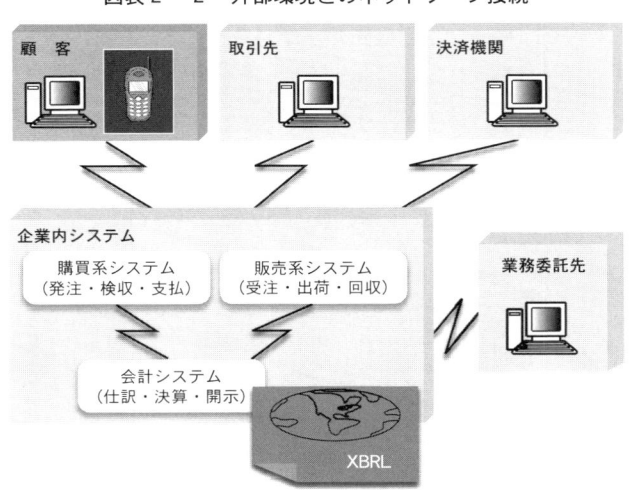

図表２－２　外部環境とのネットワーク接続

ネットワークを利用すれば，海外等の遠隔地から，発見が困難な方法で，大がかりな不正経理を仕掛けることもできないわけではない。その意味で今後は，財務報告に関係するIT統制といえども，企業外部とのネットワーク接続を前提に考えなければならないであろう。

ネットワーク環境への対応といっても，取引先等の情報システムの統制に直接介入するものではなく，取引相手の正当性の確認，通信データの盗聴防止と改竄の検出，企業外部からの不正なアタックに対する防御をいうことはいうまでもない。

Webシステムなどのフロント系システムと，会計システムなどのバック系システムとが社内LANでシームレスにつながっていると，会計システムの信頼性はWebシステムの信頼性に大きく影響される。したがって，伝送されてくる取引データが，正規の取引先からのものであり，通信途中で改変されていないことを確保し，あらかじめ許可された取引データだけを正しく受け入れるためのIT統制が必要となる。電子的に行われる認証・照合・承認，チェックディジット，バリデーションチェック，上限チェックなどのコンピュータプログラム化されたIT統制である。

企業間電子商取引においては，取引を行うグループ内で一定のセキュリティ水準を確保すべく，脆弱なIT統制しかない企業等を取引相手として排斥するという，防衛手段がとられることすらある。このような傾向は，電子的サプライチェーンの普及によってますます加速する可能性がないわけではない。

III　IT統制の構造と内容

内部統制報告制度においては，経営者による評価でも外部監査人による監査でも，まずもって「全社レベル」での評価・監査を行い，次いで「業務レベル」での評価・監査という順番を踏む。全体から部分へと落とし込むことからトップダウンアプローチと呼ばれる。会計システムという特定のアプリケーションシステムだけを取り出して，そのIT統制を評価しようとすると，会計システ

第2章　ネットワーク社会と内部統制

ムにつながっている各種アプリケーションシステム上のリスクが反映されず，結果として誤った評価や監査となってしまう危険性があるからである。

ここでまずもって着目すべきは，「全社レベルのＩＴ統制」（以下では，ＩＴ全社統制）という概念である。ＩＴ統制の評価と監査においては，次の二つの理由から，ＩＴ全社統制を明確に意識しておく必要がある。

第１の理由は，内部統制報告制度では連結ベースでの評価と監査が求められていることから，企業グループ全体として一定水準のＩＴ統制を確保する必要があるからである。そのためには，企業グループ全体としてのＩＴ統制に関する方針が明確になっていなければならない。そして，ＩＴ全社統制と対比される，業務レベルのＩＴ統制としてのＩＴ全般統制およびＩＴ業務処理統制は，企業グループ全体としての基本方針に基づいて構築される必要があるからである。

第２の理由は，ＩＴ全社統制にはＩＴガバナンスという視点が取り込まれているからである。ＩＴ管理やＩＴ統制と区別されるＩＴガバナンスは，企業のＩＴ利用に関する経営者に対する規律づけと，外部利害関係者への情報開示を主たる内容とする。

内部統制報告制度が前提とする内部統制は，見方によっては「開示統制」（disclosure control）である（Ramos [2004], p.54）。不適正な会計処理は不適正な開示に帰着することから，不適正な会計処理を予防・発見するためのＩＴ統制に着目しがちであるが，処理と開示をさしあたって異なった側面をあらわすものとして一端切り離して考えてみると，開示に係る不正や誤謬（財務報告の虚偽表示）が今日大きな問題となっている。

いくら財務諸表作成の基礎となる会計処理の信頼性を確保するための内部統制を導入しても，決算の過程では，経営者による見積りの要素が多分に混入し，連結範囲の確定や会計方針の変更，財務諸表の修正や開示と関係する突発事象の発生を経営者がどのように認識するか，といったこともある。これらの点に着目すると，日々の会計処理とは切り離されたところで生ずる，経営者による財務報告上の虚偽表示をいかにして制御するかということが問題となるのであ

る。昨今の財務報告に係る虚偽表示の事例は，実のところ，経常的な会計処理に係る内部統制上の問題というよりも，むしろこのような会計処理の前提あるいは決算過程における経営者の関与や判断が問題となっている。そこで，財務報告に係る経営者の影響力の行使や不当な介入をいかにして制御するかという意味で，ガバナンスのあり方が重要となってきているのである。

取引の発生から財務報告までのプロセスにITによる統制をうまく組み込む（例えば電子認証の技術によるシステムの不正利用の防止や記録の保全）ことによって，経営者の恣意性や不当な介入を阻止する手立ても考えられるであろう。その意味で，概念的にはガバナンスと統制との区別が曖昧になるかもしれないが，IT全社統制にITガバナンスという視点を取り込むことにはそれなりの意味があることは間違いない。

図表2-3は，IT全社統制，IT全般統制，IT業務処理統制の関係を示したものである。

図表2-3　IT統制の構造

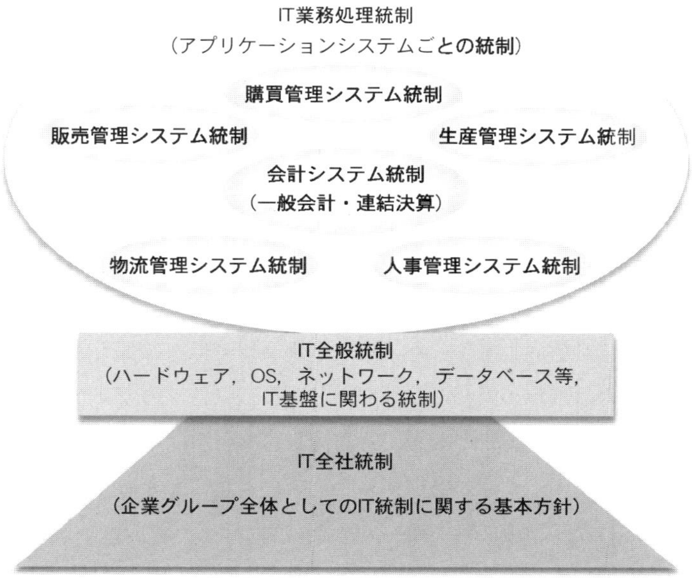

IT業務処理統制
（アプリケーションシステムごとの統制）

購買管理システム統制
販売管理システム統制　　　生産管理システム統制
会計システム統制
（一般会計・連結決算）
物流管理システム統制　　人事管理システム統制

IT全般統制
（ハードウェア，OS，ネットワーク，データベース等，
IT基盤に関わる統制）

IT全社統制
（企業グループ全体としてのIT統制に関する基本方針）

第2章 ネットワーク社会と内部統制

すべてのIT統制の土台にIT全社統制があり，業務レベルのIT統制として，IT全般統制，IT業務処理統制が位置づけられるという階層構造としてIT統制の全体を把握することができる。

通例，会計システムは，各種アプリケーションシステムからデータを受け入れて処理を行うことから，会計システムの信頼性は，もととなるアプリケーションシステムの信頼性に依存している。しかも，これらのアプリケーションシステムの信頼性は，ハードウェア，OS，ネットワーク，データベース等の信頼性に依存しているという関係にある。アプリケーションシステムが継続してその信頼性を維持するためには，IT全般統制が有効に機能していなければならない。IT全般統制はIT業務処理統制が継続的に機能することを間接的に支えるベースとなっているからである。

ちなみに金融庁の「内部統制基準・実施基準」では，IT全社統制，IT全般統制，IT業務処理統制として，以下のものを例示している。

- IT全社統制
  - 経営者は，ITに関する適切な戦略，計画等を定めていること。
  - 経営者は，内部統制を整備する際に，IT環境を適切に理解し，これを踏まえた方針を明確にしていること。
  - 経営者は，信頼性のある財務報告の作成という目的の達成に対するリスクを低減するため，手作業およびITを用いた統制の利用領域について，適切に判断していること。
  - 経営者は，IT全般統制およびIT業務処理統制についての方針および手続を適切に定めていること。
- IT全般統制
  - システムの開発，保守に係る管理
  - システムの運用・管理
  - 内外からのアクセス管理などのシステムの安全性の確保
  - 外部委託に関する契約の管理

第1編　総　　論

- ITの業務処理統制
  - 入力情報の完全性，正確性，正当性等を確保する統制
  - 例外処理（エラー）の修正と再処理
  - マスターデータの維持管理
  - システムの利用に関する認証，操作範囲の限定などのアクセス管理

Ⅳ　IT統制の評価

1　IT統制評価の勘所

　IT統制の評価においては，評価範囲をいたずらに拡張する必要はないが，地理的に分散された小売店や倉庫からの売上・出荷入力，EDIやWebをつかった電子的購買・販売，情報システムの企画・開発・運用・保守・セキュリティサービス等の分散委託，等々，ネットワーク環境を前提としたリスクポイントをあらかじめ十分に把握しておかないと，制度上の評価範囲とされたところ以外でトラブルが起こる可能性がある。

　IT統制の評価は，「IT全社統制の評価→IT全般統制の評価→IT業務処理統制の評価」という順序で，ブレークダウンしてゆくのが理想である。金融庁の「内部統制基準・実施基準」では，制度の目的が情報システムのセキュリティの確保にあるわけではなく，あくまでも財務報告の信頼性確保にあること，また評価のための手間やコストを抑えるために，次のような実務上の配慮をしている。

- 情報システムの統制といえども，ITによる統制ではなく，手作業によってその機能を十分に発揮していることもあるので，IT統制がないことが直ちに内部統制の不備となるわけではないこと（実施基準Ⅰ2(6)②）。
- IT全般統制は直接に財務報告の信頼性とつながらないため，IT全般統制に不備があっても直ちに重要な欠陥と評価されるものではないこと（実施基準Ⅱ3(4)③）。
- IT統制の評価に当たっては，財務報告の信頼性に関係するIT業務処

第2章 ネットワーク社会と内部統制

理統制（売上，仕入，棚卸資産など財務諸表の重要な勘定科目につながっている取引が行われるアプリケーション）にまず着目し，IT全般統制は当該業務処理に関係する部分を評価の対象として識別すればよいこと（実施基準Ⅱ3(3)⑤）。

- IT業務処理統制の運用状況の評価範囲を拡大することによって，IT全般統制の運用状況の評価を行わなくても，IT統制の運用状況の有効性についての十分な心証が得られる場合があること（実施基準Ⅱ3(3)⑤）。
- 市販のパッケージソフトを利用している場合には，すでに適切なIT業務処理統制が組み込まれていることが多いので，カスタマイズ（ソースプログラムを変更した機能の修正），アドオン（プログラムの変更を伴わない機能の追加），あるいはパラメータの設定・修正を対象としたIT全般統制に重点を置くことが効率的であること（実施基準Ⅲ4(2)②）。
- 重要な情報システムの変更がない場合，IT全般統制が有効であることが確認されれば，IT業務処理統制は毎期評価しなくても，過年度の評価結果を利用できること（実施基準Ⅰ2(6)②）。

また，IT統制の基本的機能には，「予防機能」，「発見機能」，「訂正機能」がある。図表2－4は，この三つの機能の関係を表したものである。IT統制の

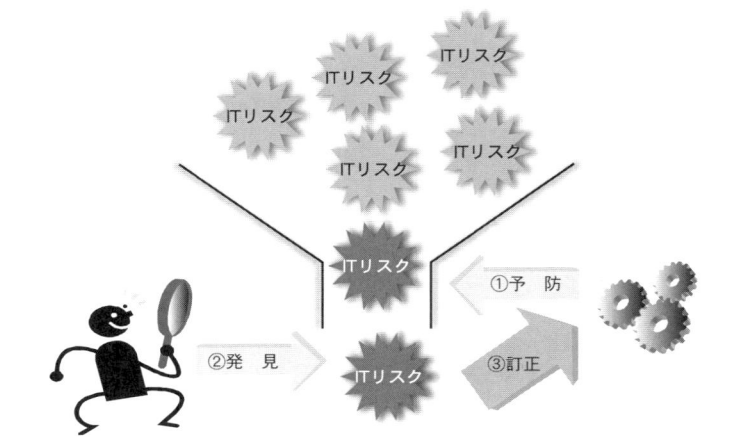

図表2－4　IT統制の基本的機能とその連携

評価では，この三つの機能をセットでとらえ，それらのつながりを意識することが重要である。

例えばIT全般統制としての，開発担当者のライブラリへのアクセス制限という統制手続は，予防機能（内部統制の基本的要素では統制活動の範疇に属する）である。しかし，これだけでは不十分で，ライブラリへのアクセスログを定期的に点検する（内部統制の基本的要素ではモニタリングの範疇に属する）という発見機能が不可欠であり，かつ訂正機能としての適切なフィードバック（内部統制の基本的要素では情報と伝達の範疇に属する）が必要である。

また，IT業務処理統制の例でいえば，入力データの完全性を確保するための統制としては，予防機能として，システムによる入力データの自動採番と，入力担当者が自動採番の変更をできないようになっていることが必要である。そして発見機能として，追加入力・修正入力履歴を入力担当者以外の者が定期的にチェックする仕組みがあり，さらにリジェクトされたデータはそれを繰り返さないためにも原因を究明するための仕組みが必要である。

2　IT全般統制およびIT業務処理統制の評価

IT全般統制の評価とは，ハードウェア，OS，ネットワーク，データベース等，アプリケーションシステムが稼働するためのIT基盤に関わる統制を対象とした評価である。

情報システムの開発，変更・保守を行う場合に，適切な管理体制が構築・運用されているかどうかの評価は，このIT全般統制の評価に含まれる。開発等のプロセスが標準化され文書化されていること，システムテストが実施されていること，管理者等による承認体制がとられていること，ユーザに対する教育訓練が行われていることなどが，評価上のチェックポイントとなる。また，情報システムへの不正侵入を防止・発見するための共通アクセス統制，障害・故障等に対するシステムや基幹データベースのバックアップ統制も含まれる。さらに，情報システムの企画・開発・運用・保守等の業務が外部委託されている場合には，合理的な統制水準が委託先（受託会社側）において採用されているこ

との確認もIT全般統制の評価に含まれる。

　一方，IT業務処理統制の評価とは，購買，生産，販売，物流，人事など，さまざまなアプリケーションシステムごとに組み込まれている個々の業務処理に関わる統制を対象とした評価である。

　アプリケーションシステムでは，経営管理用のデータも含めて処理が行われるが－むしろこれが本来のアプリケーションシステムの目的である－，内部統制報告制度では，そのうち会計データとして決算システムにつながるプロセスの統制が評価の対象となる。業務処理レベルでみたとき，一つひとつのトランザクションが正しく入力，処理されるようになっているかどうかがポイントとなる。したがって，アプリケーションシステムごとに，会計データの信頼性が確保できるような統制（完全性，正確性，正当性を確保するための統制）が組み込まれ，運用されているかどうかが確かめられなければならない。アプリケーションシステムの入り口の統制，およびアプリケーションシステム間のつなぎの部分に，特に注意が必要である。また，エラーデータの修正や再入力に関する承認等の統制や，マスターファイルの首尾一貫性や更新を確実にするための統制も，トランザクション処理の正確性確保という観点からIT業務処理統制の重要なポイントとなる。

　図表2－5は，IT全般統制およびIT業務処理統制の評価範囲とポイントを整理したものである。

第1編 総　　論

図表2-5　IT全般統制およびIT業務処理統制の評価範囲とポイント

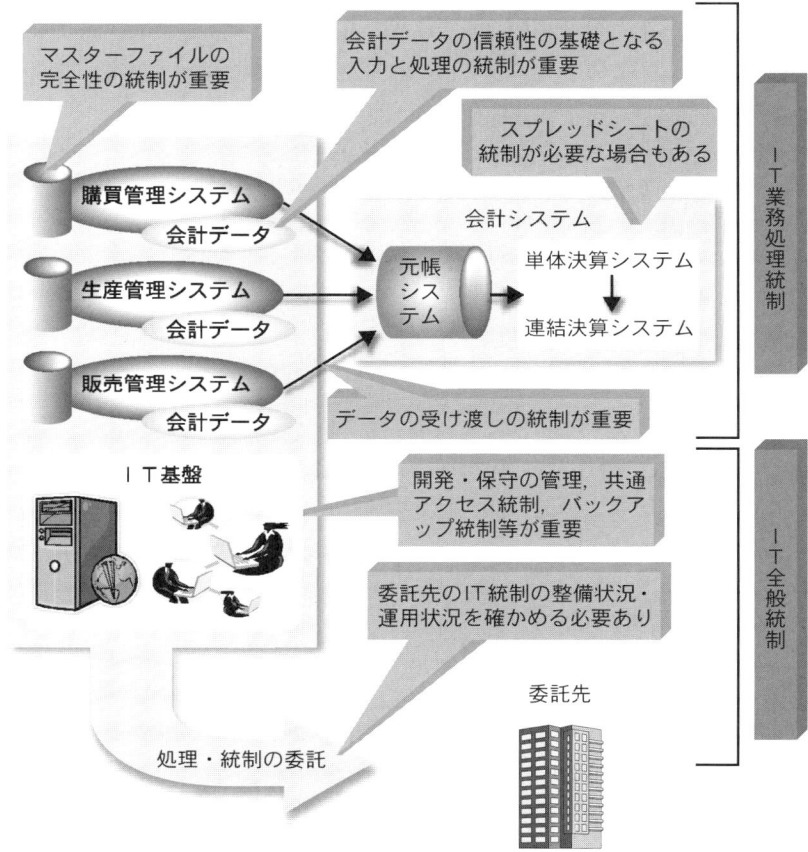

［図：購買管理システム・生産管理システム・販売管理システム（会計データ）→元帳システム→会計システム（単体決算システム→連結決算システム）、IT基盤、委託先、処理・統制の委託］

吹出し：
- マスターファイルの完全性の統制が重要
- 会計データの信頼性の基礎となる入力と処理の統制が重要
- スプレッドシートの統制が必要な場合もある
- データの受け渡しの統制が重要
- 開発・保守の管理，共通アクセス統制，バックアップ統制等が重要
- 委託先のIT統制の整備状況・運用状況を確かめる必要あり

右側区分：IT業務処理統制／IT全般統制

（注）図中，吹出しはそれぞれの評価上のポイントを示す。

3　スプレッドシートの評価

　企業の情報システムでは，基幹となるシステムを補足するため，スプレッドシート（表計算ソフトで作成した数式，プログラム，マクロなどを含む）が広く利用されている。
　基幹となるアプリケーションシステムに関わる統制は，情報システム部門の

関与のもと，ＩＴ基盤に係る全般的な管理と関連づけられて運用されていることが多い。ところが，スプレッドシートはその利用目的から，ユーザ部門，しかも一人ひとりのユーザの責任のもとで運用されている場合がほとんどである。

　スプレッドシートが広く業務処理に利用されている場合には，まずスプレッドシートの棚卸しを行い，誰がどのようなシートをどのような目的で利用しているかを把握し，財務報告に与える影響を考慮しながらシートの利用に伴うリスクの評価を行う必要がある。ちなみにＩＴガバナンス協会のレポートでは，スプレッドシートに関わるリスク評価に当たっては，「影響強度」として，処理される金額の大きさ，および出力結果の利用目的を考慮すべき点として挙げ，一方「発生可能性」として，シート利用の複雑さの程度，ユーザ数，変更頻度を考慮すべき点として挙げている（ITGI [2006], Appendix J）。

　スプレッドシートに関わる統制の評価に当たってとくに留意すべきことは，スプレッドシートを利用することのメリットが損なわれないようにすることである。あまりにがんじがらめの統制を求めてしまうと，スプレッドシートを利用する意味がなくなってしまうからである。

　スプレッドシートに関わるリスクとそれに対応した統制のポイントを示せば，**図表２－６**のようになる。

第1編　総　　論

図表2－6　スプレッドシートに関わるリスクとIT統制のポイント

（吹出し：リスク／ボックス：統制）
- 勝手な導入・変更 ／ 変更履歴の確保
- データ等の消失 ／ データのバックアップ
- 不正アクセスによるデータ等の改変 ／ アクセス統制
- 計算ロジックの誤り ／ 定期的な第三者チェック
- データ入力等の誤り ／ 入力と出力との整合性チェック
- 担当者しか分からない運用 ／ ドキュメント化の徹底

（注）図中，吹出しは「リスク」を，その脇に添えたボックスは対応する「統制」を表す。

V　制度を超えたIT統制の重要性

　内部統制報告制度は，概して，評判がよくない。その理由は簡単にいうと，「1円の利益も生まないものに多大なコストと手間暇をかけてはいられない」ということであろう。

　制度対応の準備期間中に実施されたアンケート調査によれば，情報システム部門では「法対応作業が負担となり通常業務に支障が出た」とする認識が63.2％あり，「無駄と思われる文書化まで求められた」51.1％，「有効とは思えないログ管理が増えた」46.1％，「システム部門として不要な職務分掌が増えた」41.2％と続いている（日本情報処理開発協会［2008］）。

第2章 ネットワーク社会と内部統制

　情報システム部門では明らかに「無理なこと（場合によっては無駄なこと）をさせられている」という意識が強いことが窺える。文書化，ログ管理，職務分掌の徹底は，情報システムの安定的な運用に不可欠のものであるが，情報システム部門では，制度対応は過剰対応として認識している－筆者がみるところでは，制度が求めているバーが高すぎるのではなく，これまで当然に整備すべき統制が情報システム部門では不十分であったのではないかと思う－。

　しかしその一方で，「システムやデータの管理責任が明確になった」とする認識が73.8％もあり，「情報セキュリティ対策レベルが向上した」70.3％，「アクセス管理が徹底した」69.9％，「システムの企画・開発・運用に係るリスクが明確になった」67.4％といった効果も認められている。

　このような中にあって，内部統制を前向きに捉える事例もないわけではない。例えばA社では，商談の進捗状況を特定の営業チームだけで占有するのではなく，営業部門全体，さらには全社的に共有することによって，営業チームごとの牽制によって営業成績を無理に高めようとする競争からくる架空売上計上等の誘惑を未然に防止すると同時に，商談進捗の過程が「ガラス張り」になることで，別の営業チームが新たな商談に結びつく顧客ニーズを吸い上げるといった効果を合わせて狙っているという（玄 [2006], 16-21頁）。このようなケースは，ＩＴの活用抜きにしてはできない内部統制の構築事例であり，統制の強化と業務推進を同時に狙ったものとなる。

　もともと内部統制には，業務の有効性と効率性の向上という目的があり，不正や誤謬の防止・発見・訂正といった業務にブレーキをかける機能だけではない。冒頭でも述べたように，財務報告の信頼性を高めることだけが内部統制でもない。とりわけＩＴ統制のあり方を考えるとき，A社の例のような内部統制がもつアクセル機能もあわせて発揮できるようにすることが大切であろう。アクセルとブレーキは，その双方がそろってはじめて機能する。ＩＴ統制の構築と評価に当たっては，この「キホン」を忘れてはならない。

第1編 総　論

【参考文献】

CICA [2004], Information Technology Advisory Committee, *IT Control Assessments in the context of CEO/CFO Certification,* Canadian Institute of Chartered Accountants.

COSO [1992], Committee of Sponsoring Organizations of the Treadway Commission, *Internal Control：Integrated Framework.*（鳥羽至英・八田進二・高田敏文共訳[1996]『内部統制の統合的枠組み－理論篇－』白桃書房。）

ITGI [2006], *IT Control Objectives for Sarbanes-Oxley, 2nd Edition,* IT Governance Institute.

Ramos, Micael [2004], *How to comply with Sarbanes-Oxley Section 404,* John Wiley & Sons, Inc.

河﨑照行［1997］『情報会計システム論』中央経済社。

河﨑照行［2007］『電子情報開示のフロンティア』中央経済社。

金融庁［2007］「財務報告に係る内部統制の評価及び監査の基準並びに財務報告に係る内部統制の評価及び監査に関する実施基準について」。

金融庁［2008］「内部統制報告制度に関するＱ＆Ａ」。

経済産業省［2007］「システム管理基準　追補版（財務報告に係るＩＴ統制ガイダンス）」。

玄　忠雄［2006］「内部統制の確立で営業を強くする」『日経ソリューション・ビジネス』2006年9月15日号。

日本監査研究学会［2008］「IT環境における内部統制と監査」課題別研究部会最終報告書。

日本公認会計士協会［2008］「ＩＴ委員会報告第3号「財務諸表監査における情報技術（ＩＴ）を利用した情報システムに関する重要な虚偽表示リスクの評価及び評価したリスクに対応する監査人の手続について」Ｑ＆Ａ」ＩＴ委員会研究報告第31号。

日本システム監査人協会［2008］『Ｊ－ＳＯＸ対応　ＩＴ統制監査実践マニュアル』工業調査会。

日本情報処理開発協会［2008］「ＩＴと内部統制に関する調査研究報告書」(財)日本情報処理開発協会。

松尾　明編著［2007］『実践　ＥＲＰ内部統制』同文舘。

優成監査法人編［2008］『内部統制プロジェクト　実務ハンドブック』白桃書房。

（堀江　正之）

第3章

ネットワーク社会と所得概念の変容

I　はじめに

　20世紀中葉以降の市場経済は，21世紀へとつながる二つの市場経済の流れを生み出した。その一つはデリバティブ等に代表されるファイナンス型市場経済の発展であり，もう一方の軸はニューエコノミーと称されるナレッジ型市場経済の台頭である。このような企業環境の変化は，企業会計に理論面での反省を促し，プロダクト型会計モデルからファイナンス型会計モデルへ，さらにファイナンス型会計モデルからナレッジ型会計モデルへと基礎理論の展開を生み出した（古賀編著[2003]；古賀[2005]）。かかる会計理論のパラダイムシフトの特徴は，測定面において取得原価から公正価値へと評価機軸の移転をもたらしたこと，そして伝達面において定期的な財務報告から継続的な事業報告へと展開している点にある。

　会計測定および伝達の理論展開の方向は，製造業を前提として構築された伝統的な期間損益計算が金融商品の認識・測定に対して理論的妥当性をもたないという批判を踏まえたものであり，インターネットをベースとした情報通信技術に支えられたものである。産業構造の変化によりデリバティブや知的資産などが企業業績に及ぼす影響を考慮すれば，投資者に対して企業の経済的実態を忠実に知らせるためには公正価値による評価を貸借対照表に反映することが求められる。また，この種の情報を意思決定に対して適時に提供するためにはウェブサイトを利用した継続報告が必要となる。

第1編　総　　論

　このように，いくつかの仮説のもとで論じられる企業利益は，過去の業績を示すものではなく，将来の業績を期末時点で評価した数値が入り込んでいる。そのような企業会計の実現は，情報通信技術に支えられたネットワーク社会に固有の現象と見られる。全世界規模で市場が連動しているのは，ネットワークが実現しているし，知的資産の価値を決めているのは情報通信技術に支えられた企業組織そのものであるといえる。したがって，情報通信技術の発展によって構築される21世紀の高度情報化社会においては，所得計算の前提となる企業会計の前提が次のように変わっていることが考えられる。

① 継続報告により期間計算が意味を持たなくなっている。
② 企業主体の境界が曖昧になっている。
③ 資産および負債の評価のベースが取得原価から公正価値へ変化している。
④ 課税所得計算の基礎にある会計データの信頼性が変化している。

　本章は，上述の問題意識を踏まえて，産業構造の変化が期間利益の概念にどのような性格的変化をもたらすのかを検討することを主たる目的とするものである。とりわけ，電子商取引という観点から収益認識の問題を検討することを通じて，収益認識の時点が契約成立主義に変化していることを明らかにしようとするものである。

II　産業構造の変化による貸借対照表構成比率の特徴

　金融の自由化・グローバル化によって1980年代から1990年代へかけて実物経済から金融経済へ移行したことが多くの論者によって主張された[1]。わが国でも，1980年代以降，金融システムが市場重視型のシステムへと移行する中で，企業の資金調達の手段が多様化し，銀行借入に依存する間接金融から直接金融へと資金調達の手段も変化していった。そのような企業環境の変化は個別企業の貸借対照表構成比率にも大きな変化をもたらした。

　筆者が1985年から2001年について東証・大証の3月決算会社を対象に行った財務諸表分析の結果，次のような特徴を明らかにすることができた（浦崎

第3章　ネットワーク社会と所得概念の変容

[2002], 32-36頁)。

① 自己資本比率の全業種平均値は, 1985年に28.5%であったものが2001年には42.2%となり, 当該比率がこの間に逓増傾向を示していること

② 金融資産比率[2]は, バブル期に全業種平均値が61.8%まで上昇するが, バブル期を除くと当該比率は56.2%から58.6%の間を推移していること

③ 金融負債比率の全業種平均値は, 1985年には57.2%であったものが2001年には45.9%となり, 当該比率がこの間に逓減傾向を示していること

④ 金融負債比率を構成する社債・転換社債比率と借入金比率の全業種平均値を比較すると, 前者は1985年には5.8%しかなかったが1994年に18.2%となるまで逓増し, これと反対に後者は逓減傾向を示し1985年に37.2%であったものがバブル期以降30.6%から34.9%の幅で推移していること

上記の結果から, 間接金融から直接金融へと資金調達の手段がシフトしたことが, 貸借対照表のデータからも読み取ることができる。つまり, 日本的経営の特徴であったメインバンクから資金調達するという間接金融依存の経営体質が変化し, 株主から直接資金調達を行う方法に変わったという全体的な傾向を貸借対照表のデータから読み取ることができる。このような資金調達の変化を受けて株主重視の経営やキャッシュフロー経営が当時華やかに主張されていた。

さらに, 2001年3月決算期の金融資産比率を業種別にみてみると, 33業種の平均は56.2%である。さらに, 業種特性により金融資産比率の小さい「不動産」(27.0%),「ガス」(24.5%),「鉄道バス」(17.9%),「電力」(8.2%)を除いた29業種の金融資産比率の平均は56.6%となり, 総資産のおよそ6割が金融資産ということになる。償却対象有形固定資産比率の全産業平均値の17.1%と比較をしても, 総資産に占める金融資産の割合の相対的な重要性を認識することができるであろう (浦崎 [2002], 38頁)。

これまでの分析からわかるように, 日本の上場企業の総資産に占める金融資産の保有割合は, 平均で5割を超え, この比率が6割を超える業種は全業種の3分の1近くまで達している。また, 製造業であっても金融資産比率が80%を遙かに超える企業が存在する。例えば, 2001年3月期の電気機器137社のうち,

第1編　総　　論

金融資産が7割を超える会社は48社で51.8%である。そのうちこの比率が8割を超える会社は13社で業種全体の9.5%に及んでいる。

　総資産に占める金融資産比率の高さを前提として，企業の経済的実態を把握するという観点から企業の資産評価問題を論じる場合，企業の金融資産をいかに認識するかということが資産会計の重要な課題であることが容易に理解できるであろう。それでは，そのような状況において企業の真実な経営成績，財政状態，キャッシュ・フローの状況はどのようにすれば把握することができるのであろうか。指摘するまでもなく，伝統的な取得原価主義会計では，総資産のおよそ6割を占める金融資産の経済的実態が把握されない。この点については，すでにＪＷＧドラフト基準において金融資産・金融負債としての金融商品はすべて公正価値で測定することが将来的な課題として提案されている（ＪＷＧ[2000], para.69）。

　さらに，伝統的な取得原価主義会計では，金融の自由化・グローバル化によって顕著になった為替リスク，金利リスク，価格リスク等の減殺を目的としたヘッジ取引の実態を把握できない。企業の経営成績は，投資者への投資意思決定の役立ちという観点から考慮するならば，経営者が指揮した企業のあらゆる経済活動の結果を反映したものでなければならない。原価実現アプローチは企業の環境条件の変化を取り込まないという点で，投資意思決定のへ役立ちは貨幣資本の維持に関する経営者の評価に限定される。企業が株主からの直接金融に依存し，かつ株主には自己責任での投資を要求するのであれば，究極的には金融資産および金融負債を公正価値で全面的に測定し，市場のボラティリティを反映した測定値を財務諸表に表示することが投資者保護の観点から必要になる。

　換言すれば，ファイナンス型市場経済やナレッジ型市場経済においては，企業の期間的なパフォーマンスは原価実現アプローチを基礎とした期間損益計算では把握できず，貸借対照表を利用した期首と期末の純資産の差額に経営者のパフォーマンスの尺度を求めることができる。つまり，資産負債アプローチに基づき測定属性として公正価値を用いることにより経営者の期間的パフォーマンスを包括的に把握することが可能となるのである。

以上の点は，ネットワーク社会の到来により市場経済が変化し，企業のパフォーマンスに関する概念が変化したことによる利益概念の変化を期末の金融資産および金融負債の評価という観点から論じたものである。次節においては，電子商取引にみる収益認識の特徴と問題点について検討し，所得概念にどのような影響があるかを明らかにしたい。

Ⅲ　電子商取引にみる収益認識の特徴

　電子商取引とは，オンライン環境にあるインターネットその他のコンピュータ・ネットワークを利用して行われる経済活動であり，企業間取引（B2B），企業消費者間取引（B2C），消費者間取引（C2C）の三つに分類される〔吉川編〔2008〕，2頁〕。消費者という観点から企業の販売活動をみたとき，伝統的な店頭での対面販売も電子商取引も，財・サービスの受領と対価の支払いが行われる点で共通している。周知のように，伝統的な販売収益については実現原則が適用される。具体的には，販売基準が適用され財貨の引渡時点を収益実現の時として期間帰属認識を行うことになる。企業と消費者の間では一定の信頼関係に基づいて財貨の引渡しと対価の支払いが同時に行われるか，財貨の引渡しが先に行われる場合が通例であろう。財貨の引渡しにより，財貨の所有権が消費者に移転し，同時に消費者の債務が確定する。この場合，仕訳帳に「（借）売掛金×××（貸）売　上×××」という記録が行われる。このような期間帰属認識が行われるのは，次のような条件を満たす場合である（AAA-FASB〔2007〕, pp. 2 − 4）。
① 　契約について説得力のある証拠が存在すること
② 　買い手に対する売り手の販売価格が確定しているかまたは決定可能であること
③ 　引渡しが終了しているかもしくはサービスが提供されていること
④ 　回収可能性が合理的に保証されていること
　上記の①と②は契約確定の要件である。③は上述のように，物件変動要件で

第1編　総　　論

あり，財貨の引渡しが所有権移転の判断規準となる。④は債権確定要件と理解することができる。それでは，電子商取引においては上記のような収益認識基準が妥当するであろうか。

　契約が成立するためには，当事者の一方の申込みと他方の承諾という当事者双方の意思の合致が要件となるが，民法97条1項により承諾通知の到達時に契約が成立するものと規定されている。なお，隔地者間の契約については迅速な契約の成立という要請から，民法526条は隔地者間の売買契約については承諾の通知を発信したときに成立すると規定している。しかし，書籍，衣料品，音楽・動画等のデジタルコンテンツ等の電子商取引については，電子契約法4条において，承諾の通知の発信を契約成立の要件とせず，電子メールなど電子的な方法による契約の承諾通知は到達時に成立すると規定されている（吉川編 [2008]，44-45頁）。

　承諾通知の到達とは，申込者である消費者が販売者である企業の意思表示を了知しうべき客観的状態が生じたことを意味する。すなわち，電子承諾通知の到達とは，消費者が通知に係る情報を記録した電磁的記録にアクセス可能となった時点をもって到達したものと解され，当該時点で売買契約が成立したことになる。具体的には，電子メールにより通知が発信された場合には，通知に係る情報が受信者（消費者）の使用に係るまたは使用したメールサーバ中のメールボックスに読み取り可能な状態で記録された時点が契約成立の時点と解される（吉川編 [2008]，44-45頁）。

　ただし，電子承諾通知が文字化けにより解読できない場合や消費者が有していないアプリケーションソフトによって作成された添付ファイルによって通知がなされたために復号して見読することができない場合などは，承諾通知は原則として不到達と解される（吉川編 [2008]，44-45頁）。なお，インターネット通販等の場合には，電子メールによる通知とともにウェブ画面上でも次のような手順で承諾通知がなされることがある（吉川編 [2008]，47頁）。

①　ウェブ画面上の定型フォーマットに商品名，個数，申込者の住所・氏名等の必要事項を入力して送信する（申込みの意思表示）。

② 前記①の申込み通知が企業のウェブサーバに記録された後，これに応答する承諾データが消費者に到達の上，消費者のウェブ画面上に承諾した旨または契約が成立した旨が自動的に表示された時点で売買契約が成立したことになる（承諾通知の到達）。

　筆者がＡＮＡ，ユニクロ，アマゾン等で購入する場合には，上記のウェブ画面上での承諾通知とともに，別途電子メールでの承諾通知が送られてくる。このように，電子商取引では購入申込みについての承諾は，二重で行われている。これらの要件は，上述の契約成立に係る要件のうち①と②の契約確定要件に相当すると解される。

　問題は，その後の商品引渡に関わる問題である。上述のように，電子商取引における売買契約の成立は，隔地者間取引でありながら対面販売と同様に承諾通知の到達の時点となる。ただし，代金の決済は，代引きによる商品の引渡しを除けば，クレジット決済やコンビニ決済が前提となっているため，消費者の側からすれば実質的に前払い式通信販売の形態となっている。したがって，例えば，商品の申込み時点でクレジット決済されると，その日付で売上が計上される。したがって，商品の引渡が後日であるにもかかわらず，「（借）売掛金×××　（借）売上×××」という仕訳がなされる。したがって，電子商取引においては商品引渡前に収益が認識されるということが特徴となっている。また，同時に消費者がクレジット会社への支払いを行うのは次月であるから，クレジット会社を介在させた信用取引により消費者は現金を即時的に支払うことなく，また企業は商品の引渡しを行うことなく売上を計上するということになる。

Ⅳ　収益認識における契約成立主義と期中取引への公正価値会計の応用

　上述のように，電子商取引の時代には，収益認識は販売基準から契約成立基準に事実上変化している。すなわち，ウェブ画面上の申込みと承諾通知の到達により売買契約が成立し，同時にクレジット決済がなされるならば，企業は契

第1編　総　　論

約成立時点において収益の実現を認識することになる。このとき，企業には，契約上の権利・義務関係が生じており，「(借) 将来代金受取権利 (貸) 商品引渡義務」が認識されることになる。実際には，クレジット会社による支払の保証により，「(借) 売掛金 (貸) 売上」の記帳がなされる。したがって，商品の引渡しがなく所有権の移転がない状況にあっても収益の認識が行われるようになっている。付言するならば，買い手は代金を支払うことなく，また，売り手は商品の引渡を行うことなく収益の認識を行っている。このように，電子商取引では，収益の実現は伝統的な引渡に基づく販売基準が適用されるのではなく，代金決済の確実性を前提に契約時点において収益認識が行われるようになっている。

このような収益認識の変化は，IASBとFASBの共同プロジェクトにおいてもすでに検討されているところである。そのプロジェクトにおける問題意識は，現実の取引形態は複雑かつ多様なものが開発され，例えば複数要素契約 (multiple element arrangement) に対して上記の規準や包括的基準といわれているIAS 18[3]であってもそれを把握できないような状況が生じてきたというところにある[4]。そのような状況を考慮して，結論としては，収益認識プロジェクトにおいては，実現稼得過程アプローチに代えて資産負債アプローチに基づく首尾一貫したかつ包括的な収益認識の基準の開発が試みられているのである (AAA-FASB [2007], p.10)。

収益認識プロジェクトでは，これまで，測定アプローチと顧客対価アプローチという二つのアプローチが提案されてきた。収益認識プロジェクトでは，暫定的に，収益は「顧客への財およびサービスの提供により生ずる契約資産の増加または契約負債の減少 (もしくはその両者の組み合わせ) である」(AAA-FASB [2007], p.14) と定義され，当該定義に基づいた損益の認識が行われる。

両方のアプローチとも，顧客との契約における権利と義務 (履行義務) の分析に基づき資産または負債を認識しようとするものである。例えば，契約はもしその残余の権利が義務を超過している場合には企業にとって資産となる。これを契約資産という。契約はもしその残余の義務が権利を超過している場合に

第3章　ネットワーク社会と所得概念の変容

は企業にとって負債となる。これを契約負債という。

　契約開始時点において，公正価値による会計処理を行うことが測定アプローチの特色である。その後，契約の履行義務のそれぞれが履行されるにつれて，企業の契約資産が増加するかもしくは契約負債が減少することになる。履行義務の履行（顧客への財およびサービスの移転）から生ずる契約資産の増加もしくは契約負債の減少は収益として報告される。

　それに対して，顧客対価アプローチにおいては，契約上の権利は契約で明示された対価額（これを顧客対価という）で測定される。この顧客対価額は，財またはサービスそれぞれの販売価格に基づいて個別の履行義務に按分される。その結果として，契約開始時点において，履行義務全体が顧客対価額と等しい金額で測定される。したがって，契約資産または契約負債のいずれも認識されることはない。その後，履行義務は，契約開始時点で按分された顧客対価額で測定される。

　収益認識プロジェクトにおける測定アプローチの会計思考は，公正価値会計を期中の損益取引に適用しようとするものであり，公正価値会計の対象が期末時点の現在事象および将来事象から期中の契約に拡張されること想定したものである。なお，2008年7月16日のIASB・FASB収益認識プロジェクト会議録によれば，契約開始時点において識別された履行義務の束は契約価格で測定されることが確認されており，それは契約開始時点において収益（または利得）認識を行わないことを意味する。すなわち，企業は，契約開始時点において，契約対象となっている財貨またはサービスについて実際の（または見積り）販売価格に基づいてその契約価格を個別の履行義務に配分することになる。

　IASBとFASBは，2008年12月19日に「顧客との契約における収益認識の予備的見解」という討議資料（FASB [2008]）を公表した。この討議資料においては，契約主義による収益認識原則（contract-based revenue recognition principle）が提案されている。この原則は，収益は顧客との契約により生ずる企業の純資産の増加に基づいて認識されるべきことを要請するものである（FASB [2008], para.s14.）。すなわち，企業が顧客と契約を締結したときに，契約上の権利と

第1編　総　　論

義務の組み合わせにより契約上の正味残高が生じることになる。契約上の正味残高が契約資産になるのか，契約負債になるのか，契約残高無しになるのかは，契約上の残余権利と残余義務の測定に依存するものである（FASB [2008], para. s15.）。討議資料における収益認識のモデルにおいては，収益は契約資産が増加したときもしくは契約負債が減少したときに認識されるが，それは企業が契約上の義務を履行したときに生ずるものである（FASB [2008], para. s15.）。

　また，契約を認識するためには，企業は契約上の権利と履行義務を測定しなければならない。権利の測定については，暫定的に，契約対価額によることを提案し，履行義務の初度の測定については契約対価額によるべきことが討議資料において明示されている。さらに，履行義務のその後の測定については，履行義務の履行による義務の減少を収益として認識すべきことが述べられている。したがって，企業が契約の全体期間にわたって認識する収益の総額は契約対価額と等しくなる。また，履行義務が負担付きである場合に限り，履行義務の再測定が行われる（FASB [2008], para. s 24-27.）。

　以上の説明からわかるように，権利をどのように測定するかに依存するのであるが，契約の成立時点，すなわち開始時点において収益を認識することが適切な会計処理として行われることが容認されているのである。電子商取引において契約主義により契約成立時点，すなわち契約成立時点において収益を認識する実務は，電子的取引を行わない場合にも妥当するものとしてIASB・FASBの共同プロジェクトにおいて議論されており，測定属性の選択によっては公正価値に基づいた収益の認識が行われることになり，契約成立時点すなわち契約成立時点において企業の超過収益力としての利益を認識することがありうるのである。その観点からすれば，電子商取引の契約上の実務がその他の一般の収益認識にも適用されることになり，企業の期間損益としての所得概念の性格的な変化をもたらす可能性のあることが理解されるのである。

第3章　ネットワーク社会と所得概念の変容

Ⅴ　む　す　び

　ネットワーク社会が進展する中で電子商取引の取引高は年々増加傾向にある。すでに述べたようにその特徴は電子商取引では売上の記帳は，商品の引渡の時点ではなく承諾通知の到達時点である。したがって，電子商取引そのものが伝統的な所得概念の変容をもたらすものではないが，産業構造の変化が損益計算に影響を及ぼし，その意味に影響を与えるようになっている。製造業を対象としたプロダクト型会計モデルは，原価・実現アプローチを基軸とした期間損益計算の理論体系であり，ストックについて取得原価主義を，そしてフローについて実現主義を採択している。ここにおける利益概念は実現利益であり，何らかの資産実体を伴う利益（武田［2004］，10頁）として解釈できる。しかし，ネットワーク社会の現代社会においては，企業価値創出のドライバーとして，製品開発力，コーポレート・ブランド，ノウハウ等の無形財が重視されるようになり，製品環境の優位性や差別的創造性を作り出す仕組み等によって獲得された利益は，競争優位の結果として創出されたものであるから，そこにはのれん価値が多く含まれていると述べられている（武田［2004］，10頁）。つまり，ネットワーク社会では，情報通信技術を基礎としながら無形財によって作り出された超過収益力によるのれん価値が利益として顕在化することが指摘されている（武田［2004］，10頁）。

(注)
(1)　実物経済から金融経済への変化を示すものとして，実物経済における有効需要の過不足が景気変動を引き起こすのではなく，金融経済部門が景気変動の主導的役割を演じたことが実証されている。詳細は小川・北坂［1998］を参照されたい。
(2)　金融資産比率および金融負債比率は，金融商品会計意見書および金融商品会計実務指針における金融資産・金融負債に関する定義および具体例を考慮して，「日経財務データ」に収録されているデータを抽出し計算したものである。
(3)　IAS18によれば，財貨の販売による収益の認識は次の諸条件を満たした時点で行う（IAS18, para.14）。

第1編　総　　論

　(a)　企業が買い手に財貨の所有権に係るかなりのリスクと報酬を移転したこと
　(b)　企業が所有権に通常付与されている継続的な管理上の関与もしくは販売した財貨に対する有効な支配のいずれも維持していないこと
　(c)　収益の金額について信頼できる測定ができること
　(d)　取引に付帯する経済的便益が企業に流入する発生の可能性が高いこと
　(e)　取引に関連して発生したコストまたは発生すべきコストは信頼できる測定ができること

　また，サービスの提供に関連する取引の結果について信頼できる見積もりができるときに，当該取引の収益について貸借対照表日における取引の完了の段階に応じて認識されなければならない。取引の結果について信頼できる見積もりができるのは次の条件をすべて満たしたときである（IAS18, para.20)。
　(a)　収益の金額について信頼できる測定ができること
　(b)　取引に付帯する経済的便益が企業に流入する発生の可能性が高いこと
　(c)　貸借対照表日における取引の完了の段階について信頼できる測定ができること
　(d)　取引のために発生したコストおよび取引を完了するためのコストについて信頼できる測定ができること

(4)　いわゆる引渡基準を単純に適用できないような収益取引には，複数要素契約，前払入会金，サービス契約，交換取引の要素を含む電子商取引その他のマーケティングサービスプログラム，顧客への頻繁な懸賞プログラム，販売後に重大な義務が附帯する販売（例えば，販売店による独自の製品保証契約など），複数回の引渡しを伴う収益契約，企業結合における取得企業の繰延収益などがある。また，資産負債アプローチによる収益認識を追求するという決定についての経緯はAAA-FASB [2007] (pp.1－10) において詳しく述べられている。

【参考文献】

AAA-FASB [2007] 2007 AAA-FASB FINANCIAL REPORTING ISSUES CONFERENCE, Reconsidering Revenue Recognition, Primary Redading Materials, November 30－December1.

Board of Taxation [2002] *Evaluation of the Tax Value Method,* A Report to the Treasurer and Minister for Revenue and Assistant Treasurer.

FASB [1998] SFAS No.133 *Accounting for Derivative Instruments and Hedging Activities.*

―――― [2006] SFAS No.157 *Fair Value Measurements.*

―――― [2008] *Preliminary Views on Revenue Recognition in Contracts with Customers,* discussion paper, File Reference No.1660－100, December19.

IASB [2008] *Preliminary Views on Revenue Recognition in Contracts with Customers,* discussion paper.

JWG [2000] *Recommendations on Accounting for Financial Instruments and Similar Items,* Norwalk, Connecticut：FASB.（日本公認会計士協会訳 [2001]『金融商品及

第3章　ネットワーク社会と所得概念の変容

　　　び類似項目』金融商品ジョイント・ワーキング・グループ。)
インプレス［2008］『インターネット白書2008』ⓒimpress R＆D。
浦崎直浩［2000］「情報技術の発展とコーポレートガバナンス」『電子メディアによる情報開示に関する研究』(スタディグループ最終報告，主査河﨑照行) 第3章所収。
─── ［2002］『公正価値会計』森山書店。
─── ［2006］「知的資産の概念と分類」『税務会計研究』第17号。
小川一夫・北坂真一〔1998］『資産市場と景気変動』日本経済新聞社。
河﨑照行［2000］「会計ディスクロージャーの拡大と情報テクノロジーのインパクト」『會計』第157巻第5号。
古賀智敏編著［2003］『ファイナンス型会計の探求』中央経済社。
古賀智敏［2005］『知的資産の会計』東洋経済新報社。
武田隆二［2004］「課税原理の認識基点」『ＴＫＣ』第373号。
吉川達夫編［2008］『電子商取引法ハンドブック』中央経済社。

　　　　　　　　　　　　　　　　　　　　　　　　　　　　（浦崎　直浩）

第2編

ネットワーク社会と電子帳簿

第4章

電子帳簿保存法の概要と制度的課題

I　はじめに

　平成10年に納税環境の整備の観点から,「電子計算機を使用して作成する国税関係帳簿書類の保存方法等の特例に関する法律（以下,「電子帳簿保存法」という)」が創設された。それは,「情報化社会に対応し,国税の納税義務の適正な履行を確保しつつ納税者等の国税関係帳簿書類に係る軽減」（電子帳簿保存法1条）の「趣旨」に資する目的から創設されたものである（松沢・山下〔1999〕, 18－20頁)。

　本章では,まず,この点に関する電子帳簿保存法の創設・改正の経緯と現行法の概要の確認を行う。つぎに,以上の法規制の概要をとおしてその法規制上の問題点を指摘する。そして,最後に,今般,「電磁的記録」（電子帳簿保存法2条3号）を明文化した会社法などの改正とも絡んだ今後において克服すべき解釈および立法上の整備を問題提起としたい。

II　電子帳簿保存法の創設・改正の経緯と現行法の概要

1　電子帳簿保存法の創設・改正の経緯

　以上のように,平成10年に電子帳簿保存法が明文化された。しかし,当該電子媒体による帳簿保存の議論がそれまでにおいて全く不毛であったかというとそうではない（松沢〔1998〕；坂本孝司「わが国におけるコンピュータ会計法規規定ま

第2編　ネットワーク社会と電子帳簿

での沿革」，25-50頁；福浦［2000a］)。その証左に，昭和41年4月には，日本電子計算開発協会の「電子計算機利用度向上に伴う税務調査関係証憑取り扱いに関する要望書」を端緒として税法上の要望がなされ，その後においても，「企業利益」と「課税所得」とを橋渡しする「確定決算主義」(法人税法74条1項) を前提としてか，当該問題が商法の領域へと波及している。そして，昭和43年11月には，東京商工会議所による「商法改正要綱試案についての意見」，同年12月には，経団連による「文書事務合理化に関する商法改正意見」が相次いで公表されている。

ちなみに，これらの意見書は，不文法原理を基礎とした法人税法上の包括規定である「一般に公正妥当と認められる会計処理の基準（以下，「公正処理基準」という）」(法人税法22条4項) が昭和42年に創設されたのを契機として，当該規定を介して，電子媒体による帳簿保存についてこれを認めることも法解釈上は可能ではないが，当該「公正処理基準」の法的属性から反対解釈も予想されるので，明文の規定を講じてほしい旨を要望したものである（福浦［2000a］)。

さらに，その後においても，これらを根拠として，昭和44年10月には，商法学者による「商法改正要綱私案」が公表されている。当該私案は，相当の期間内に明確かつ容易に見読可能な書面を保障することを条件として，電子媒体による帳簿保存を認めることを明文化した内容である（矢沢［1971］，14-16頁；居林［1971］，16-20頁；前田［1971］，21-25頁)。

なお，これと時期を同じくして，昭和44年12月には，日本経営情報開発協会（前出日本電子計算開発協会の後身）による「商法改正に関する要望書」，昭和46年3月には，「電子計算機の導入に伴う商法改正等改正問題に関する見解」および昭和47年4月には，「税務における基本問題の検討」として当該諸問題に関する見解がここでも相次いで公表されている。

また，当該法規制に関する内容についての商法の領域でのその後の展開は，昭和49年の商法改正において，「公正なる会計慣行」(旧商法32条2項) の斟酌規定が明文化されただけで具体的な明文措置については暫く担保されることはなかった。

48

第4章 電子帳簿保存法の概要と制度的課題

　しかし，平成7年3月の法務省民事局による「商業帳簿等の電磁的記録による保存について」の公表を契機として，その後においては，平成13年11月の「商法」の改正，平成17年7月の「会社法」改正，その委任命令である平成18年2月「会社計算規則」，同年7月「会社法施行規則」の施行にともって，「電磁的方法」（会社法2条34号），「電磁的記録」（会社法26条2項）および「電子公告」（会社法2条34号）などの用語が明文化された。その点では，従来，当該内容について，肯定説，否定説の余地があった所説の展開に対して，終止符が打たれたのである（福浦［2007］，50－51頁）。

　他方，税法の領域においても，電子帳簿保存法が創設されるまでは，昭和40年代に問題提起（井上［1971］，26－30頁）がなされて以来，暫くの間目新しい展開はなかったが，その後の平成9年3月に国税庁国税審議官の私的研究会（金子宏座長）である「帳簿書類保存等の在り方に関する研究会」による「帳簿書類の保存等の在り方について」の公表は，電子帳簿保存法の創設理由を理解するうえでは，きわめて重要である（金子［1998］）。そこでは，高度情報化・ペーパーレス化の時代の要請に従って，納税義務者（電子帳簿保存法2条4号では，「保存義務者」という）の保存コストの削減による負担軽減に資することを提言する一方で，他方では，改ざん，消去が容易であるなどの電子媒体の特性を十分考慮するとともに，また，電子媒体による保存について，紙媒体から電子媒体による保存へ変更するに当たっては，これを保存媒体の変更問題と単純に捉えることなく，適正・公平な税負担の確保の観点から，「真実性」，「可視性」，「証拠能力」，「証明力」の観点にもとづく制度の整備が図られるべきことを提言している。そのほかにも，納税義務者の実態に即したもの，納税義務者に多大な負担とならぬように配慮することも提言している点には留意を要しよう。

　また，これと軌を一にして，同年11月には，国税庁による「帳簿書類の電子データ保存等に係る税制改正要望について」，同年12月には，政府税制調査会による「平成10年度の税制改正に関する答申」（http://www.cao.go.jp/zeicho/tosin/zeicho3.html）が公表され，晴れて平成10年3月に電子帳簿保存法の成立をみたのである。

49

第2編　ネットワーク社会と電子帳簿

　なお，当該電子帳簿保存法は，平成17年には，前年度平成16年10月施行の「民間事業者等が行う書面の保存等における情報通信の技術の利用に関する法律（以下，「e－文書通則法」という）」，同年12月「民間事業者等が行う書面の保存等における情報通信の技術の利用に関する法律の施行に伴う関係法律の整備等に関する法律（以下，「e－文書整備法」という）」に従って，スキャナー保存を認めるなどの時宜に即した納税環境の整備を行い，今日に至っている（電子帳簿保存法4条3項）。

2　電子帳簿保存法の概要

　国税関係帳簿書類の電子媒体による帳簿保存に関する電子帳簿保存法の法規制は，その委任命令である「電子計算機を使用して作成する国税関係帳簿書類の保存方法等の特例に関する法律施行規則（以下，「電子帳簿保存法施行規則」という）」を含めて，図表4－1のように，僅か20条に満たないものである（長谷部・壷見［1998］，131－213頁は，法，法令および通達を対照したものを提供する）。その体系の特徴は，以下の点に留意して理解する必要がある。

　一つは，当該電子帳簿保存法は，所得税法，法人税法および消費税法などの個別税法に対する「特例」法または当該個別税法に拘束されない「任意」法規のものとして創設されているということである。この点は，1977年に電子帳簿保存を一定の条件下で許容する旨を明文化した商法と税法（ここでは，「AO」を指す）との平仄を図ったドイツの法規制とは，趣を異にしている（ドイツの法規制については，福浦［1992］；福浦［2000 a］；福浦［2000 b］を参照）。

　二つは，当該電子帳簿保存法上，解釈の余地はあるが，個別税法が帳簿書類について，紙媒体を前提とした解釈・適用に立脚して，電子媒体をこれに対する「特例」法としての法規制を構築しているということである（福浦［2000 a］）。

　三つは，当該電子帳簿保存法と他の国税に関する法律との関係については，電子帳簿保存法に具体的に規定されているものはそれが優先され，具体的に規定されていないものについては，他の国税の法律に従うことになるということである（電子帳簿保存法3条）。

第4章　電子帳簿保存法の概要と制度的課題

図表4－1　電子帳簿保存法の全体像

基本形式	法令の全体	関　係　条　文	概　　　要
本則	総則規定	第1条（趣旨） 第2条（定義） 第3条（他の国税に関する法律との関係）	法律制定の趣旨（第1条）、条文に頻繁に使用する用語の定義（第2条）および他の税法との関係（第3条）を規定。
	実体規定	第4条（国税関係帳簿書類の電磁的記録による保存等） 第5条（国税関係帳簿書類の電子計算機出力マイクロフィルムによる保存等） 第10条（電子取引の取引情報に係る電磁的記録の保存）	電子データなどによる帳簿または書類の備付け、保存（第4条）、COMによる帳簿または書類の備付け、保存（第5条）およびEDI取引等の取引記録の保存義務（第10条）を規定。
	手続規定	第6条（電磁的記録による保存等の承認の申請等） 第7条（電磁的記録による保存等の承認に係る変更） 第8条（電磁的記録による保存等の承認と取消し） 第9条（電子計算機出力マイクロフィルムによる保存等の承認に対する準用） 第9条の2（行政手続等における情報通信の技術の利用に関する法律等の適用除外） 第11条（他の国税に関する法律の規定の適用）	電子データなどおよびCOMによる帳簿または書類の備付け、保存の承認申請等の手続（第6条～第9条）。他の税法との関係（第11条）を規定。
附則			施行期日、経過措置

　以下では、以上に留意しつつ、当該法規制を**図表4－2**により概観することにする。
　まず、個別税法に対する「特例」法または当該個別税法に拘束されない「任意」法規のものとして創設されている特徴について取り上げる。この点につい

51

第2編　ネットワーク社会と電子帳簿

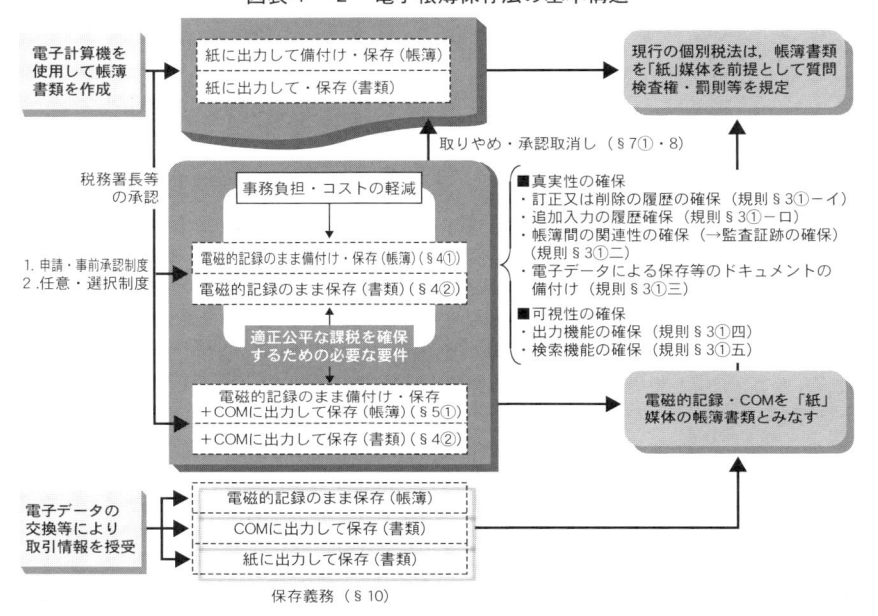

図表4－2　電子帳簿保存法の基本構造

```
電子計算機を          ┌─ 紙に出力して備付け・保存（帳簿）─┐          現行の個別税法は，帳簿書類
使用して帳簿  ──→    │                                    │    ──→  を「紙」媒体を前提として質問
書類を作成            └─ 紙に出力して・保存（書類）───┘          検査権・罰則等を規定

                                              取りやめ・承認取消し（§7①・8）

         税務署長等                                        ■真実性の確保
          の承認         ┌─ 事務負担・コストの軽減 ─┐   ・訂正又は削除の履歴の確保（規則§3①－イ）
                        │                             │   ・追加入力の履歴確保（規則§3①－ロ）
1. 申請・事前承認制度    ├ 電磁的記録のまま備付け・保存（帳簿）（§4①）  ・帳簿間の関連性の確保（→監査証跡の確保）
2. 任意・選択制度        ├ 電磁的記録のまま保存（書類）（§4②）      （規則§3①二）
                        │                             │   ・電子データによる保存等のドキュメントの
                        │  適正公平な課税を確保       │     備付け（規則§3①三）
                        │  するための必要な要件       │   ■可視性の確保
                        │                             │   ・出力機能の確保（規則§3①四）
                        ├ 電磁的記録のまま備付け・保存 │   ・検索機能の確保（規則§3①五）
                        │ ＋COMに出力して保存（帳簿）（§5①）
                        └ ＋COMに出力して保存（書類）（§4②）           電磁的記録・COMを「紙」
                                                                          媒体の帳簿書類とみなす

電子データの       ┌─ 電磁的記録のまま保存（帳簿）─┐
交換等により  ──→ ├─ COMに出力して保存（書類）──┤
取引情報を授受     └─ 紙に出力して保存（書類）───┘
                        保存義務（§10）
```

　ては，租税法律関係のうち，租税債務関係の当事者，租税債務の内容および租税債務の成立・承継・消滅を取扱う具体的・実体法上の規定は，「国税関係帳簿書類の電磁的記録による保存等」（電子帳簿保存法4条），「国税関係帳簿書類の電子計算機出力マイクロフィルムによる保存等」（同法5条）および「電子取引の取引情報に係る電磁的記録の保存」（同法10条）の三つを挙げることができる。以下では，さしあたり電子帳簿保存法4条1項を参考に供し，当該法規制の特徴を理解することにしたい。

　ところで，電子帳簿保存法4条1項は，国税関係帳簿における「電磁的記録」の保存などに関する適用範囲を以下のように規定している。それは，「保存義務者は，国税関係帳簿の全部又は一部について，自己が最初の記録段階から一貫して電子計算機を使用して作成する場合であって，納税地等の所轄税務署長（財務省令で定める場合にあっては，納税地等の所轄税関長。以下「所轄税務署長等」という）の承認を受けたときは，財務省令で定めるところにより，当該承認

第4章 電子帳簿保存法の概要と制度的課題

を受けた国税関係帳簿に係る電磁的記録の備付け及び保存をもって当該承認を受けた国税関係帳簿の備付け及び保存に代えることができる」旨の規定である（当該規定の注釈については，高野［1998］，57-77頁）。

当該電子帳簿保存法は，当該法規制を概観する限り，その特徴の一つとして，個別税法の事前承認制度にもみられる法規制を採用しているということである（電子帳簿保存法4条，同5条）。すなわち，その特徴の一つとして，個別税法で承認を受けた国税関係帳簿における帳簿書類の備付けおよび保存については，紙媒体によるもののほかに，電磁的記録による電子媒体をその「特例」として選択適用することができる旨を明文化しているということである（電子帳簿保存法4条，同5条）。これは，前掲の「情報化社会に対応し，国税の納税義務の適正な履行を確保しつつ納税者等の国税関係帳簿書類に係る軽減」する旨の「趣旨」にも一脈通じるものがあるといえるだろう。

他方，当該電子帳簿保存法4条の委任する電子帳簿保存法施行規則3条は，「電磁的記録」による電子媒体をその「特例」として選択適用するに際して，前掲の「帳簿書類保存等の在り方に関する研究会」が骨子とした「真実性」の確保，「可視性」の確保などの要件の具備ないし内部統制システムを意識した射程の法規制の整備を行っているということである。すなわち，同法施行規則3条1項は，痕跡を残すことなく，しかも容易に記録などの訂正・加除を可能とする情報技術の特性に立脚して，**図表4-2**のように，「訂正又は削除の履歴の確保」（同法施行規則3条1項1号イ），「追加入力の履歴の確保」（同法施行規則3条1項1号ロ）および「帳簿間の関連性の確保」（同法施行規則3条1項2号）ならびに「電子データによる保存等のドキュメントの備付け」（同法施行規則3条1項3号）の「真実性」の確保の各適用要件を規定している。さらに，税務調査の便宜性に資する観点から，「出力機能の確保」（同法施行規則3条1項4号），「検索機能の確保」（同法施行規則3条1項5号）の「可視性」の確保の各適用要件を担保するものとなっている点を指摘することができる。

つぎに，租税法律関係のうち，租税債務関係の確定・租税の徴収を取り扱う手続き的な規定には，いずれも電子媒体などによる帳簿書類の備付け，保存の

第2編　ネットワーク社会と電子帳簿

承認申請などの手続きと他の個別税法との関係を規定した以下のような具体的な規定が存する。

それは、国税関係帳簿書類の「電磁的記録」による保存などに係る「納税地等」の「所轄税務署長等」の承認（電子帳簿保存法4条1項・2項）について、承認申請手続き（1項・2項）、承認申請の却下事由（3項）、承認申請に対する承認・却下処分の手続（4項）、みなし承認制度（5項）および所轄外税務署長経由による承認申請書の提出（第6項）を規定した「電磁的記録による保存等の承認の申請等」（同法6条）、国税関係帳簿書類の「電磁的記録」による電子媒体による保存などを止めようとする場合（1項）およびその承認に係る申請書に記載した事項の変更をしようとする場合（2項）の届出書の提出に関する「電磁的記録による保存等の承認に係る変更」（同法7条）、同上国税関係帳簿書類の「電磁的記録による保存等の承認に係る変更と取消し」（同法8条）、「電子計算機出力マイクロフィルムによる保存等の承認に対する準用」（同法9条）、そして、前掲の電子帳簿保存法4条または同法5条の「承認」を受けている国税関係帳簿書類に係る「電磁的記録」またはＣＯＭに対する他の国税に関する法律の規定の適用、電子取引の取引情報に係る「電磁的記録」またはＣＯＭに対する他の国税に関する法律の規定の適用および青色申告に係る規定の適用に関した「他の国税に関する法律の規定の適用」（同法11条）する旨の規定である。

最後に、個別税法と電子帳簿保存法との関連を一瞥しておくと、国税関係帳簿書類の備付けまたは保存について、両者の関係は、電子帳簿保存法に具体的に規定されているものはそれが優先され、逆に具体的に規定がなされていない場合には、他の国税に関する法律の定めに従うことになるということである（電子帳簿保存法3条）。この点につき、電子帳簿保存法と各個別税法の両者に視点を転ずると、国税関係書類の備付けや保存義務自体については、何ら規定されていない。その意味で、**図表4－3**に示したように、帳簿書類の備付けや保存義務の有無、保存すべき場所および保存すべき期間などについては、電子帳簿保存法において「特例」を定めていないことになるので、各個別税法に関する法律の定めるところに従うということになる。

第4章　電子帳簿保存法の概要と制度的課題

図表4-3　帳簿書類などにおける個別税法と電子帳簿保存法との関連性

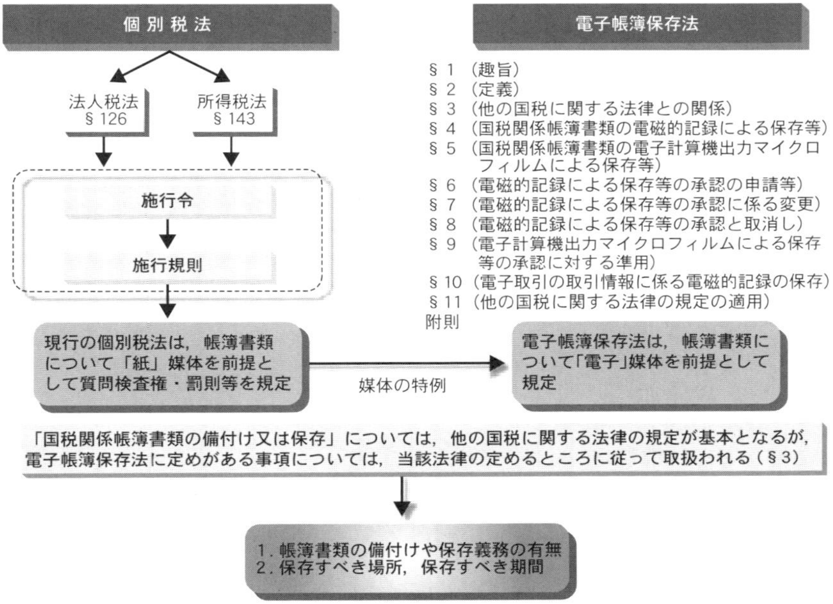

個別税法

法人税法 §126　　所得税法 §143

施行令
↓
施行規則

電子帳簿保存法

§1　（趣旨）
§2　（定義）
§3　（他の国税に関する法律との関係）
§4　（国税関係帳簿書類の電磁的記録による保存等）
§5　（国税関係帳簿書類の電子計算機出力マイクロフィルムによる保存等）
§6　（電磁的記録による保存等の承認の申請等）
§7　（電磁的記録による保存等の承認に係る変更）
§8　（電磁的記録による保存等の承認と取消し）
§9　（電子計算機出力マイクロフィルムによる保存等の承認に対する準用）
§10　（電子取引の取引情報に係る電磁的記録の保存）
§11　（他の国税に関する法律の規定の適用）
附則

現行の個別税法は，帳簿書類について「紙」媒体を前提として質問検査権・罰則等を規定

媒体の特例

電子帳簿保存法は，帳簿書類について「電子」媒体を前提として規定

「国税関係帳簿書類の備付け又は保存」については，他の国税に関する法律の規定が基本となるが，電子帳簿保存法に定めがある事項については，当該法律の定めるところに従って取扱われる（§3）

1. 帳簿書類の備付けや保存義務の有無
2. 保存すべき場所，保存すべき期間

Ⅲ　電子帳簿保存法における法規制上の問題の所在

　電子帳簿保存法は，以上のように，電子帳簿保存法施行規則を含めて僅か20条程度の法規制であるが，当該法規制をめぐっては，その論点として諸種の問題提起が可能である（松沢［1998］，17-22頁）。以下では，当該法規制について，実体法上の問題点と手続法上の問題点に焦点を当てて所在を明らかにすることとしたい（ここでの「実体法」とは，租税債務関係の内容上の成立・変更・消滅を取扱う課税要件に関する法を指す。また，「手続法」とは，租税の確定および徴収の形式上の手続きに関する法のことを指す。なお，金子［2008］，125頁，613頁）。
　まず，実体法上の問題として，電子帳簿保存法と当該個別税法との税法間の関連性をいかに解釈するかがある。これは，所得税法，法人税法および消費税

第2編　ネットワーク社会と電子帳簿

法などの個別税法の領域における解釈・適用いかんにもよるが，上述においては，解釈の余地の留保を置きつつも，電子帳簿保存法は，当該個別税法上，紙媒体を前提とし，電子媒体については，これを「特例」とする旨を担保した法規制であると指摘しておいた。しかしながら，ここでは，個別税法上の帳簿書類の解釈・適用について，当該紙媒体のみを限定列挙のものとして解釈・適用するか，または，電子媒体をも含める例示のものとして解釈・適用するか否かについては，法解釈・適用上の余地が残されている点を指摘しておきたい（この点につき，前掲平成10年度税制調査会答申は，紙媒体を前提とした解釈に立脚する）。というのは，電子帳簿保存法は，国税関係帳簿書類の備付けや保存義務について，何ら明文の措置を担保していないという理由から，以下の法規制との関連から問題の生じうる余地があるからである。それは，例えば，法人税法126条（青色申告法人の帳簿書類）および当該規定の委任命令である法人税法施行規則53条（青色申告法人の決算），同施行規則54条（取引に関する帳簿及び記載事項），同施行規則55条（仕訳帳及び総勘定元帳の記載方法），同施行規則56条（たな卸表の作成），同施行規則57条（貸借対照表及び損益計算書），同施行規則58条（帳簿書類の記載事項等の省略）および同施行規則59条（帳簿書類の保存）について，紙媒体による帳簿書類のみを限定列挙のものとして解釈・適用するか，それとも，これに限らず，電子媒体も解釈・適用の範疇に含める例示のものとして理解しうるかによっては，電子帳簿保存法と当該個別税法との税法間の関連性がその価値判断において大いに異なってくるといえるからである（福浦［1992］；福浦［2000 a］；福浦［2000 b］）。

　つぎに，これまた実体法上の問題として，個別税法内部における法規制の解釈・適用をいかに理解するかがある。この点につき，前掲の個別税法における法人税法施行規則53条は，「複式簿記の原則」に従い，「整然」かつ「明りょう」に記録し，その記録にもとづいて決算を行わなければならないと概括的かつ一般的に規定するのみで，それ以上の個別的かつ具体的な法規制を担保していない。これに対して，電子帳簿保存法施行規則3条1項は，「真実性」の確保，「可視性」の確保の観点から，前掲の個別的かつ具体的な法規制を担保してい

第4章　電子帳簿保存法の概要と制度的課題

る。この点において，両者には，法的属性においての法規制の仕方に差異があるといえる。

そこで，前者については，法的属性において「不確定法」概念という理由にもとづき，もっぱら解釈に委ねられることとなり，最終的には，司法の判断に従うことになるが，後者については，どのように解釈・適用されることになるのだろうか。その意味では，従来の紙媒体による保存の場合と電子媒体による保存の場合の取扱いにおいて均衡を失することはないかという問題が生ずることになる。特に，「追加入力の履歴の確保」（同3条1項1号ロ）に関する規制のような取扱いは，問題となろう（福浦［2007］，51頁（注6））。

ちなみに，当該規定は，「当該国税関係帳簿に係る記録事項の入力をその業務の処理に係る通常の期間を経過した後に行った場合には，その事実を確認することができる」旨を規定している。そこで，法文上の「不確定法」概念である「通常の期間」は，法解釈・適用上，どのように考えたらよいのだろうか。これは，通達の「法源」性の問題とも絡む問題であるが，当該「通常の期間」に関する解釈の具体化として，「訂正削除の履歴の確保をすべて残すことが望ましいが，入力後の記録事項の誤りが1週間以内のものであれば，内部規程等（規則第3条第1項第3号ニに掲げる事務手続を定めた書類）にこれが定めてあれば，これを認める」という要件を課している電子帳簿保存法取扱通達（以下，取扱通達という）4－7（訂正削除の履歴の確保の特例）に従わねばならないのだろうか（この点について，武田［2008ａ］，184－186頁；武田［2008ｂ］，180－182頁は，企業の属性に即した記帳要件論と企業統制を前提とした手続論を展開している点は，参考となる）。

けだし，帳簿の記帳について，今般の大改正をみた商法19条2項，会社法432条1項および同法615条1項も，「適時」かつ「正確」な会計帳簿を作成すべき旨を明らかにしたが，当該明文措置も以上の租税法上と同様の問題が生じることは論を俟たないであろう（「適時」，「正確」の明文措置については，ドイツ商法・税法にもみられる。商法239条2項（商業帳簿の記帳），ＡＯ146条1項（記帳および記録に対する一般的要請）を参照。詳細は，福浦［1992］；福浦［2000ｂ］）。

さらに、手続法上の問題として、当該電子帳簿保存法は、個別税法上の「青色申告」（所得税法143条・法人税法121条）の承認を受けた者のみを対象とするか否かという問題がある（この点につき、ドイツ税法は、記帳義務者を前提としている。なお、ドイツ所得税法の利益所得計算方法の類型と人的適用範囲については、福浦 [1996] 参照）。

そのほかにも、課税処分における質問検査権による税務調査などの問題も考えられる（所得税法234条・法人税法153条）。前者については、個別税法との関係で青色申告者に対する承認の申請、承認の手続きおよび承認の取消しについて、法解釈・適用上の要件不遵守については、「青色申告」の取消事由に該当する旨の明文の措置を行っている（電子帳簿保存法11条3項）。

なお、電子帳簿保存法は、要件不遵守の場合について、以上のような「青色申告」の承認の取消しに関する明文の措置をしたが、要件不遵守のための特別な制裁制度については、何ら担保する旨を規定していない。その点では、税額の決定それ自体について、紙媒体と電子媒体を選択した場合に、どのような手段をもって要件遵守を納税義務者に働きかけていくかが問題となろう（佐藤 [1999]、44頁）。後者については、課税処分における質問検査権による税務調査について、特別な規定を担保していないにもかかわらず、税務調査官が自ら納税義務者のコンピュータの操作を行った場合、または、納税義務者に直接指示することにより当該コンピュータの操作を行わせることが許されるか否かということが問題となる（電子帳簿の税務調査については、電子媒体における帳簿に対する課税処分の調査と保存等の承認の取消しのための調査が考えられる（この点については、粕谷幸男 [1998]；豊森 [1999 b] 参照））。これは、いわゆる受忍義務の範囲の問題である。

IV　電子帳簿保存法と個別税法における法規制の整備

上述したように、電子帳簿保存法は、所得税法、法人税法および消費税法などの個別税法に対する「特例」法または当該個別税法に拘束されない「任意」

第4章 電子帳簿保存法の概要と制度的課題

法規のものとして創設されている。それは，現行の国税関係帳簿書類に関する法規制について，当初の否定説にもとづき電子帳簿保存法と個別税法をダブルスタンダードの構造のものとして法規制を想定したといえるからである（平成10年度「税制調査会答申」参照）。それは，当該帳簿書類における個別税法上の明文措置の解釈・適用について，その対象を，紙媒体によるほかに，電子媒体をも含める例示的かつ包括的な解釈・適用を行うとした場合，当該内容についても明文の措置，そして厳格的かつ画一的に解釈・適用すべきという「租税法律主義」の観点からいっても無理があるという前提に立脚したからであろう。それはともあれ，他方において，わが国における申告納税制度の前提となる制度上の枠組みは，ＩＴ社会を前提としない紙媒体を前提とする枠組みのものとＩＴ社会の到来を前提とした電子媒体を前提とする枠組みのものとの並存を認めることを意味するものである。

そこで，電子帳簿保存法と個別税法における当該税法間の実質的側面のダブルスタンダードの取扱いと紙媒体と電子媒体における形式的側面のダブルスタンダードの取扱いをした現行法の政策上の構造についての関連性を，正しい課税所得計算の観点からいかに関連付けて解釈・適用したらよいであろうか。または，いかに立法措置したらよいであろうか。

おもうに，正しい課税所得計算に資する観点からは，形式的要件が紙媒体であろうと，電子媒体であろうとも，実質的な「証拠能力」および「証明力」の観点に資するシングルスタンダードのものが指向されることについて異論はなかろう。否，両者にあっては，基本的には，差異があってはならないといえる。

問題は，当該目的に資する法規制上の実質的規定，形式的規定の策定をいかに模索するかということである。その解決の方策には，つぎの二つが現在のところ考えられる。一つは，法解釈論上の方策である。いま一つは，法立法論上の方策である。

そこで，前者の法解釈論上の方策には，つぎのような論理を必要とする。それは，個別税法における帳簿書類を紙媒体のみとする現行法の限定列挙的な枠組みについて，電子媒体をも包括した例示的かつ包括的な解釈・適用を行うと

いう展開である。なお，例示的かつ包括的な解釈・適用を展開するにおいても，

つぎに派生する問題として，当該解釈・適用を担保する規定として，いずれの明文措置にこれを求めるかが問題となる。それには，その一つとして，前掲の法人税法126条以下の明文措置を例示的かつ包括的に解釈・適用を行う途が考えられる。いま一つは，以上の同法126条以下の明文措置については，紙媒体のみと限定列挙的に解釈・適用し，電子媒体については，前掲の「公正処理基準」を準用して補充的な解釈・適用を行う途が考えられる。すなわち，当該「公正処理基準」を課税所得計算の実質的側面の解釈・適用のみならず，形式的側面のものとして，時宜に即した解釈・適用を行うというものである（福浦［2000 b］）。

しかし，ここでも若干の問題は残る。それは，課税要件の明確主義に立脚する「租税法律主義」の観点から，「不確定法」概念の取扱いについては，慎重でなければならないという租税法の基本的な要請に応える措置が必要であるからである。ちなみに，当該「不確定法」概念の取扱いについては，前掲の旧商法32条2項の「公正なる会計慣行」の斟酌規定についての肯定説・否定説にみた解釈論上の多義性に対して，平成17年7月の「会社法」改正，その委任命令である平成18年2月の「会社計算規則」，「会社法施行規則」の先例にみられる法規制の立法措置は参考となろう。というのは，当該会社法上の動向は，それこそ「租税法律主義」の観点と軌を一にした法政策上の措置として参考となるものであるからである。以上のようにみてくると，当該「公正処理基準」についても，成文法原理を基本とするわが国においては，明文上の立法措置をもって対処するというのも次善の措置ということになろう。

なお，明文措置においても，「租税法律主義」の観点を十分意識したものでなくてはならないが，その場合，留意すべきは，個別税法と電子帳簿保存法との解釈・適用において，申告納税制度の「趣旨」に沿った正しい課税所得計算の観点に資するものでなければならないことはいうまでもない。

第 4 章　電子帳簿保存法の概要と制度的課題

Ⅴ　む　す　び

　電子帳簿保存法 1 条の「趣旨」規定による創設理由とは裏腹に，利用状況の指標となる承認件数は余りにも少ないといえる（福浦 [2007]）。おもうに，承認件数が少ないという理由には，どのような問題点が想定されるのであろうか（理由として，福浦 [2007]，51頁（注 9 ））。

　この点については，実体法上の納税義務者の個々の企業の属性にも留意する必要があろう。例えば，納税義務者の納税環境が「保存コストの負担軽減」の必要性があり，しかも課税要件に関する法律，委任命令および税務行政における取扱通達の解釈・適用に対してもこれを充足する環境にあるならば，当該法規制の適用を選択することは，その利点からしても理に適った選択肢であることには間違いない（島田 [1999]，34-39頁）。それにもかかわらず，承認申請を選択肢としないのは，一体どのような理由にもとづいているのであろうか。その理由には，納税義務者間の税務行政上の公平執行に資する観点にもとづき電子帳簿保存法，同法施行規則の解釈・適用について，前掲の取扱通達の取扱いが厳格的かつ画一的な解釈・適用を指向するならば，これらの基準に沿わない納税義務者の納税環境からすれば，それこそ新たな受忍義務のものとして映るのではないかという点も指摘することができる。というのは，帳簿記帳に関する電子帳簿保存法と個別税法とが実体法上の「証拠能力」および「証明力」の観点に資する実質的な要件などの担保措置について，相互に独立したダブルスタンダードの現状下にあるという認識にある納税義務者にとっては，紙媒体，電子媒体などの形式的な手続要件の取扱い次第によっては，実体法上の諸問題についてもそれ相応の負担として映ることにもなりかねないからである。その証左に，電子帳簿保存法施行規則 3 条 1 項 1 号ロにおける「通常の期間」の解釈・適用について，取扱通達のように個別的事由を加味した定性的な判断基準の取扱いをしないで，ただ単に平均的な判断基準を以って行うような厳格的かつ画一的な法の解釈・適用を指向するということになれば，これを理由にして

第2編　ネットワーク社会と電子帳簿

電子帳簿保存を選択肢として採用しないことも考えられるからである。ましてや，以上のような解釈・適用と相俟って，前掲の平成17年度税法改正による手続法上の「青色申告」の不遵守による承認申請却下または承認取消事由(電子帳簿保存法11条3項)に該当する可能性が増幅するというのであれば，なおさら電子帳簿保存法を選択肢としないということになろう。

　以上のように理解するならば，ＩＴ化にともなう納税環境の整備に資するにも電子媒体による申告納税制度について最低限必要となる担保措置においても，納税義務者の個々の企業属性をも加味した弾力的な解釈・適用も必要ということになろう。この点は，個別税法と電子帳簿保存法の関連性について，法政策上，従来のようなダブルスタンダードを踏襲するにせよ，または，両者を統合してシングルスタンダードとするにせよ，重要な視点であることは忘れてはならない。要は，「情報の信頼性」の観点からは，形式的要件が紙媒体であろうと，電子媒体であろうとも，実質的な「証拠能力」および「証明力」の観点に資する収れんした法規制と運用を忘れなければよいのである（「情報の信頼性」についての具体的な手続きについては，武田［2008ａ］，185－186頁，武田［2008ｂ］，180－182頁参照）。

　おもうに，今般の会社法がＩＴ化を前提とした肯定説を採用したことにともなって，上述の「確定決算主義」との関連性において，現行法下の個別税法においても，電子媒体についてこれを解釈・適用の範ちゅうに含める例示のものとして理解しうるとしても，現行の電子帳簿保存法が個別税法に対して「特例」法または当該個別税法に拘束されない「任意」法規としての位置付けのものである限りにおいては，何ら納税環境の整備にはならないものといえよう。その意味では，電子帳簿保存法の法規制を「特例」法ではなく，かつ「任意」法規でもないドイツのような「公正処理基準」に従って展開された個別税法と一元化した立法上の措置のものとして，今後は整備する必要があるとともに，「租税法律主義」に資する個別的かつ具体的な明文の措置が必要であるようにおもわれる（ドイツにおいては，情報処理技術の進展により「正規のデータ貯蔵簿記の諸原則（GoS）」，「正規の情報処理支援簿記システムの諸原則（GoBS）」が展開されてい

第 4 章　電子帳簿保存法の概要と制度的課題

る。これらについては，福浦［1992］；福浦［2000 b］；福浦［2000 c］）。

【参考文献】
Bühler-Scherpf［1971］, *Bilanz und Steuer*, 7. Auflage, München.
Schuppenhauer［1998］, *Grundsäze für eine ordnungsmäige Datenverarbeitung*, 5. überarbeitete und erheblich erweitere Auflage, Düsseldorf.
飯塚　毅［1988］『正規の簿記の諸原則（改定版）』森山書店。
石村耕治［1998 a］「税法上の帳簿書類の電子データ保存制度法制化の課題」『朝日法学論集』第19号。
―――［1998 b］「帳簿書類の電子データ保存等に係る法制の整備とその方向性」『税理』，第41巻 2 号。
井上久彌［1971］「コンピュータと税法」『ジュリスト』，第484号。
居林次雄［1971］「わが国におけるコンピュータ利用と法律問題」『ジュリスト』，第484号。
―――［1981］『改正会社法と実務対応』経済法令研究会。
大隅健一郎［1981］『商法総則（新版）』有斐閣。
粕谷幸男［1998］「帳簿書類の電子データ保存に関する質問検査権の範囲」『税理』，第41巻 4 号。
金子　宏［1998］「帳簿書類の保存等の在り方について」『商事法務』，158号。
―――［2008］『租税法（第13版）』弘文堂。
神崎克郎［1988］『商法総則，商行為通論（改訂版）』同文館。
佐藤英明［1999］「電子的メディア等による帳簿記録保存制度の課題と展望」『租税法』，第27号。
島田裕次［1999］「帳簿書類のデジタル化における有利・不利」『税務弘報』，第47巻 1 号。
高野俊信［1998］『逐条解説電子帳簿保存法』税務経理協会。
武田隆二編著［2003］『中小会社の会計－中小企業庁「中小企業の会計に関する研究会報告書」の解説－』中央経済社。
―――［2008 a］『最新　財務諸表論（第11版）』中央経済社。
―――［2008 b］『会計学一般教程（第 7 版）』中央経済社。
田中誠二［1981］『全訂商法総則詳論』勁草書房。
田中誠二・喜多了祐［1975］『全訂コンメンタール商法総則』勁草書房。
垂野幸二［2005］「国税通則等の改正について」『税経通信』，第60巻 8 号。
豊森昭信［1981］『ＥＤＰの税務』ぎょうせい。
―――［1999］「電子帳簿で税務調査はこう変わる」『税務弘報』，第47巻 1 号。
日本簿記学会簿記実務研究部会［2008］「会計帳簿の現代的意義と課題－最終報告」，日本簿記学会。
長谷部啓・壺見晴彦［1998］『詳解 電子帳簿保存－わかりやすい逐条解説と実務Ｑ＆Ａ』税務経理協会。
福浦幾巳［1987］「コンピュータ会計における磁気帳簿等の法的規制－特に西ドイツと比

第2編　ネットワーク社会と電子帳簿

較して－」『折尾女子経済短期大学論集』，第22号。
──── [1992]「ドイツ商法・税法に基づく商業帳簿の記帳・保存義務規定－特に，電子計算機会計を中心として－」『税務会計の展望と課題』九州大学出版会。
──── [1996]「ドイツ所得税法の利益所得計算方法の類型と人的適用範囲」『日本税法学会九州部会』，200回記念論文集。
──── [2000 a]「電子帳簿保存の法的規制と公正処理基準」『日本簿記学会年報』，第16号。
──── [2000 b]「ドイツにおける電子帳簿保存の法的展開」『公会計研究』，第2巻1号。
──── [2000 c]「最近のドイツにおける電子帳簿保存の具体的展開－正規のデータ貯蔵簿記の諸原則（GOS）と正規の情報支援簿記システムの諸原則（GOBS）の訳出」『九州情報大学研究論集』，第2巻第1号。
──── [2007]「『電子』媒体における帳簿保存の現状と諸問題」『税経通信』，第62巻12号。
前田　庸 [1971]「コンピュータと商法－商法改正の必要性－」『ジュリスト』，第484号。
松沢　智〔[1998]『コンピュータ会計法概論』中央経済社。
松沢　智・山下　学 [1999]「電子帳簿保存制度の創設」『税務弘報』，第47巻1号。
水野忠恒 [1998]「帳簿書類の電子データによる保存等について」『税研』，第13巻77号。
矢沢惇著 [1971]「商法・税法の改正問題－『ＥＤＰ会計に関する研究報告』中の『見解』の性格－」『ジュリスト』，第484号。
──── [1975]『企業会計法講義　改訂版』有斐閣。

（福浦　幾巳）

第5章

電子帳簿と正規の簿記

I　はじめに

　本章では，わが国の電子帳簿保存法を巡る制度的仕組み及びその課題を浮き彫りにするため，わが国に類似する商業帳簿規定・会計規定を有するドイツの電子帳簿を巡る法的仕組みについて考察を加えたい。

　ドイツにおける電子帳簿を巡る法的構造は，「正規の簿記の諸原則」(Grundsätze ordnungsmäiger Buchführung, GoB) の法的体系に密接に関連している。まず，1897年商法典（ＨＧＢ）の43条2項および1919年ライヒ国税通則法（ＲＡＯ）162条4項は装丁された帳簿を求め，その後1927年のベルリン商工会議所の鑑定意見によって一定の条件の下でルーズリーフ式簿記が許容されている。また，1965年8月2日商法改正における38条2項の改正および47a条の創設，これと符合したＲＡＯ162条9項の創設によって，マイクロフィルムによる証憑等の保存が認められている。これらルーズリーフ式簿記およびマイクロフィルムによる帳簿書類保存の正規性は「形式的かつ狭義のGoB」の領域に関係している。

　とりわけ，「形式的かつ狭義のGoB」の具体的な内容は，電子帳簿，すなわちＥＤＶ簿記（Elektronische Datenverbeitung-Buchführung）に関する一連の法的整備の過程で明白となっている（本章では「ＥＤＶ簿記」を狭義の意味，つまり，長期ないし短期のデータが視覚的に見読可能でない形式で機械的に見読可能なデータ媒体だけに記憶されるという意味で用いる）。というのは，ＥＤＶ簿記の許容は，保存されたデータの修正・追加・削除処理が常時かつ瞬時に可能であるというコン

ピュータの特性を前提として，ＥＤＶ簿記が少なくとも「伝統的な簿記」と同様の信頼性と証拠力が獲得される法的整備を行うことにその問題の本質があるからである（Vgl. Graf [1989], S.742）。

ＥＤＶ簿記に関して特に注目すべきことは二つある。その第一は，ＥＤＶ簿記の許容に係る一連の法整備において，私法である商法典の商業帳簿規定と公法である1977年国税通則法（ＡＯ）の帳簿規定の「調和」が図られていることである。第二は，ＥＤＶ簿記の許容に係る一連の法整備において，商法典およびＡＯに規定される「形式的かつ狭義のGoB」が一般的かつ普遍的なものに変化していることである。

Ⅱ　ＥＤＶ簿記を巡る法的な仕組み

1　歴史的経緯

税務行政は1967年所得税法リヒトリニエン（EStR）29条6項においてデータ処理に関するいくつかの問題を取り扱っている。同29条6項は以下のような規定であった。

> 記帳義務ある取引が，データ媒体に記憶されている場合には，データがいつでも相当な時間以内に出力される限りは，さらに異議を唱えられるべきではない。記憶された記帳資料が（営業年度の終わりまでに既に完全に出力されていない限りで）営業年度の終了までに完全に出力されなければならない。さしたる困難もなく，個別金額で出せるのであれば圧縮された数字だけで十分である。……指示書・解説書及び組織の基礎資料は，……簿記との関連において必要である限り，10年間保存されなければならない。

この規定は伝統的ＥＤＶ簿記（konventionelle EDV-Buchführung），つまり，記帳が全部または部分的に自動化されたデータ処理装置の手段を伴って作成され出力される場合であっても，基本的にGoBに対する一般的な必要条件が充足されねばならないことを指示するものであった（Bühler/Scherpf [1971], S.101）。

第5章　電子帳簿と正規の簿記

つまり「紙による出力」が前提となっていたのである。

1969年国税通則法（AO）草案の89条3項4文も，貸借対照表日後のデータ媒体による帳簿保存を未だに認めていなかったが（Mauveは，1969年の時点で「営業年度の終了までに，記憶された記帳資料が完全に出力されなければならないか否かは，記帳義務者の自由な決定に委ねるべきである」〔Mauve［1969］，S.714〕と主張していた），1974年国税通則法（AO）草案91条3項はEDV簿記，つまりデータ媒体による帳簿保存を認めるものであった。そして1977年1月1日から，HGBと1977年AOがEDV簿記を一定の条件の下で許容するに至っている。さらに1978年にはEDV簿記の正規性判定の具体的基準であるGoS（正規の記憶装置簿記の諸原則，Grundsätze ordnungsmäßiger Speicherbuchbuchführung）が制定され，1995年にはコンピュータ技術の発展や電子商取引の普及等に対応してGoSに代わってGoBS（正規のコンピュータ簿記システムの諸原則，Grundsätze ordnungsmäßiger DV-gestützter Buchführungssysteme）が制定されるに至っている。

2　EDV簿記の許容を巡る「法の目的に応じた，法規範の組み立て」

私見によれば，ドイツにおけるEDV簿記の許容を巡る法律構造，すなわち「法の目的に応じた，法規範の組み立て」は，HGB及びAOを通じた「整合性ある3層構造」となっている。すなわち，第一に，形式的かつ狭義のGoBがHGB及びAOに規定されており，第二に，それを前提にしてデータ媒体による保存を一定の条件で許容する条項がHGB及びAOに盛り込まれ，第三に，税法上EDV簿記の正規性を詳細に規定する1978年GoS，そして今日では1995年GoBSが存在するという構造になっている。なお，アメリカにおいては，コンピュータによる帳簿保存を根拠づける条項が各州の会社法に盛り込まれるとともに，コンピュータによる記帳を根拠付けかつ詳細に規制する条項が，内国歳入法第6001条の授権を受けた法規命令たる歳入手続〔Revenue Procedure〕に存在するという「二段構え」の仕組みである（なお，アメリカのコンピュータ関連法規〔歳入手続91-59〕は坂本［1996］および坂本／高田［1997］を参照されたい）。

67

第2編　ネットワーク社会と電子帳簿

第1層

　ＥＤＶ簿記を巡る「整合性ある3層構造」の第1層は，形式的なGoB，特に形式的かつ狭義のGoBである。

　商法改正に関する「1974年国税通則法導入法草案（EGAO 1974）」の理由書は「正規の簿記の諸原則への参照は，簿記は個々に確定されないという，商法典の原則からもたらされている」としつつ，「自動的なデータ処理装置を使用して処理される簿記は，正規の簿記に関して策定されたその他の必要条件を充足しなければならない」としてＨＧＢ43条1項2文および2項と3項を掲げている。1976年商法改正および1977年ＡＯにおけるＥＤＶ簿記の法的根拠制定のポイントは，(1)データが保存期間中は自由に使用することができ，また相当なる期限以内であればいつでも見読可能であることが保証されること（それらは，監査可能性の原則から出てくるものであり，現行ＨＧＢ238条1項3文およびＡＯ145条1項2文に凝縮されている）および，(2)ＥＤＶ簿記が，同時に適用された手続を含めて（形式的かつ狭義のGoB＝筆者注）GoBに合致していることを前提に，帳簿の作成をコンピュータで行いかつ保存できることを認めたことにある（Körner [1987], S.276f）。特に注目すべきことは，ＥＤＶ簿記の許容が契機となって，ＨＧＢとＡＯの帳簿規定の「調和」が図られ，さらに，法規範化された記帳条件が一般的かつ普遍的なものへと改正されていることである。以上の関係を表に示せば**図表5－1**となる。

図表5－1　ＥＤＶ簿記の正規性の判定基準となる「形式的かつ狭義のGoB」

GoB 簿記		形式的なGoB		実質的なGoB	
		成文化されている	成文化されていない	成文化されている	成文化されていない
広義の簿記	日常の簿記 （狭義の簿記）	①	②	③	④
	貸借対照表	⑤	⑥	⑦	⑧

第5章　電子帳簿と正規の簿記

第2層

　「整合性ある3層構造」の第2層は，ＥＤＶ簿記そのものを一定条件の下で許容するＨＧＢとＡＯの規定である。1976年12月14日の商法改正の内容は，商人に，より広範囲な簿記の合理化，特に電子的データ処理装置の使用を可能にすることにあった。1976年改正のＨＧＢ38条2項・同43条4項・47a条は，1985年商法改正を経て，それぞれ238条2項・239条4項・261条に移行され，44条3項は，若干の文言の変更を伴って257条3項に移行されている。他方，1977年ＡＯの146条5項・147条2項・147条5項にもＥＤＶ簿記の法的根拠が盛り込まれている。1977年ＡＯは1976年12月14日のＨＧＢ改正と完全な連動関係にあり，ＡＯ146条5項は1976年改正ＨＧＢ43条4項に，147条2項はＨＧＢ44条3項に，147条5項はＨＧＢ47a条に対応している。

第3層

　「整合性ある3層構造」の第3層はＥＤＶ簿記の正規性を詳細に規定する基準の存在である（具体的には1978年GoSと1995年GoBSが該当する）。

　行政は，1993年EStR29条5項5文において，すべてのＥＤＶ簿記に関して，監査可能性と文書化に対する一般的な必要条件であるGoSを受け入れたことに言及している。それによって，EStRの構成要素である監査可能性と文書化に関するGoSの規定は行政命令であるという結果になる。それ故に行政はこの規定に拘束される（Mösbauer [1996], §146 Rz.28）。そして1995年には従来のGoSに代わってGoBSが発布されている。このGoBSが策定された背景には，ＥＤＶ簿記の正規性の判定基準の一層の明確化，および，昨今の集中的な情報処理システムの導入による情報処理分野の発展がある。現在ではGoBSがGoSの代わりとなっているので，「文書化と監査可能性」に関するその規定も，EStRの構成要素となっている。また，GoS，GoBSはともに租税法上のものであるが商法上も同様に扱われている。

　以上の関係を図表に示せば以下のようになる（**図表5－2**）。

第2編　ネットワーク社会と電子帳簿

図表5－2　EDV簿記を巡る三層構造の仕組み

1995年GoBS	第3層
AO及びHGBによるEDV簿記の許容	第2層
形式的かつ狭義のGoBの諸原則	第1層

3　EDV簿記の種類とその特有の条件

広義のEDV簿記が包含する具体的な組織形態には，狭義のEDV簿記（長期ないし短期のデータが視覚的に見読可能でない形式で機械的に見読可能なデータ媒体だけに記憶される簿記），伝統的なEDV簿記，外部委託簿記（Fernbuchführung），社外のEDV簿記（EDV-Buchführung außer Haus）およびマイクロフィル化（Mikroverfilmung），データ送達・データ交換も含まれる（**図表5－3**を参照されたい）。AO146条5項によって（狭義の）EDV簿記が許される前提条件は，基本的にすべてのEDV簿記（広義のEDV簿記）に同じ程度で充足されなければならない。その前提条件とは，特に，GoBSの遵守とデータの見読可能化の保証である（146条3号2文のAEAOを参照）（Mösbauer [1996], §146 Rz.25)。

図表5－3　EDV簿記の定義

広義のEDV簿記	狭義のEDV簿記
	長期ないし短期のデータが視覚的に見読可能でない形式で機械的に見読可能なデータ媒体だけに記憶される簿記
	伝統的なEDV簿記
	記帳が全部又は部分的に自動化されたデータ処理装置の手段を伴って作成され出力される簿記
	外部委託簿記
	社外のEDV簿記
	マイクロフィル化
	データ送達・データ交換

第5章　電子帳簿と正規の簿記

(1)　伝統的なＥＤＶ簿記

1967年ESｔR29条6項で一定の条件の下で許容されて以来，1977年ＡＯ施行までは，完全な出力を伴った伝統的なＥＤＶ簿記だけが許容されていた。完全な出力を伴ったＥＤＶ簿記と Speicherbuchführung (記憶装置簿記) に関しては，基本的に同様な規定が適用される（Trzakalik [1995]，§146 Rz.27；Zwank [1981]，S.300も同旨）。

(2)　外部委託簿記（Fernbuchführung）[1]

外部委託簿記の処理は商法上も租税法上も認められている（RFH－Gutachten 9.4.1934 DrSD 1/34, RStBI 1934 S.516）（Körner [1987], S.49）。外部委託簿記は，現金取引を除き，記帳は企業自体では行われず，全部又は一部が関係のない場所（例えば，税理士等）で行われる（Körner [1987]，S.49）（この場合，税理士等がコンピュータを用いる場合と用いない場合がある）。

多くの中小企業はその記帳を外部の計算センターによって作成させている（Müsbauer [1996]，§147 Rz.21/7）。コンピュータを用いた外部委託簿記の場合には，すべての取引の適時の記帳が格別に重要である。何故ならば，租税義務者から証憑を伴って適時に送られた基本記録（例えば，現金出納帳，商品仕入帳，連続した毎月の報酬記録等々）を，租税義務者から記帳を委託された者（例えば，記帳援助者）が，期間的にデータ媒体に把握するけれども，常に期間的に処理し出力されるということはなく，ただ一定の期間の間隔で物的及び人的勘定に基づく最終的な記帳が計算センターで行われるからである（Tipke/Kruse [1965/1991]，§145 Tz.15）。

(3)　社外のＥＤＶ簿記（EDV-Buchführung außer Haus）

外部委託簿記に関連して EDV-Buchführung außer Haus (社外のＥＤＶ簿記) との用語も見られる。社外のＥＤＶ簿記は外部委託簿記の徹底された形態である（Tipke/Kruse [1965/1991]，§145 Tz.16）。この場合，租税義務者は，記帳の履行にとって必要な機能（証憑作成と勘定記入，取引の把握と処理，表出物の作成）

71

のある部分ないし全部を第三者に委託する（FAMA 1/87 WPg.88,9）。

Ⅲ　1995年GoBSと「その他の規範」

1　1995年GoBS

　ところで1978年GoSの発布以後にあっても，EDVの専門家集団側にはEDV簿記の正規性の判定基準である「実箱であるGoB」概念が明確に理解されていなかったようである（1984年当時までのEDVに関する文献は，Schuppenhauer [1984]の179頁以下のLiteraturverzeichnis〔引用文献一覧表〕を参照されたい）。それは1984年に Schuppenhauer が次のような重大な問題提起をしていることからも明らかであろう（Schuppenhauer [1984] に記載されている第1版 [1982年] の序文を参照）。

> 　法律上の規定と専門家の見解は「正規の情報処理の原則」（Grundsätze ordnungsmäßiger Datenverarbeitung）ないし「情報処理プログラムの正規の適用」（Ordnungsgäßeme Anwendung der Datenverarbeitungsprogramme）の意義をますます求めるようになっている。その分野に関しては，膨大な文献にもかかわらず，未だに具体性が欠けている。すべての専門科目が特有の背景を持った特有の用語で記述されているために，EDVの専門家集団と，商人ないし経済監査士の間に，相互理解の困難が存在するのである。EDVの専門家の側からは，常に「正規性の必要条件」（Ordnungsmäßigkeitsanforderungen）の事実上の範囲に関する曖昧さが存在している。さらに，部外者の側からも，どのような「正規性の必要条件」が実現されなければならないか，そして，どのような理由で「正規性の必要条件」が遵守されなければならないかということが必ずしも明瞭となっていない。

　こうした状況のもとで1985年GoBSが発布されている。GoBSは二つの文書に区分される。それはまずGoBSの添付文書であり，その他はGoBS自体である。GoBSの添付文書ではGoBSは「EDV簿記の分野に関して，簿記の正規性の

ための基準である一般的なGoB（Die allgemeinen GoB-der Maßstab für die Ordnungsmäßigkeit der Buchüfhrung）をより詳細にしたもの」であるとし（傍点は筆者），一般的なGoBとして，ＨＧＢ238条・239条・257条及び261条，ＡＯ145条・146条・147条，そして最も重要なGoBとして1993年EStR29条を掲げている（添付文書。bを参照）（Kargl［1992］，Sp.446も同旨）。

　GoBの法的性質の解明にとってこのGoBSの添付文書の言及は決定的に重要である。それはこの「言及」が以下のことを明らかにしているからである。

① 「簿記の正規性」（Ordnungsmäßigkeit der Buchüfhrung）の基準となる「一般的なGoB」が存在する。
② 「ＥＤＶ簿記の分野に関して」というからには，それ以外の「場の条件」に関しても「一般的なGoB」が存在する。
③ 「ＥＤＶ簿記の正規性」に係る「実箱としてのGoB」には法規範であるＨＧＢ238条・239条・257条及び261条，ＡＯ145条・146条・147条，1993年EStR29条が充填される。
④ GoBSも「ＥＤＶ簿記の正規性」に係る「実箱であるGoB」を充填する。
⑤ それ故に，上記のGoBSの添付文書の言及は，ＥＤＶ簿記の許容という「場の条件」の下で，その実態（事実関係システム）に適合したGoBの組み立て（法の目的に応じた，法規範の組み立て）を解説したものである。

以上のGoBSを巡る法律構造を**図表５－４**に示した。

第2編　ネットワーク社会と電子帳簿

図表 5 − 4　GoBSを巡る法律構造

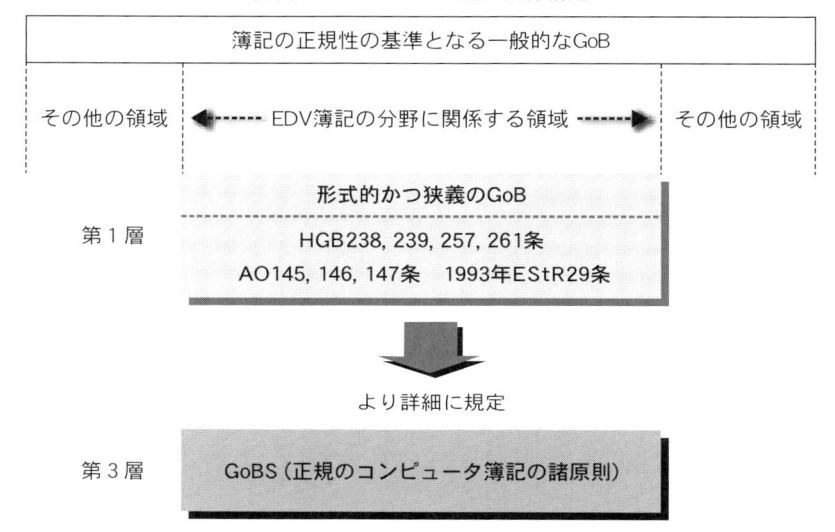

簿記の正規性の基準となる一般的なGoB

| その他の領域 | ◀------ EDV簿記の分野に関係する領域 ------▶ | その他の領域 |

第1層
形式的かつ狭義のGoB
HGB 238, 239, 257, 261条
AO 145, 146, 147条　1993年EStR 29条

⬇ より詳細に規定

第3層　GoBS（正規のコンピュータ簿記の諸原則）

2　ＥＤＶ簿記を巡る「その他の規範」

　ＥＤＶ簿記の正規性はＨＧＢとＡＯにおける関連諸規定やGoBSの遵守によって充足される。しかし「ＥＤＶ簿記の正規性」に関係する「実箱であるGoB」には，なお不確定な領域が存在する。この領域は専門家的見解（FAMA 1/1987）及び判例等の「権威ある支持」や「社会的残余価値」でカバーすることになる。1987年にＦＡＭＡ（近代的決算システム専門委員会）によって編集された『コンピュータ処理におけるGoBとその監査 1/1987』（Grundsätze ordnungsmäßiger Buchführung bei computergestützen Verfahren und deren Prüfung 1/1987）も，ＥＤＶ簿記の正規性及びその監査についての判断材料として，重要な位置を占めている（Vgl. Tipke/Kruse [1965/1991], §145 Tz. 13a）。またドイツ連邦税理士会連合会によって『ＥＤＶ簿記による正規の処理プロセスのためのチェックリスト』（Checklisten zur Verfahrensprüfung der Ordnungsmäßigkeit von EDV-Buchführungen, 1990）も開発されている。このチェックリストは，連邦税理士

第5章　電子帳簿と正規の簿記

会の「ＥＤＶ会計検査」(EDV-Revision) 委員会における，ドイツ連邦内税理士専門データ処理機関ダーテフ登録済協同組合との共同の作業によって作成されたものであり (Kempf/Sebiger [1991], S.337)，税理士が，委託者たる中小企業の監査を実施する際に，その委託者の採用するＥＤＶ簿記の正規性を判断する基礎資料として有用である。

以上のＥＤＶ簿記を巡る法的仕組みとその他の規範の関係を図表に示せば**図表5－5**となる。

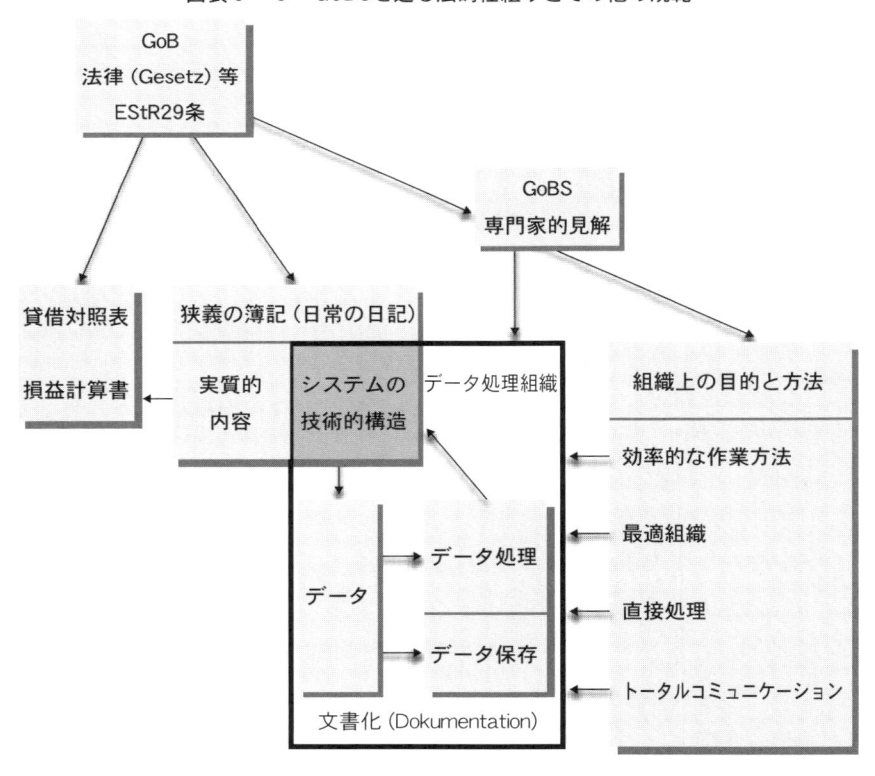

図表5－5　GoBSを巡る法的仕組みとその他の規範

[図表: GoB 法律(Gesetz)等 EStR29条 → 貸借対照表・損益計算書，狭義の簿記(日常の日記)，GoBS 専門家的見解 → システムの技術的構造(実質的内容，データ処理組織，データ→データ処理・データ保存，文書化(Dokumentation))，組織上の目的と方法(効率的な作業方法，最適組織，直接処理，トータルコミュニケーション)]

※　Schuppenhauer [1984] のS.20の図表を参考にし，若干の補正を加えた。

第2編　ネットワーク社会と電子帳簿

　この Schuppenhauer が示した図表からも明らかなように，ＥＤＶ簿記の正規性の判断基準となる「実箱」は，簿記の領域を超えて，データ処理組織にまで拡大し，形式的なGoB（特に形式的かつ狭義GoB）や専門家的見解，さらにはデータ処理組織の文書化などによって充填されること理解される。

3　「場の条件」と「実箱であるGoB」

　ここで「場の条件」と「実箱であるGoB」について，武田隆二教授のいわゆる「空箱・実箱」理論に従って，若干の解説を加えておきたい。まず，理論構築においても，制度形成（あるいは制度改正）にしても，すべて「場の条件」をしっかりと認識することが出発点となる。ここで「場の条件」とは，われわれ経済活動を営む場合，「無制限な場」において営まれるわけではない。特定の経済活動には「特定の場」が存在し，その場の条件に資格あるプレーヤー（参加者の条件）が相集い，その場においてそれぞれの参加者の「役割と役割期待の条件」に従ったルールで，自由にプレー（活動）をする。ここに「場の条件」，「参加者の条件」，「役割の条件」という三つの条件を予定した上で，自由なプレーを営むというのが経済行為の基本となっている。会計行為についても同じである（武田［2007ａ］，138頁）。一つの「実箱」をもって，ニーズの異なるものに対応ができないのは「場の条件」，つまり「場の特定」・「参加者の条件」・「役割り期待」がそれぞれ異なるからであり，かつ，「実箱」が「時代と共に変化する性質のもの」であるからである。以上の武田教授の見解はわが国の「一般に公正妥当と認められる会計の慣行」（商法19条1項）・「一般に公正妥当と認められる企業会計の慣行」（会社法431条）に関するものであるが，かかる理解は，不確定法概念であるドイツの「正規の簿記の諸原則（GoB）」（ドイツ商法238条1項）に関しても同様に当てはまると考えられる。

　つまり，理念的・普遍的・超歴史的概念である「空箱であるGoB」は，「ＥＤＶ簿記の正規性の判定基準」という「場の条件」（法の目的）に基づいて「法規範の組み立て」が行われ，「実箱であるGoB」（具体的概念）となる。このＥＤＶ簿記の正規性の判定基準となる「実箱であるGoB」を図示すれば**図表5－6**

となる（なお，ドイツの「正規の簿記の諸原則」概念に関して，わが国においても多くの論究がみられる。その代表的な見解としては田中［1944］および飯塚［1988］を参照されたい）。

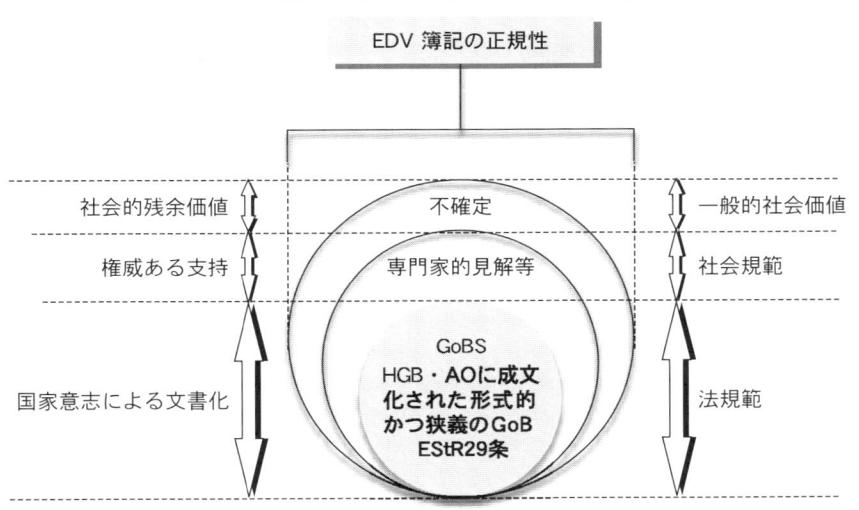

図表５－６　ＥＤＶ簿記の正規性の判定基準となる「実箱であるGoB」

[図：EDV簿記の正規性

- 社会的残余価値 ／ 不確定 ／ 一般的社会価値
- 権威ある支持 ／ 専門家的見解等 ／ 社会規範
- 国家意志による文書化 ／ GoBS、HGB・AOに成文化された形式的かつ狭義のGoB、EStR29条 ／ 法規範]

＊　武田［2007ｂ］の12頁の図表を参考にして作成した。

Ⅳ　法規範と「簿記の正規性」の展開

1　「簿記の正規性」の展開

　ＥＤＶ簿記システムの正規性は，基本的に手作業で作成される簿記と同様の原理に基づいて判断されなければならない。私見によれば，ドイツにおけるＥＤＶ簿記の許容を巡る法律構造，すなわち「法の目的に応じた，法規範の組み立て」は，ＨＧＢおよびＡＯを通じた「整合性ある３層構造」となっている。端的に言えば，GoBSは簿記の「正規性の基準である一般的なGoB」をさらにＥＤＶ簿記の分野のために詳細にしたものであり，ＥＤＶ簿記の許容を巡る「法の目的に応じた，法規範の組み立て」そのものであると言っても過言ではない。

そこで本節では，ＡＯ，ＨＧＢそしてGoBSが，ＥＤＶ簿記の領域で「簿記の正規性」をどのように展開しているのかを，見読可能性，処理プロセスの検証，遡及的追加・修正・削除処理の防止，内部統制及び保存という領域に絞って考察する。

2 見読可能性確保の問題

ＡＯ146条5項2文は，ＥＤＶ簿記に関して，記憶されたデータが保存期間中（147条3項）使用可能であり，かついつでも相当な期間以内に見読可能になされ得ることが保証されなければならないことを指示している。見読可能化は，特に，画像による明瞭な文書ないし可視化における表出を意味する（例えば，対話式簿記の場合）。見読可能化の保証は，租税義務者が保存期間中，記憶されたデータに関するだけではなく，その見読可能化に関して必要な技術的な補助手段を自由に使用できることを前提条件とする。

すべてのＥＤＶ簿記の典型的なメルクマールは，長期ないし短期のデータが視覚的に見読可能でない形式で機械的に見読可能なデータ媒体（だけに）に記憶されることである。ＡＯ146条5項2文によって示された記憶されたデータの見読可能化の保証は，税務官庁が必要とあれば短期間にＥＤＶ簿記を検査する可能性がなければならないという課税実務の計算の必要性によっている。その規定の策定に当たって立法者は，データ記憶の耐久性に関する制限をしなかった。そこで，記憶されたデータが耐久性を持って視覚的に見読可能にされない限りは，すべてのＥＤＶ簿記の場合には見読可能化の保証が必要であるということから出発するのである（Mösbauer [1996], §146 Rz.30)。

3 処理プロセスの検証の問題（特に文書化を中心として）

(1) 監査可能性

ＥＤＶ簿記の正規性にとって，一目瞭然性（専門的知識を有する第三者への全容提供可能性）（ＨＧＢ238条1項2文，ＡＯ145条1項1文）はその重要な要件の1つである。ＥＤＶ簿記の監査可能性は2つの視点に基づいている。それは「相当

なる期限以内に監査可能であること」および「実質的に正規であることが監査可能であること」が保証されなければならないことである（Mösbauer［1996］，§147 Rz.15）。さらに，監査可能性は簿記システムの構造と過程が論理的に文書化され，かつ，文書化された書類（処理プロセス仕様書）が保存されることを前提条件とする（Tipke/Kruse［1965/1991］，§147 Tz.4a）。

GoBSの2.1「専門的知識を有する第三者」の意味は，ＨＧＢ238条１項及びＡＯ145条１項で用いられている「専門的知識を有する第三者」と同じ内容である。まず，「専門知識を有する」とは，その道の専門家という意味であり，記帳を評価するために特別な知識を有している者を指しており，その者が日常的にシステム開発をしていなかったり，プログラムを作成していなくても「専門知識を有する者」であることに変わりはない。さらに「第三者」とは，会計システムを知っている者ではあるものの，監査を受ける会社の従業員，またはコンピュータ簿記システムを設計ないし作成した者はこの場合の「第三者」には該当しない。つまり，「専門知識を有する第三者」とは，経済監査士，宣誓帳簿監査士，税務代理士，税理士，税理士事務所の職員，調査担当として訓練された税務官吏などを指している。

(2) 文 書 化

処理プロセス監査は，証拠書類が収集され，ないし作成されかつ保存され，コンピュータによる処理プロセスの構造と経過が監査人に対して透明になされること，監査人がそれを相当な期限以内に，かつ，実質的な正規性を監査できることが前提条件である。この証拠収集を「文書化」と呼ぶ（147条２号５文に対するＡＥＡＯ参照）。文書化による必要性に関する法律根拠は，ＡＯ147条１項１号に委任されたＡＯ145条１項である（Mösbauer［1996］，§147 Rz.15；Zwank［1981］，S.301も同旨）。同項は「専門的知識を有する第三者による監査可能性」を要求している。立法者の狙いは，ＥＤＶ簿記の書類の知識が欠ければ，監査が不可能であることにある（Zwank［1981］，S.301）。文書化の必要条件は，プログラムによる機能過程の監査可能性に関して無差別に生じるので，文書化の必

要条件は基本的にすべてのＥＤＶ簿記（つまり，広義のＥＤＶ簿記すべて）に適用される。すべての記帳資料が完全に出力される場合も，その計算作業の際にプログラムによる機能過程によって処理の結果が生じるので，基本的に文書化は断念されるべきではない（Mösbauer [1996]，§147 Rz.19）（なおTrzakalikは「完全な出力を伴う伝統的なＥＤＶ簿記の場合にも，処理プロセス仕様書が必要であるか否かはさまざまに判断される」〔Trzakalik [1995]，§146 Rz.33〕とするが，プログラムの透明性確保の観点からすれば，Mösbauerの見解が指示されよう）。監査可能性と文書化に対して示された必要条件は，基本的に「社外のＥＤＶ簿記」にも適用される（Mösbauer [1996]，§147 Rz.21/7）。それは，すべての文書化された書類が納税者の手許にあることを意味するものではなく，それがいつでも利用できる場合には文書化の目的を充足している（Vgl. Tipke/Kruse [1965/1991]，§147 Tz.4a）。

4　遡及的追加・修正・削除防止の問題

(1)　ＥＤＶ簿記と「不変の記帳の原則」

問題は不変の記帳の原則がＥＤＶ簿記にどのように展開されるかである。(旧)ＨＧＢ43条3項（現行ＨＧＢ239条4項）とＡＯ146条4項によれば，変更（Veränderungen）は変更前の内容がなお検証可能でなければならないとしている。GoBS本文第3章（3・2）は「実施された記帳の特長（証憑部分，勘定記入）が変更される場合には，変更前の内容は，例えば，実施された変更に関する記録（反対記帳及び追加記帳）によってそのまま確認できなければならない。このような変更の証明は，簿記の構成部分であり，保存しなければならない」（添付文書の」も同旨）としている[2]。それ故に，既に記入された数字を直接訂正することは許されない（Baetge [1992]，S.50；Leffson [1987]，S.168；Ti-pke/Kruse [1965/1991]，§146 Tz.15も同旨）。

(2)　修正と訂正

データ内容の変更には，修正（Änderungen）と訂正（Korrekturen）が存在す

る。修正は，かつて正確であったデータの内容を，現在時点で正確なデータ内容に取り替えることをいう。訂正は，以前から誤っていたデータ内容を直すことである。ＥＤＶによる簿記システムは，一回入力されたデータが，再処理（修正）のためのアクセスに晒されることを防止するプログラム上の安全措置及び遮断措置を含まなければならない（Tipke/Kruse [1965/1991], §146 Tz.15。Sikorski [1994], 43fも同旨）。より具体的に言えば，手書き簿記の場合の変更記録化に相当するような変更の記録文書化を可能にする構成要素をＥＤＶプログラムが含んでいなければ，そのＥＤＶ簿記は正規であると認められるべきではなく，それ故に，ＥＤＶ組織は，修正と訂正が自動的に収集されかつ記録されるものでなければならない（Kußmaul [1990], §239 Rn.34）。

(3) 公然とした不正確さの訂正

記帳の時点（Buchungszeitpunkt）の「前に」把握されたデータが，例えば「公然とした不正確さ」のため訂正される（korrigiert）場合，変更前に記憶された内容は確認できる必要はない（GoBS第3章3・2）。ただし，単なる訂正であっても「記帳の時点」以後は，変更前の内容がなお検証可能なように訂正されなければならない[3]。当然のことながらデータ修正の場合には以上のような緩和された措置は許されていない。記帳の時点は，処理プロセス仕様書中に（例えばユーザーハンドブック）に定義されていなければならない（GoBS第3章3・2を参照）。

5 保　　　存

開始貸借対照表と年度決算書は，オリジナルで保存しなければならない。他のすべての証拠書類は，画像媒体ないしその他のデータ媒体上で保存できる（ＨＧＢ257条3項，ＡＯ147条2項）。データ媒体上で保存する場合もＡＯ146条2項によりその保存場所は国内である。保存メディアに対する特定の必要条件が，受領した商業信書ないし営業信書に関して，そして記帳の証拠書類に関して策定されている。これらの書類の場合には画像的な一致が保証されなければなら

第2編　ネットワーク社会と電子帳簿

ず，他方，ＡＯ147条1項1号から5号の意味でのその他のすべての証拠書類は，ただ実質的な一致が求められる。有孔カード，有孔テープ，磁気テープ，磁気ディスク及びフロッピィは，正確には，実質的にはオリジナル（原文書）と一致するが，画像的にはオリジナルとの一致を保証するものではない。それ故に，それは受領した商業信書あるいは営業信書と記帳の証拠書類に関する保存メディアとしては適していない。

(1) **保存形式の交代**

ＡＯ147条2項2文は保存形式の交代を許容する。ＡＯ146条5項によってデータ媒体上に直接に（原本と同じように）再現される証拠書類は，印刷された形式でも保存されうる。逆に，既に出力された証拠書類が再び他のデータ媒体に保存されてもよい（Mösbauer [1996], §147 Rz.28)。

(2) **オリジナル（原）文書の破棄**

証拠書類がＡＯ147条2項によって，画像媒体の再現物，あるいは，他のデータ媒体の再現物として保存されれば，他の法規によってオリジナルでの保存が要求されない限りで，オリジナルの証拠書類を廃棄することができる（GoBSの添付文書Ⅷc参照）。しかしながら，保存義務者は，記憶されたデータが実質的に，ないし画像的にオリジナルと一致することを，管理基準によって保証しなければならない。他の法規においてオリジナルでの保存が義務づけられている例としては，租税法の領域では，付加価値税法施行令62条2項（∫62 Abs.2 UStDV）が該当し（Vgl. Trzakalik [1995], §147 Rz.39），租税法の領域以外では，例えば民法における賃貸借契約書や，薬剤師による劇薬帳簿や成分記録書が該当する。ただしこれらを除けば，ドイツ法制上，オリジナル文書の保存が義務づけられる例はなく，少なくともＨＧＢ及びＡＯ，GoBSを遵守してデータ媒体上の保存されている帳簿類に関しては，刑事法の領域にあっても証拠能力があり，高い証拠力を持つことに疑いはない。

(3) 見読可能化のコスト負担

見読可能化のコスト負担は協力義務者側にある（ＡＯ107条2文）。ＡＯ107条は「財務官庁が立証目的のために招致した情報義務者及び鑑定人には、申立てにより、商人及び鑑定人の保障に関する法律を準用して保障する。前文の規定は、関係人及び関係人のために情報義務を履行しなければならない者に対してはこれを適用しない」との規定である。

6　ＥＤＶ簿記における責任

商法上および租税法上の規定に従った記帳の内容および真実性の責任は記帳義務者自身にある（Löschke/Sikorski [1990], S.121；Sikorski [1994], S.124）。記帳義務者が記帳のためにソフトウェアを使用する場合には、その者が自らの責任で、正規のソフトウェアを選択しなければならず、特定の会計ソフトウェアがＡＯないしGoBSの条件を満たしていない場合には、そのソフトウェアを利用している記帳義務者だけがその責任を負うことになる。ドイツにあっては、会計ソフトウェアがすべての法的要求を満たしているか否かについての、財務行政庁による公式な認可の仕組みは存在せず、ソフトウェアベンダーに対する直接の検査は行われていない。データ媒体で帳簿その他の記録を保存しようとする租税義務者は、事前に税務官庁の承認を受けたり、届け出をしたりする必要はない。また、会計ソフトウェアの正規性の検査対象は、納税者に限定されており、その検査は課税手続（Besteuerungsverfahren）に基づいて行われている。ただし、ドイツにおける会計のソフトウェアベンダーは、民事上の損害賠償ないし製造物責任に基づく損害賠償に備えて、通常、専門的知識を有する第三者である監査法人に、自らの会計ソフトウェアの正規性を監査させており、正規でない会計ソフトウェアが販売されることは一般には考えられない状況である。ＥＤＶの体制や処理について、委任者の会計制度がＧｏＢに合致しているか否かについての見解を表明することは、税理士業務遂行上の任務である（Bundessteuer-beraterkammer〔Hrsg.〕[1990], Vorwort）。税理士は、クライアントが正規ではない会計のソフトウェアを使用している場合には、その問題点を指摘す

る責任を負っている。

V わが国の電子帳簿に関する法制との対比

1 商法と商業帳簿の電磁的保存

　1998（平成10）年に成立した，わが国の電子帳簿保存法（電子計算機を使用して作成する国税関係帳簿書類の保存方法等の特例に関する法律）は，データ媒体による帳簿保存と将来の電子商取引を視野に入れて，いわゆるＥＤＩ（Electronic Data Interchange）取引などにおける取引情報に係る電磁的記録の保存義務も規定している。

　データ媒体による帳簿保存の問題の本質は，商業帳簿の本質的機能である「帳簿の証拠力」に関わっているが，1998（平成10）年当時のわが国の商法および租税法には，帳簿の記帳条件として「整然且明瞭」（平成17年改正前の商法第32条）及び「整然と，かつ，明りょう」（現行法人税法施行規則53条）としか規定されていなかったために，データ媒体による帳簿保存に対する法的許容には多大な時間とエネルギーが必要であった（坂本［1998］を参照されたい）。その後，わが国の商法には2001（平成13）年法律第128号によって33条の２が盛り込まれ，その１項で「商人ハ会計帳簿又ハ貸借対照表ヲ電磁的記録（括弧内省略＝筆者注）ヲ以テ作ルコトヲ得」として，明文をもって商業帳簿の電磁的保存を許容するに至っている。そして平成17年改正商法の商業帳簿規定では，商業帳簿の電磁的保存を「一般に公正妥当と認められる会計の慣行」商19条１項に委ね，商法施行規則４条３項で「商業帳簿は，書面又は電磁的規則をもって作成及び保存をすることができる」と定めている。

　ここで商法上の，商業帳簿の電磁的保存に係る「実箱」である「一般に公正妥当と認められる会計の慣行」の中身が問われるところである。ドイツのＥＤＶ簿記に係る「実箱であるGoB」を巡る一連の考察において明らかなように，GoBSは税法上その法的根拠を与えられたものであるにもかかわらず，商法関係の注釈書においても当然のように引用されている。これと同様に，わが国の，

第5章　電子帳簿と正規の簿記

商業帳簿の電磁的保存に係る「実箱」である「一般に公正妥当と認められる会計の慣行」には,「適時かつ正確な記帳」(商19条2項) は当然のこと,税法の特別法であるコンピュータ会計法 (電子帳簿保存法) も包含されると理解される。

2　問 題 提 起

しかしながら根本的な問題は残ったままである。それは帳簿の電子帳簿保存の場合にだけ一般に比して厳しい条件が課せられていることである (図表5－7を参照されたい)。例えば,コンピュータで会計処理した上で紙に帳簿を出力して保存する場合には電子帳簿保存法は適用されない。したがって入力されたデータをいつでも自由に変更・削除・追加可能であり,それらの処理の履歴も残らない状態でも違法とはならない。これは法制度の不整合を意味している。

図表5－7　ドイツとわが国におけるコンピュータ会計法規の適用範囲

	ドイツ	
	日本	
コンピュータ会計法の適用指針		
保存の形態	データ媒体で保存	紙に出力して保存
事業者	コンピュータを用いた会計処理	

こうした状態を招いた根本的な理由は,わが国の商法や税法には,ドイツの「簿記の正規性の基準となる一般的な『正規の簿記の諸原則』」,例えば「一目瞭然性の原則 (専門的知識を有する第三者への全容提供可能性)」(Grundsatze der Übersichtkeit：HGB238条1項2文,AO145条1項1文)・「再検査可能性 (取引の追跡可能性) の原則 (Grunfsatze der Nachprüfbarkeit：HGB238条1項3文,AO145条1項2文)」・「不変の記帳の原則」(Grundsatze der unveränderten Eintragung：HGB239条3項,AO146条4項) などが成文化されておらず,結果として「簿記の形

第2編　ネットワーク社会と電子帳簿

式的な正規性」を明確に提示できないことにある。これを図表に示せば**図表5－8**になる（ドイツ法制における記帳条件については坂本〔2006ｂ〕を参照されたい）。

　平成17年の商法改正で記帳の「適時性」と「正確性」が求められることになったが，未だにわが国では記帳条件の成文化が遅れていることに変わりない（なお，わが国における記帳条件については，坂本［2003］，坂本［2006ａ］，坂本［2006ｂ］を参照されたい）。電子帳簿に関する法整備はすべての商人（事業者）に適用されるため，中小企業という「場の条件」を前提としたボトムアップ型の法整備が必要であり，記帳条件の整備が不可欠となる（「わが国の中小会社会計基準の特徴」および「中小企業の企業属性」については河﨑［2006］を参照されたい）。

図表5－8　わが国における「記帳条件」を巡る法規制

会計処理の範囲

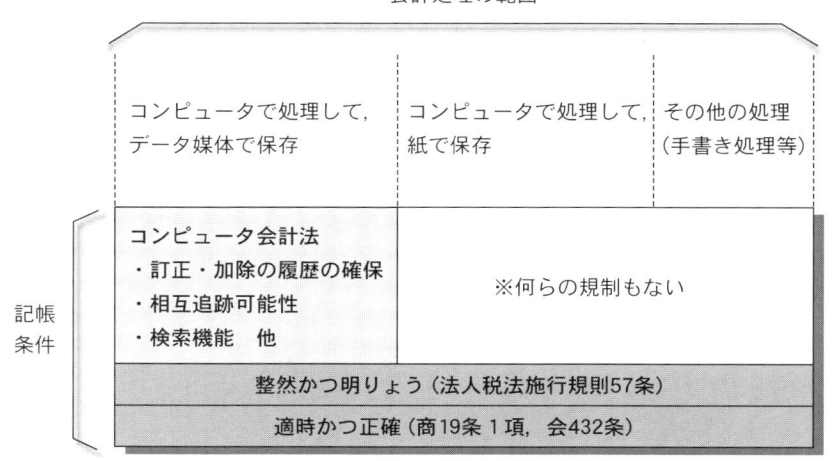

	コンピュータで処理して，データ媒体で保存	コンピュータで処理して，紙で保存	その他の処理（手書き処理等）
記帳条件	コンピュータ会計法 ・訂正・加除の履歴の確保 ・相互追跡可能性 ・検索機能　他	※何らの規制もない	
	整然かつ明りょう（法人税法施行規則57条）		
	適時かつ正確（商19条1項，会432条）		

第5章　電子帳簿と正規の簿記

Ⅵ　む　す　び

　以上のように，ドイツにおけるＥＤＶ簿記の許容を巡る「法の目的に応じた，法規範の組み立て」は，ＨＧＢ及びＡＯを通じた「整合性ある３層構造」となっている。すなわち，第一に，形式的かつ狭義のGoBがＨＧＢ及びＡＯに規定されており，第二に，それを前提にしてデータ媒体による保存を一定の条件で許容する条項がＨＧＢ及びＡＯに盛り込まれ，第三に，税法上ＥＤＶ簿記の正規性を詳細に規定する1978年GoS，そして今日では1995年GoBSが存在するという構造になっている。特に重視すべきは1985年GoBSの添付文書が，GoBSは「ＥＤＶ簿記の分野に関して，簿記の正規性のための基準である一般的なGoB (Die allgemeinen GoB-der Maåstab für die Ordnungsmäßigkeit der Buchüfrung) をより詳細にしたもの」であるとし（傍点は筆者），「一般的なGoB」として，ＨＧＢ238条・239条・257条及び261条，ＡＯ145条・146条・147条，そして最も重要なGoBとして1993年ＥStＲ29条を掲げていることである（添付文書。bを参照）。それ故に，GoBSは，ＥＤＶ簿記の許容という「場の条件」にかかる「実箱であるGoB」を解説したものであると言っても良い。

　さらに，1995年GoBS制定の背景には，①ＥＤＶの専門家の側からの「正規性の必要条件」(Ordnungsmäßigkeitsanforderungen) の事実上の範囲に関する曖昧さ，②部外者の側からの「どのような『正規性の必要条件』が実現されなければならないか」および「どのような理由で『正規性の必要条件』が遵守されなければならないか」ということが必ずしも明瞭となっていないとの事実，が存在していたことも注目される。

　わが国でも，平成17年の商法改正で記帳の「適時性」と「正確性」が求められることになったが，わが国の商法や税法にも，ドイツ商法および国税通則法に成文化されている「一目瞭然性の原則（専門的知識を有する第三者への全容提供可能性）」・「再検査可能性の原則（取引の追跡可能性）」・「不変の記帳の原則」などの一般的かつ普遍的な記帳条件を成文化すべきであろう。情報提供という場

第2編　ネットワーク社会と電子帳簿

合，最も重要なことは，計算書類作成の出発点にある会計帳簿への記載が信頼できるものでなければ，たとえ会計基準を正しく適用したとしても，情報の信頼性を担保することができないことである（武田［2008］167頁）。かかる制度的な整備を通じて，電子帳簿に係る「実箱」である「一般に公正妥当と認められる会計の慣行」概念がより明確化され，ネットワーク社会構築を支える制度的基盤が形成されていくと思われる。

（注）
(1) Fernbuchführungを直訳すれば，「遠隔簿記」となるが，その意味内容を考慮すれば，「外部委託簿記」がより的確な表現であるため，この表現を用いる。
(2) GoSでは，記帳の変更は「記録書〔エラーリスト〕」及び「変更に関する証拠書類」で足り，反対仕訳及び追加仕訳は要求されていなかったが，GoBSでは，記録書などによる保存だけでは足りず，一定の仕訳処理が求められていることに留意を要する。
(3) 1978年のGoSの3・2との間に根本的な変更はないが，GoSで用いられた「修正」との用語が，「訂正」との表示に変更されている。これは「修正」と「訂正」の概念の相違を前提にしての変更であると思量される。

【参考文献】
Baetge, Jörg[1992], *Bilanzen,* 2 Aufl., Düsseldorf.
Bühler, Ottmar/Scherpf, Peter[1971], *Bilanz und Steuer,* 7 Aufl., München.
Bundessteuerberaterkammer[Hrsg.][1990], *Checklisten zur Verfahrensprüfung der Ordnungsmäßigkeit von EDV-Buchführung,* Bonn.
Graf v. Westphalen, Friedrich [1989], "Einsatz von optischen Speicherplatten in der Buchführung", *DB,* S. 742.
Kargl, Herbert[1992], "EDV und Buchhaltung", in Chrnielwicz, Klaus/Schweitzer, Marcell[Hrsg.][1992], *Handwrterbuch des Rechnungswesens,* 3 Aufl., Stuttgart, Sp. 436.
Kempf, Dieter/Sebiger, Heinz[1991], Kempf, Dieter[Referent]/Sebiger, Heinz[Sitzungsleiter] [1991], *Die EDV-gestützte Buch-führung und Prüfung,* Steuerberater-Kongress-Report, S. 323.
Körner, Werner[1987], in:Peter, Karl/von Bornhaupt, Joachim/Körner, Wernmer [1987], *Ordnungsmäßigkeit derBuchführung nach dem Bilanzrichtlinien-Gesetz Buchfhrung und Aufzeichnungen nach Handels- und Steuerrecht,* 8 Aufl.
Kußmaul, Heinz[1990], in:Küting, Karlheinz/Webwer, Claus-Peter [Hersg.][1990], *Hand- buch der Rechnungslegung Kommentar zur Bilanzierung und Prüfung.*
Leffson, Ulrich[1987], *Grundsätze ordnungsmäßiger Buchführung,* 7 Aufl.

第5章 電子帳簿と正規の簿記

Löschke, Norbert/Sikorski, Ralf [1990], *Buchführung und Bilanzierung.*
Mauve, Hans [1969], "Anpassung der Grundsätze ordnungsmäßiger Buchführung an die Gegebenheiten der elektronischen Datenverarbeitung", *BB,* S.712.
Mösbauer, Heinz [1996], in: Koch, Karl [Hrsg.] [1996] *Abgabenordnung,* 5 Aufl.
Schuppenhauer, Rainer [1984], *Grundsätze für eine ordnungsmäßige Datenverarbeitung,* 2 Aufl.
Sikorski, Ralf [1994], *Buchführung,* 3 Aufl.
Tipke, K./Kruse, H. W. [1965/1991], *Abgabenordnung Finanzgerichtsordnung Kommentar zur AO 1977 und FGO (ohne Steuer-strafrecht),* 14 Aufl., Köln.
Trzakalik, Christoph [1995], in Hübsthmann/Hepp/Spitaler [1995], *Abgabenordnung Finanzgerichtsordnung Kommentar,* 10 Aufl.
Zwank, Herbert [1981], "Die Grundsätze ordnungsmäßiger Speicherbuchführung (GoS)", *DStZ,* S.298.
飯塚毅［1988］『正規の簿記の諸原則　改訂版』森山書店。
河﨑照行［2006］「わが国の中小会社会計基準の特徴」武田隆二編著［2000］『中小会社の会計指針』中央経済社。
坂本孝司［1996］「コンピュータ簿記と正規の簿記の諸原則－ドイツ及びアメリカにおけるコンピュータ簿記関連法規について－」『ＴＫＣ税研時報』, Vol.11, No.1。
―――／高田順三［1997］「ドイツとアメリカの最新コンピュータ会計法規」『ＴＫＣ』平成9年3月号別冊・ＴＫＣ全国会。
―――［1998］「わが国におけるコンピュータ会計法規制定までの沿革」松沢智編著［1998］『コンピュータ会計法』中央経済社。
―――［2003］「適切な記帳を促す具体的方法」武田隆二編著［2003］『中小会社の会計』中央経済社。
―――［2006 a］「会計帳簿の適時性・正確性」武田隆二編著［2006］『新会社法と中小会社会計』中央経済社。
―――［2006 b］「会社法で定める記帳要件と中小会社会計指針」武田隆二編著［2006］『中小会社の会計指針』中央経済社。
武田隆二［2007 a］「制度形成における『場の条件』と『分配規定』－新会社法と会計のあり方〔その三・完〕－」『會計』, 第171巻第3号。
―――［2007 b］「パラダイムと理論構築」『ＴＫＣ』, No.410。
―――［2008］『最新　財務諸表論』中央経済社。
田中耕太郎［1944］『貸借対照表法の論理』有斐閣。

（本章は，拙著『会計制度の解明』（中央経済社，2011年）の第8章を基に，一部追加・修正したものである）

（坂本　孝司）

第6章

電子帳簿と記帳要件

I　はじめに

　2005年の会社法制定および商法改正において，記帳に係る規定が設けられ，記帳要件として「正確性と適時性」が条文化された。それに先立つ中小企業庁『中小企業の会計に関する研究会報告書』(2002年) においても，記帳に係る規定が明示されている。このことは，会計帳簿の重要性が明文化されたものといえる。記帳は会計行為のインプット段階の問題で，会計行為の基礎となるものであり，次段階の会計行為（プロセス段階，アウトプット段階）に大きな影響を及ぼすものである。今日のネットワーク社会の中で，記帳すなわち会計帳簿が重視されていることに着目し，その意義について明らかにすることが重要であると考える。

　本章では，まず新たに設けられた記帳要件について研究する。次に，世界に先駆けて国税庁のe-Taxで導入され，電子帳簿を考える上で重要なXBRL技術についても触れ，そして，電子社会における会計帳簿の意義・重要性について考究する。

第2編　ネットワーク社会と電子帳簿

II　商業帳簿の記帳要件

1　記帳要件の規定

2005年の会社法制定，商法改正の中で，帳簿[1]に関する規定が改められた。商法において，「商人の会計は，一般に公正妥当と認められる会計の慣行に従うものとする。」(商法第5章商業帳簿19条) と規定され，記帳要件について，「商人は，その営業のために使用する財産について，法務省令で定めるところにより，適時に，正確な商業帳簿 (会計帳簿及び貸借対照表をいう。以下この条において同じ。) を作成しなければならない。」(商法同条第2項) としている。また会社法においても，「株式会社は，法務省令で定めるところにより，適時に，正確な会計帳簿を作成しなければならない」(会社法432条) と規定されている。いずれの条文にも記載されている「適時に，正確な」という文言が新たに加わった部分であり，これによって「適時性」と「正確性」という明確な記帳要件が規定されることとなった。

改正前の商法では，公正なる会計慣行を斟酌して，営業上の財産及び損益の状況を明らかにするため，会計帳簿及び貸借対照表を作成することを要求しているが，その記帳については，「整然且つ明瞭に記載または記録することを要す」と規定されているにすぎなかった。改正前の「整然且つ明瞭」という文言と比較すると，「適時に，正確な」という規定は商業帳簿の重要性を認識し，それを明示していることがわかる。

遡って，1890年商法の商業帳簿規定では，「日日取扱いたる取引，他人との間に成立したる自己の権利義務，受取りまたは引渡したる商品，支払いまたは受取りたる金額を整齋且つ明瞭に記入」(31条) することが求められている。つまり，「日日」記帳を要求することによって「適時性」を要請している (坂本[2006a]，230-231頁)。しかし1899年商法では，「日日の取引その他財産に影響を及ぼすべき一切の事項を整然且つ明瞭に記載することを要す」(25条) という規定に変更されている。

第6章　電子帳簿と記帳要件

　ここで注目すべきは「日日の」という文言の変更であり，これによって日々記帳する，すなわち適時性に関する規定が排除され，「整然且つ明瞭」という条件のみが要求されることになったのである（坂本[2006 a]，231–232頁）。それ以降，わが国の商法では明確な記帳要件が規定されないままであったので，この度の「適時に，正確な」という条文規定は画期的なものであるといえる。

2　適時性と正確性

(1)　適　時　性

　第1の記帳要件である「適時性」とは，「記録や記帳が，遅延することなく，通常の時間内に実施されること」を指す。記録や記帳が遅延すれば，不正な経理処理や帳簿への記載の誤りの可能性が高くなるので，記録すべき事実が発生した後，速やかに（通常の期間内に）記録・記帳することを要請するものである。通常の期間内とは，①取引と記録，②記録と記録との時間的間隔があまり隔たらない時期をいう（坂本[2003]，215頁）。

　この「適時性」は，正確な会計帳簿を作成するための前提条件であり，会計帳簿に記載すべき事象が発生した場合に，速やかに（適時に）記帳すべきことは言うまでもないが，実務上は税務申告時にまとめて記帳するなど，適時の記帳が行われていないともいわれている。このような記帳は，取引や価額の欠落・誤りなどの原因となり，また人為的に数字を改変するようなことも可能となる。中小企業庁『中小企業の会計に関する研究会報告書』（2002年6月）においても，「記録が遅延すればするほど，記載を誤る可能性が高まることから，日常の取引を適時に記帳するべき旨を規定している」というように，同様の解説がなされている。

　適時性の具体的な例示について，現金取引と信用取引・振替取引に区別して示されている（坂本[2003]，215–216頁）。現金取引は，記帳する側が毎日の現金残高を集計して，帳簿上の残高と照合することによって，現金取引の真実性を証明することが必要となるが，これにより適時に記帳や記録が実施されていることになる。また，信用取引・振替取引については，取引発生後翌月末以内に

その残高が掌握されれば,「通常の期間内」に記帳や記録が実施されていると解釈されることになる。

(2) 正　確　性

第2の記帳要件である「正確性」とは,帳簿への記帳が,事実を歪めることなく正確な記録でなければならないことを意味している。旧商法では「整然且明瞭」という用語を用い,形式面で会計帳簿への記帳を規定したものであるが,会社法では「正確な」という用語により,実質的な会計帳簿の内容を規定したといえる。しかしながら具体的な内容については,会社法および会社計算規則において特に規律が設けられていない。

正確な記録は,真実な情報を作成するために要求される基本的な要件であるので,記帳は実質的にも形式的にも正確であるべきで,「記帳は,事実を歪めることのない真実なものでなければならず（実質的な正確性＝真実性）,複式簿記の原則に基づいてその計算が正確でなければならない（形式的な正確性）」（坂本［2006 a］,229頁）。

実質的な正確性は,次の要件を満たさなければならない（坂本［2006 a］, 229－230頁）。

① 記録はすべて証憑によって証明され,その真実性が保証されなければならない。
② 証憑によって証明された取引は,事実関係を明白に表示して,脱漏がなく,遅滞なく,時系列的に,記帳されなければならない。
③ 取引は勘定科目に基づいて正確かつ適切にグルーピングされなければならない。
④ 取引の記帳は第三者が検証可能なものでなければならない。
⑤ 勘定科目には虚偽やねつ造された名称を用いてはならない。

(3) 記帳の遡及的訂正・書き換え・消去処理に対する担保措置

記録の遡及的な「訂正」・「書き換え」・「消去処理」が行われる場合には,次

の3点を明確にするように，処置しなければならない。
① 当初の記帳の内容
② 当該処理の日時
③ 責任の所在

これは，記帳要件の適時性と正確性を担保する重要な措置である。電磁的な記録で「訂正」や「書き換え」，「削除」を行った場合，それらの処理を行った痕跡を残さなければ，適時性と正確性を備えたという証明が困難になるので，特に重要な措置と考えられる（坂本［2006a］，230頁）。

3　電子帳簿の記帳要件

上述の「適時性」や「正確性」という記帳要件および訂正等に対する担保措置は，電子帳簿に関しても適用されるものであるが，特に電子帳簿については，電子帳簿保存法施行規則において，次のような要件が規定されている。
① 訂正又は削除を行った場合には，これらの事実および内容を確認することができること（電子帳簿保存法施行規則第3条1項1号イ）
② 記録事項の入力をその業務の処理に係る通常の期間を経過した後に行った場合には，その事実を確認することができること（電子帳簿保存法施行規則第3条1項1号ロ）
③ 電磁的記録の記録事項と帳簿の記録事項との間において，相互にその関連性を確認することができるようにしておくこと（電子帳簿保存法施行規則第3条1項2号）
④ 電磁的記録の記録事項の検索をすることができる機能を確保しておくこと（電子帳簿保存法施行規則第3条1項5号）
　検索の要件として，次のことが挙げられている。
　㈰ 取引年月日，勘定科目，取引金額その他の帳簿の種類に応じた主要な記録項目（以下，記録項目）を検索の条件として設定することができること
　㈪ 日付けまたは金額にかかる記録項目については，その範囲を指定して

条件を設定することができること
　(ハ)　2以上の任意の記録項目を組み合わせて条件を設定することができること

①は，いつ訂正や削除を行ったかということと，どのように訂正し，あるいは何を削除したかということを確認できることを要請しており，「適時性」と「正確性」に関連する規定であるといえる。また②は，「通常の期間」を経過した後に行う行為の事実と内容を確認できるようにするので，「適時性」に関連するものである規定であるといえる。

「訂正又は削除」は，電磁的記録の該当の記録事項を直接に変更することのみをいうのではなく，該当の記録事項を直接に変更した場合と同様の効果を生じさせる新たな記録事項（いわゆる反対仕訳）を追加することもこれに含まれる（取扱通達4－5）。

Ⅲ　会計帳簿の意義

1　会計帳簿と電子帳簿

会社法では，「株式会社は，法務省令で定めるところにより，適時に，正確な会計帳簿を作成しなければならない」（会社法432条）との規定により，会計帳簿の作成を義務づけているが，具体的な内容については定めがない。一般には①日記帳，②仕訳帳，③総勘定元帳，④補助簿が会計帳簿とされ，決算手続にあたり，貸借対照表，損益計算書等，各事業年度の計算書類や臨時計算書類の作成の基礎となる資料になる（会社計算規則59条3項・60条2項）。

国税に関する法律が関係する帳簿書類について規定しており，電子帳簿に関しては電子帳簿保存法によって備付けまたは保存によって定められている。帳簿と取引等に関して作成または受領した書類（棚卸表，貸借対照表，損益計算書，注文書，契約書，領収書等）を併せて「帳簿書類」といい，電子計算機で作成した帳簿書類（電子帳簿）についても，原則としてアウトプットした紙による保存が原則となる。ただし，自己が電磁的記録により最初の記録段階から一貫して

電子計算機を使用して作成する帳簿書類で，納税地等の所轄税務署長等の承認を受けたときは，紙による保存によらず，サーバ・DVD・CD等に記録した電磁的記録（電子データ）のままで保存することができる。「自己が」作成するとは，「保存義務者が主体となってその責任において行うことをいい，例えば，国税関係帳簿書類に係る電子計算機処理を会計事務所や記帳代行業者に委託している場合もこれに含まれる」（取扱通達4－3）。

2　商業帳簿の目的

商法において商業帳簿を規定している本質的な目的は，第1に経営者の経営のための管理資料，第2に商事裁判における証拠資料である（坂本［2006 a］，212頁）。

(1) 経営者のための管理資料

第1の目的は，経営者に決算書を経営判断の資料として使用させ，それによって健全で合理的な経営を遂行せしめるためである。日々の取引を正確に記帳することによって基礎資料となり，企業状況を正しく把握することができるというものである。

(2) 商事裁判における証拠資料

第2の目的は，訴訟の際の証拠資料とするためである。商法上，商業帳簿には証拠能力があるが，「法定の」証拠力ではない。ただし，商業帳簿は営業に関し重要な証拠資料となるので，裁判所は申立てによりまたは職権で，訴訟の当事者に対し，商業帳簿の全部または一部の提出を命ずることとし（商法19条4項），帳簿閉鎖の時から10年間，その商業帳簿およびその営業に関する重要な資料を保存しなければならないとしている（商法19条3項）。

3　会計帳簿の重要性

(1) エントリー・データの信頼性

　会計の過程を入り口（エントリー），操作過程（プロセス），出口（エグジット）とすると，従来の会計基準は，操作過程（プロセス）または出口（エグジット）を重視するものが主体であり，入り口（エントリー）を重視するものはなかった。わが国における企業会計原則はプロセス重視であり，アメリカ財務会計基準審議会（FASB）の財務会計概念ステートメント第2号はエグジット重視である（坂本［2006］，40-41頁）。会計行為の結果としてアウトプットされる情報は，エントリー段階での情報の信頼性に依存する。エントリー段階でのデータ，すなわち記帳データが信頼性に欠けるものであれば，アウトプットされる情報，すなわち財務諸表は信頼できる情報にはなり得ない。

　特に中小企業の場合，企業の特質からエントリー・データの重要性が指摘されている（坂本［2006］，41頁）。
　① 　経営者の専断的な決定による事実の歪曲などが生ずる可能性が高いこと
　② 　内部統制機構がないか，信頼性が低いこと
　③ 　経理担当者の人材不足の傾向がみられること
　④ 　決算書に対して会計専門家による外部監査が強制されていないこと

　上記の事柄に該当しないとしても，エントリー段階での信頼性は重視されるべきもので，このことは信頼性を備えた帳簿の作成を要請するものである。

(2) 情報の信頼性

　会計帳簿への記帳要件として「適時性」と「正確性」が明文化されたことにより，会計行為の入り口（エントリー）段階での信頼性を担保することができる。「適時性」は，人為的な改ざん等の不正が起こる可能性を排除するために求められるものであり，「正確性」は，真実な情報を提供するための基本要件として求められている（武田［2006］，68頁）。この「適時性」と「正確性」は，アウトプットされる情報の信頼性を確保するための必要不可欠な要件となる。

第6章　電子帳簿と記帳要件

Ⅳ　XBRLによる財務情報

1　XBRLによる文書

　XBRL (eXtensible Business Reporting Language) とは，拡張可能な事業報告用の言語であり，各種のビジネスレポーティングのための様々な情報を記述できるXMLベースの言語で，組織における財務情報の記述に適している言語である。XBRLでは，財務情報の作成・流通・分析・変換などに適した，XMLによる標準規約を制定している。また，XBRL 2.1 Specification の規約には，XML Schema や XLink などの World Wide Web Consortium（W3C）で標準化されているXML関連技術が積極的に取り入れられている。

　XBRLでは，インスタンス文書とタクソノミ文書の2種類で財務情報を記述する。

(1)　インスタンス文書

　インスタンス文書とは，実際の財務情報を記述したXML文書であり，財務情報を記載するために必要な勘定科目名（ラベル）の定義や各情報の表示順・処理順などは，次のタクソノミ文書に記述する。

(2)　タクソノミ文書

　タクソノミ文書は，タクソノミスキーマ（XML Schema）[2]とリンクベース（XLink）[3]で構成されており，インスタンス文書の内容・構造・扱われ方などを定義している。特に，XBRL2.1 Specificationでは，XLinkの技術を使ったリンクベースを採用したことで，様々な用途に利用可能な財務情報の記述が可能となり，XBRLの利便性・汎用性がさらに向上した（XBRL Japan [2010]）。

2　XBRL GL (Global Ledger)

　XBRLは，財務会計上の開示情報を表現するための規約として開発されてき

99

た。これがXBRL FR (Financial Report) といわれるものである。現在，XBRLの各国の組織により，さまざまなXBRL FRのタクソノミが開発されている。わが国ではXBRL Japanによって，税務申告のためのタクソノミなど，日本の実務に対応したタクソノミの開発，検討，実証実験などが行われている。これに対して，企業内部の会計情報を扱うXBRL規約がXBRL GL (Global Ledger) といわれ，グローバルにひとつのタクソノミ基本部を開発し，その上にいくつかのオプションモジュールを組み合わせる方式の検討が進んでいる。

XBRL GLは，勘定科目，会計仕訳，勘定残高などの会計・財務情報を表現するためのXBRLタクソノミである。XBRL GLはXBRLのタクソノミの一つとして定義され，データ仕様はXBRL仕様に基づいている。事業活動に伴う内部報告データを異なるシステムやアプリケーション間でやり取りするための共通のデータ仕様である（XBRL Japan [2010]）。

(1) データ仕様の標準化

XBRL GLは，次のようなデータ仕様について標準化している（XBRL Japan [2010]）。

① 取引に伴う帳簿（仕訳帳，売掛帳，買掛帳，在庫表，勤務表など）の共通表現

② 取引表現に必要となる，共通的な構成要素である科目，金額，リソース，事象，関与者，証憑書類などについての共通表現

③ 試算表，連結計算書の表現および多様な報告書（有価証券報告書，決算短信，納税申告書など）への対応関係

(2) XBRL GLの構成要素

XBRL GLは，レポーティングの基礎となる個別の業務の記録を捕捉するため，次の構成要素を提供している（XBRL Japan [2010]）。

① 会計仕訳（勘定科目，貸借区分，金額，発生日付および摘要）

② 組織，関与者（顧客，取引先，従業員）

③ 証憑書類（文書番号，日付，文書保管場所）
④ リソース（在庫，サービス，固定資産，ＫＰＩ）
⑤ 他の報告書との対応関係（財務報告書タクソノミとの対応関係）

これらにより，単なる帳簿の記録表現だけでなく，事業活動の詳細について標準的なデータ仕様を提供している。

(3) XBRL GLと財務報告の連携

XBRL GLは，財務活動の報告に必要な詳細情報を持ち，制度の異なる多様な財務報告書の形式とは独立して内部報告用に記録する。このことからXBRL GLで記録されたデータにより，会計監査，予算立案，外部報告などの目的に応じた財務情報を作成することができる。例えば，外部報告用の科目を，XBRL GLの集計先として定義した場合，計算書類に記載する科目の数値がどのGLデータから集計されるか分かる。こうして対応関係を用途別に定義することで，多様な財務報告の数値それぞれが，どのような内訳から構成されているのか参照できるようになる（XBRL Japan [2010]）。

既存の財務会計パッケージ（ＥＲＰパッケージ）に蓄積された日々の取引データと財務報告インスタンス，それの集計先である財務報告情報に対応関係が定義されているため，財務報告の科目から，より詳細な情報へのドリルダウンが可能となる。このように，財務報告の科目とその内訳である詳細情報とを関連付けて表示できるので，XBRL GLは，連結決算や会計監査，財務・経営分析作業を効率化する有効な手段として活用できる（XBRL Japan [2010]）。

(4) XBRL GLと仕訳の関係

XBRL GLタクソノミの構造は，**図表6－1**に示すとおりである。XBRL GLのルート要素としてaccounting Entries要素があり，accounting Entries要素の下位要素として，① document Info要素，② entity Information要素，③entry Header要素がある。

① document Info要素は，この文書（ファイル）の情報を格納する要素であ

第2編　ネットワーク社会と電子帳簿

図表6-1　ＸＢＲＬ　ＧＬタクソノミと仕訳の対応関係

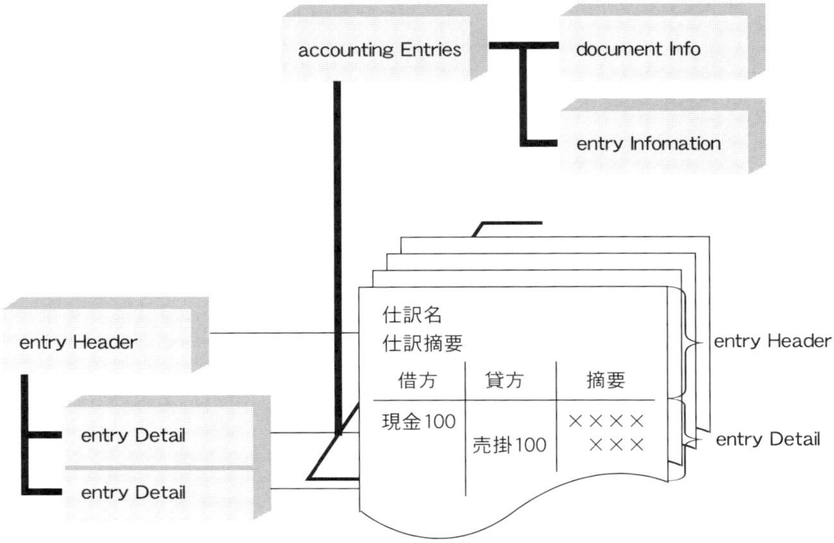

出所：XBRL Japan [2010], XBRL FACTBOOK

り，②entity Information 要素は，会社・団体の情報を格納する。③entry Header 要素は，仕訳データを格納する。複数の仕訳が格納可能で，伝票の見出し情報と明細から構成される。

　会計仕訳の見出し情報である entry Header 要素の下位要素に摘要，登録者などの情報を格納する。現金や売掛などの詳細（明細）は entry Header 要素の下位要素である entry Detail 要素にまとめて記載する。entry Header 要素は，伝票に対応するので，伝票と同じ数の entry Header 要素を繰り返すことになる（XBRL Japan [2010]）。

V　む　す　び

　帳簿作成の本質的な目的に照らして，帳簿重視の考え方をまとめると次のようになる。

　第1の目的は，経営者に決算書を経営判断の資料として使用させ，それによって健全で合理的な経営を遂行せしめるためである。信頼性のある正しい決算書を作成するためには，インプット段階でのエントリー・データ（帳簿記録）が信頼性のあるものでなければならない。この点から帳簿の重要性は明らかであり，帳簿の信頼性を確保するために，「適時に，正確な」記帳が要請され，「適時性」，「正確性」の二つの要件が商法・会社法において明文化されたことは，大きな進展であるといえる。

　第2の目的は，商事裁判の証拠資料とするためである。商業帳簿を証拠資料とするために帳簿閉鎖の時から10年間，その商業帳簿およびその営業に関する重要な資料を保存することが要請されているが，証拠能力をもつ帳簿であるためには，作成時点で記帳要件を満たした信頼性の高いものである必要がある。この点からも，帳簿の重要性を強調することができる。

　IT化の進んだ今日のネットワーク社会においても，なお帳簿が重視されるのは，前述のように，帳簿がアウトプットとして作成される財務情報の信頼性を確保するための基礎データと位置づけられるからである。遡及的な「訂正」や「書き換え」，「消去」を行った場合，それらの処理を行ったことを明らかにすることにより，適時性と正確性を備えた帳簿であることを証明しなければならないので，これらに関する担保措置も重要な行為である。さらに，「訂正」，「書き換え」，「消去」の担保措置に加えて，帳簿記録の項目間の関連づけや検索機能に関しても，XBRL技術の活用が可能であり，利便性の高い情報が期待されるところである。

第2編　ネットワーク社会と電子帳簿

(注)
(1) 商法上，商業帳簿は会計帳簿と貸借対照表を総括する概念であり，会計帳簿は，「一般に公正妥当と認められる会計の慣行」である複式簿記の帳簿組織による主要簿，補助簿と解される。
(2) インスタンス文書の語彙（要素名，属性など）を定義したもので，勘定科目名や注記事項などの項目が定義される。
(3) タクソノミスキーマで定義された項目に対して，各項目間の関係や各項目に対する追加情報などをXLinkの外部リンク機能を利用して定義したものである。

【参考文献】
郡谷大輔，和久友子編著 [2008]，「会社法の計算詳解」(第2版) 中央経済社。
坂本孝司 [2003]，武田隆二編著 [2006]「適切な記帳を促す具体的方法」『中小会社の会計』中央経済社。
────[2006 a]，武田隆二編著「会計帳簿と適時性・正確性」『新会社法と中小会社会計』中央経済社。
────[2006 b]，武田隆二編著「会社法で定める記帳要件と中小会社会計指針」『中小会社の会計指針』中央経済社。
高野俊信 [1998]，『電子帳簿保存法』税務経理協会。
武田隆二 [2005]，『最新財務諸表論第10版』中央経済社。
────[2006]，「第Ⅱ部中小会社会計指針の解説　総論１」『中小会社の会計指針』中央経済社。
豊森照信 [1999]，『電子帳簿保存制度と税務調査』税務研究会。
────[2003]，『電子会計・帳簿の考え方と実践』税務研究会。
────[2004]，『電子申告・電子帳簿の経理システム』中央経済社。
島田裕次 [1999]，『電子帳簿・帳票とビジネス改革』日科技連出版社。
XBRL Japan [2010], XBRL FACTBOOK, http://www.xbrl-jp.org/

（浮田　泉）

第7章

電子帳簿の技術的課題

I はじめに

　これまで，企業が作成する帳簿書類は，たとえコンピュータを利用して作成したものであっても紙の状態で保管しなくてはならず，その保管に場所，費用がかさんでいた。しかし，1998年に制定された電子帳簿保存法において，帳簿書類を電子データとして保存することが認められるようになり，保管などの事務処理に関わる負担を軽減できるようになった。対象となる帳簿書類とは，税法で備付けを規定している帳簿書類すべてが対象となる。仕訳帳，総勘定元帳，現金出納帳，預金出納帳，経費帳，入金伝票，出金伝票，振替伝票，固定資産台帳，賃金台帳やその他の補助元帳などの会計帳簿および決算関係書類である貸借対照表と損益計算書のほかに，領収書，請求書，注文書，契約書，レジペーパーなどの書類も含まれる。

　電子帳簿保存法の適用を受けるためには，すべての帳簿書類を対応させる必要はなく，例えば，仕訳帳のみ，注文書のみなど，部分的な申請が可能となっている。本支店単位でも，本店で作成されている仕訳帳のみ申請といったことも可能で，電子帳簿保存法の適用を受けたほうが，メリットがあると考えられる場合は帳簿書類を本支店ごとに分けて適用を受けることができる。ただし，作成段階の途中で手作業が必要な帳簿書類や手作業により作成された決算書類は，電子帳簿保存法の適用を受けることはできず，電子帳簿保存法では，「取引データを記録する最初から一貫してコンピュータを使用して作成された帳簿

第2編　ネットワーク社会と電子帳簿

書類」であることが要求されている。

　この1998年に制定された電子帳簿保存法では，社外の取引相手から受け取った伝票や書類は対象外であったため，企業が本格的なペーパーレス化へ進むには課題が残っていた。しかし，2004年に制定されたe－文書法（「民間事業者等が行う書面の保存等における情報通信の技術の利用に関する法律」と「民間事業者等が行う書面の保存等における情報通信の技術の利用に関する法律の施行に伴う関係法律の整備等に関する法律」の総称）に対応して電子帳簿保存法が同年改正され，取引相手が作成した3万円未満の契約書や領収書をスキャナ保存した電子化データでの保存を認めることとなった（紙文書をイメージスキャナで読み取ることで電子データにすることを本章では電子化データと呼んでいる）。

　本章では，このような法律が整備されるに至った背景としてのコンピュータによる会計処理の進展と，企業において電子帳簿を採用する場合の技術的課題について述べる。

II　コンピュータによる会計処理の進展

　手作業による起票をなくして，画面上の各種伝票に直接，分散化したネットワーク上で担当者が入力したり，ネットワーク化されたコンピュータシステム上で，リアルタイムに入力を受け付けるなどのシステムが今日の企業において利用されるようになっている。コンピュータシステムが，その処理を複雑高度化させることで，企業内の情報管理を一元管理するとともに，データを多目的に利用することが可能になっている。

　例えば，企業においては，販売管理システム，給与管理システムなど，用途ごとにさまざまなシステムが利用され，会計システムは，これらの各システムと緊密な関係を持っている。営業担当者が取引先へ出向いて商品を受注する際，モバイル機器を使用して自社の在庫管理システムにアクセスして在庫を確認した後，販売管理システムに受注内容を直接入力すると，自動的に売上に関する仕訳が発行され，会計システムでわざわざ仕訳処理する必要がない。さらには，

第7章　電子帳簿の技術的課題

取引先に応じた値引き処理の仕訳も自動処理され，商品配送センターへの商品配送依頼も同時に行われる。この一連のシステムでは，仕訳に必要な金額データだけでなく，受注日時，数量，取引先，単価，担当者名，配送先など，あらゆる情報が一括で保存される。

　このように，取引にもとづいて，各システムにデータを入力しさえすれば，自動的に仕訳処理がなされ，会計システムではプログラムが自動的に各帳簿を作成してくれるので，手作業のような帳簿への転記・集計作業はなく，作業を効率化でき，帳簿類をプリントするのは，紙で持つことが必要なときに限られ，通常は画面のディスプレイで作業が進められ，ペーパーレス化を実現し，手作業であると手間がかかっていた詳細な管理を容易に行うことができるようになっている。管理会計上必要な分析データも一括で管理し，あらかじめプログラムされた各種分析資料を出力することが可能となっている。

　こうして，企業におけるコンピュータならびにネットワークの利用は多くの便益をもたらせてくれるが，このことは会計システムとその他のシステムとの境界をあいまいにしてしまい，会計システムの取り扱うデータを拡大させる。さらに，手作業による記帳では，伝票や帳簿に記入した時点が記帳時点となるが，コンピュータを利用した会計システムでは，どの段階かが明確ではない。例えば，バッチ処理システムの場合，担当者が伝票を記入した時点なのか，この伝票を経理担当者が確認した時点なのか，それともこれをオペレータがコンピュータに入力した時点なのかが不明であるし，ましてや自動で仕訳がなされる場合，営業担当者が商品を受注した時点なのか，その受注伝票にもとづいて売上の仕訳が自動処理された時点なのか，はっきりせず，どの段階のデータから電子帳簿といえばよいのか明確ではない。

　そもそも，コンピュータ内では，各帳簿を手作業のときのように，帳簿形態で管理しているわけではなく，もとのデータのままで管理していることが多く，帳簿を表示させたい場合，その都度，コンピュータの内部で転記・集計処理が行われて表示されている。会計システムが拡張され，その中での処理技術が複雑高度化することで，これまでのように出力された帳簿の取引記録と入力前の

記録・証憑類が，常に1対1で対応するとは限らないため，トレースもますます複雑となり，自動での仕訳処理が組み込まれているシステムでは，税務調査，監査もその対象領域が大幅に拡大している。

III 電子帳簿に求められる要件と技術的課題

　企業が作成する帳簿書類は，電子帳簿保存法が施行されるまでは，税法上7年間，紙の状態で保管することが義務付けられていた。この7年間の内，後の5年間についてはマイクロフィルムやＣＯＭ（Computer Output Microfilm）での保存が認められてはいたものの，電子データでの保存は一切認められていなかった。ここでは，電子帳簿保存法が電子帳簿に要求している要件とその技術的課題について述べる。

1　電子データの訂正・加除の履歴保存

　電子帳簿の記録に関して，遡及して電子データの訂正・加除があった場合，その履歴を保存することを要件としている（ただし，入力上のミスについては1週間を超えない範囲で訂正作業を認め，この場合の履歴の保存は省略できる）。

　従来の会計システムでは，電子データの訂正・加除を直接できるような仕組みになっているものが多いので，その履歴を電子データとして保存するには，新たにプログラムを追加・変更しなくてはならない。市販の会計システムは，これにあわせて対応しているが，自社開発，専用システムとなっている場合は，新たな負担を強いることになるし，企業内部においてもこれにあわせて新たな管理体制が求められる。

2　帳簿間で記録の相互追跡の可能性確保

　すべての関連する帳簿が一つのシステムとして電子化されている場合は，容易かもしれないが，別のシステムとして運用されている帳簿であったり,COM保存の帳簿であったり，プリント保存や手作業による帳簿が含まれる場合，こ

第 7 章　電子帳簿の技術的課題

れらとも相互にデータの関連性を確認できる必要がある。これらの異なる形態の関連する帳簿間で，相互にデータの関連性を確認するためには，相互の記録を特定するために，共通キーコードの設定が必要となろう。関連する帳簿間で，一つひとつの取引に共通キーコードを設定し，コード体系を統一（桁数，扱える英数字の統一など）し，コードの重複使用を避けるなどの工夫が必要となる。

3　処理過程の説明書類の整備・保存

　システムの開発においては，その処理プロセスを説明した書類であるドキュメントは必須であり，自社開発でも詳細なドキュメントを作成するのは当然のことである。ただし，一度開発された会計システムを長く使い続けるため，部分的に変更を加えていく場合，更新後もプログラムだけでなく，ドキュメントも併せて更新しておかないと，その後の更新に支障をきたすことになる。システムの変更を行っても，ドキュメントの変更を敬遠することがあり，このことが原因でドキュメントがシステムを正確に表せなくなり，説明書類の保存が行われていないとみなされることになるので注意が必要である。この部分的な変更とは，設計上のミスだけでなく，税率の変更，経理処理システム自体の変更など，様々な原因が考えられる。

4　電子帳簿書類の見読可能性の確保

　見読可能性の確保では，電子帳簿が磁気媒体で保存されるだけでなく，肉眼で見ることのできない電子データを表示させるためのディスプレイと出力するためのプリンタといった機器を備えることを要求する。また，これを表示，出力させるためのコンピュータとその上で動作するソフトウェアプログラムが用意されていなければならない。

　税務調査を考慮して，調査を受ける部屋へこれらの機器を設置または持ち込み，しかも複数人の調査官が調査する場合では複数台用意するよう求められることも考えられる。税務調査に際して，必要な箇所をすべてプリントしなくてすむよう，これらの機器操作についてわかりやすく解説された操作マニュアル

の作成，必要なら機器操作要員の準備も望まれる。

このコンピュータ機器の設置場所は，保存義務者の納税地に設置されなければならないが，この保存義務者が，電子データの作成を会計事務所や情報処理会社などに外部委託している場合でも，保存義務者本人の納税地にコンピュータ機器が設置され，見読性が確保されていなければならない。電子データ自体の保存場所も，保存義務者の納税地に電子データを保存することになるが，コンピュータネットワークが一般に利用されるようになった現在では，電子データの保存場所とコンピュータ機器の設置場所が違う場合もあり，この場合，保存義務者の納税地に設置してあるコンピュータ機器から電子データを保存してある離れた場所にあるサーバにいつでもアクセスして電子データの情報を速やかに出力できる必要がある。

5　電子データの検索機能の確保

通常，コンピュータを利用している場合，検索機能は必須となる。万が一，検索機能がない会計システムを自社開発している場合，ディスプレイへどのように検索結果を表示させるか，それをどのような形式でプリントするのかを検討しなくてはならない。

電子帳簿においては，見読する際に，見読したい対象を条件で指定して検索し，表示できることが求められる。税務調査を考えた場合，電子帳簿を見るため，すべての電子帳簿をプリントアウトすることは考えにくく，調査したい記録に関して検索機能を使って迅速に探し出してディスプレイでチェックするのが合理的である。

IV　e－文書法に対応した電子帳簿保存法で求められる要件と技術的課題

1998年に制定された電子帳簿保存法では，取引相手から紙で受け取った書類について，イメージスキャナを利用した電子化データの保存が認められていな

第7章 電子帳簿の技術的課題

かったが，2004年に制定されたe－文書法に対応して，同年に改正された電子帳簿保存法や関係省令，通達，告示などで3万円未満の契約書や領収書のスキャナ保存が認められることとなった。

ここでは，これらの書類をスキャンして，電子化データとして保存することが認められる場合に満たさなくてならない要件とその技術的課題について述べる。

1 真実性の確保

保存されたデータが改ざんされていない原本であることを証明する必要があり，データ作成者，作成日時を記録する時刻認証（タイムスタンプ）局や公開鍵暗号を使って本人確認する認証局を活用し，第三者機関による証明が必須となる。

2 見読性の確保

一般に利用されている形式（JPEG，PDFなど）でデータを保存するとともに，必要なときにデータを確認できる状態にしておき，データに適切なインデックスを付けて検索を可能にしておく。

3 保存性の確保

OS，アプリケーションソフトのバージョンアップに伴い，上位互換が保証されない場合の対策をとることが必要となる。電子化データはデータ容量が大きいため，バックアップも通常の電子データのようなわけにはいかない。

電子化データは，痕跡を残さず改ざんが可能であり，なりすましを行いやすいといった紙と比較した場合の問題点を解決するため，**図表7－1**で示すようなシステムを設計することで，電子化データがいつ，だれによって，何を作成登録したかを第三者の立場で証明することが求められる。これにより，電子ファイルの本人性を特定し，原本性を保証するとともに，ファイルが存在した時刻を特定する。

111

第2編　ネットワーク社会と電子帳簿

図表7－1　電子化データ保存のためのシステム概要

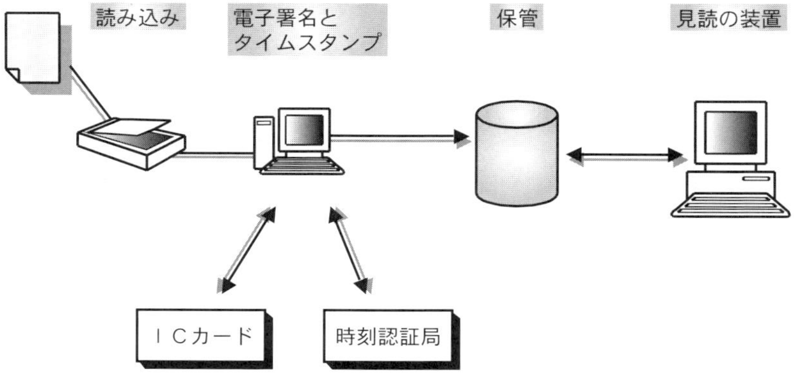

　　読み込み　　電子署名と　　　　保管　　　　見読の装置
　　　　　　　タイムスタンプ

　　　　　　　ＩＣカード　　時刻認証局

　書類をスキャナ保存することで，書類の発生場所から倉庫までの輸送費用，倉庫代の管理費用，不要になったときの廃棄費用，印刷のための印刷費用を大きく削減できるだけでなく，目的の書類を瞬時に探索し，それをわざわざ倉庫までとりに行かなくても，ネットワークを介して参照することが可能となり，こうした作業に要していた時間が大きく短縮でき，生産性向上が望めると考えられる。

　しかし，3万円未満の契約書や領収書のスキャナ保存に限定されたため，その効果は半減したといえる。そして，このシステムでは，タイムスタンプ・サービスの利用，入力担当者の電子署名が必要となるため，データ保存にかかる手間，人件費もかかり，保管費用の削減だけでは，企業に受け入れられる状況にはなく，電子化データをどのように活用できるかが，システム導入に大きく影響することが予想される。

　この電子化データを作成するのは，会計システムの電子データ作成の場合と比べ，少々面倒であるため，オールインワンパッケージソフトを導入するのが手軽であろう。電子化データの作成，活用，保存にいたるまでを一つのパッケージにして販売し，電子署名，暗号技術，タイムスタンプなどのセキュリティ対策が組み込まれているシステムが各社から販売されている。

第7章　電子帳簿の技術的課題

V　電子帳簿にあわせたシステム設計と管理体制の再構築

　手作業による帳票では，その起票者が属する部署の責任者が承認したことを示す承認印，経理担当者が確認したことを示す確認印を押すことで，その帳票に記入された内容が決められたルールに従っているかどうかを確認する。これをコンピュータ上ですべて処理する場合，起票者は直接，コンピュータ画面の帳票に入力することになるので，従来の承認，確認のプロセスをどのように確保するかが新たな課題となる。

　バッチ処理を前提とした場合は，従来の手作業と大きくプロセスを変える必要はないが，ペーパーレス化への移行を考える場合には，電子承認の導入，権限委譲による処理プロセスのシンプル化などの検討が必要となろう。

　また，伝票式会計自体，手作業の帳簿式会計を省力化するものとして，受け入れられてきたものであることを考慮すると，コンピュータによる会計システムが，この伝票式会計をもとにして，そのプロセスを考えるのではなく，コンピュータによる会計システムに適した会計処理方法を新たに導入することも大事である。

　手作業による会計処理で発生する転記・集計のミスなどはコンピュータによる会計システムでは起こらないが，手作業ではなかった新たな管理が必要とされ，コンピュータによる会計システムを導入する場合，企業においてはこのことを考慮した組織の見直し，管理体制の再構築が求められる。

　電子帳簿保存法の承認を受ける場合，すべての帳簿書類を承認申請する必要はなく，一部は手作業またはプリント帳簿のまま残してもかまわないため，一部をコンピュータによる帳簿作成に変更した場合，その手順について規定を策定する必要もあろう。以上のように，電子帳簿に対応するためには，単に市販の会計システムを購入すれば完了するのではなく，適用申請する前に，検討しなくてはならない項目が数多くある。

第2編　ネットワーク社会と電子帳簿

VI　電子帳簿を保存するにあたっての技術的課題

　電子データ，電子化データで帳簿書類を保存する場合，その管理に際して注意すべきことは，紙の場合とは大きく異なる。例えば，ハードウェアが故障した場合，ディスプレイ，キーボードのように単純に入れ替えればよい場合を除いて，コンピュータ本体やハードディスクなどが故障してしまうと，長時間，会計システムへ入出力できなくなったり，データの一部分，場合によってはすべてを破損し，復旧できなくなる場合もある。ソフトウェアについても，システムに予期せぬバグが存在した場合，システムがフリーズしてしまうこともある。コンピュータウイルスに感染してしまって，データが消去される場合もある。コンピュータに不慣れな担当者の不注意で，コンピュータを故障させてしまうこともある。

　対応策として，ハードディスクを二重化するなどして，最新のデータを常にバックアップしておく，ネットワーク上の別のコンピュータに定期的にバックアップをとっておく，ウイルスに感染しないためのルールづくり，コンピュータリテラシー教育など，さまざまな対応策も考えなくてはならない。

　また，データを長期保管する場合においては，保存に使用される電子媒体についても，ハードディスク，磁気テープ，フロッピーディスク，MO（光磁気ディスク），CD，DVD，BDなどが考えられるが，媒体を見ただけで中身がすぐにわかるラベルを付けて，磁気の近くで保管しない，高温多湿でカビが発生するような場所には保管しない，管理責任者を設定し，だれでも自由にデータを持ち出せなくする，保管期間を過ぎたものは社内ルールに従って廃棄する，ディスク内にフォルダ（ディレクトリ）を作成して目的のファイルがすぐに探せるようにする，バックアップの確保方法について明確にするなどの規定が必要である。

　このように，従来のプリント帳簿と同じ方法で電子帳簿を管理するわけにはいかず，紙ではなく，電子データ，電子化データを管理するための対応策の策

第7章 電子帳簿の技術的課題

定が社内においても急務となる。電子帳簿保存法は，それについてはなんら規定していないが企業が自主的に設定して，明確にルール化し，その電子データ，電子化データを見読するとき，どの端末を利用し，どのように操作して検索，プリントアウトするかなどの要領についてもマニュアル化しておくことが大事である。

　帳簿書類の保管期間は，法定では長期にわたる一方で，パソコン機器，記録媒体に関する技術革新は激しく，それにあわせて，バージョンアップすることで，パソコンを安定して操作し，経年変化にも強いメディアを選択することが大事である。

　ハードウェアでは，CPUのクロック数アップやメモリ追加による処理速度の向上，大容量のハードディスクを内蔵または外付けすることにより大きなデータの保存，ネットワーク対応により処理性能・処理速度の向上，OSではバージョンアップにより機能の追加・セキュリティの向上，ソフトウェアではバージョンアップによる高機能化と処理性能の向上など，たくさんの効果をもたらせてくれる一方で，3年程度で，新しいシステムと入れ替えなくてはならず，コンピュータ機器は，ハードウェアのモデル更新，OS，アプリケーションソフトのバージョンアップが頻繁に行われる。

　データ保管期間中に，コンピュータ機器，その他のシステムに変更があった場合に旧規格のデータが読み出せないようなことがないよう，継続的に管理するためには，互換性に注意し，旧規格の電子帳簿を新規格に変換するか，不可能な場合や変換の必要性が少ない場合は，読み出し専用に旧システムを保管しておくことも必要となろう。

VII　むすび

　これまで長い間，プリント帳簿を作成することに慣れてきた企業では，電子帳簿を選択するメリットを考えることなく，周りの動向を確認しているのではなかろうか。この機会に，企業内で作成されている帳簿が本当に必要なものか

を再検討することで，利用度を確認し，利用されていない帳簿の作成は，思い切ってやめてしまうことを検討すべきである。

　コンピュータを利用した会計システムといっても，単に伝票式会計をコンピュータに載せただけにすぎないものも存在するが，古くなった情報を提供するのではなく，新鮮な情報を必要としている組織，人に提供できるよう見直されなくてはならない。すべてをプリントアウトすることはやめ，どうしてもプリントしておかなくてはならない情報のみに限ってプリントすることで，時間と費用を削減することが大事である。プリントする帳簿書類のレイアウトも，これまでのようなプリントするための会計システムから見直しをはかり，はたしてこれまでのレイアウトでよいのか，無駄はないかを再検討すべきである。

　また，従来のプリント帳簿なのか，電子帳簿なのかのどちらか一方を選択する必要はなく，両者の併用も含めて再検討し，電子帳簿を選択する場合でも，これまでの社内の業務の流れを思い切って見直すことも，電子帳簿採用による混乱を引き起こさないためには重要である。企業内のすべての帳簿を一斉に変更せず，電子帳簿とプリント帳簿も併用した環境から徐々に，電子帳簿へと移行してもかまわない。

　一方，税務調査における問題は，これまで紙ベースで管理されていた帳簿書類がコンピュータで処理された電子データ，電子化データに変更されることにより，納税者が不正を行いやすくならないか，巧妙にならないかということであり，それには情報処理に精通した調査官を育成し，対応しなくてはならない。特に，会計システムのコンピュータプログラム自体に，不正に手が加えられている場合は，プログラム自体に問題がないかをチェックする能力が要求される。

　企業がせっかくコンピュータ処理による電子データ，電子化データで，帳簿書類を管理しているにもかかわらず，税務調査の際，調査官がこれらをすべて紙ベースで出力するよう要求していたのでは，企業が電子帳簿を選択した意味がなくなるので，調査官自体もコンピュータベースで調査できるだけの情報処理能力を持たなくてはならない。もちろん，内部監査人とてコンピュータの知識を有していないとその仕事をまっとうできないし，公認会計士，税理士も例

外ではない。高度で複雑化したコンピュータ知識が監査人に要求される場合は，グループを組んで，その中に高度なコンピュータ知識を持った専門家を加えることも必要になってくる。

　企業は，電子帳簿保存法の適用を選択して，費用削減につながるのかをよく考えて，申請しなくてはならないが，現在，使用しているシステムで問題がなければそのままシステムを使い続けるほうが懸命な場合もある。しかし，将来の電子商取引の拡大を考えると，このチャンスに準備を整えるという積極的な姿勢が望まれる。

【参考文献】

河﨑照行監訳 [2007]『21世紀の財務報告』同文館。
木川恵介 [2000]『電子帳簿保存法の概要と適用申請』技術評論社。
根田正樹他 [2002]『電子商取引の法務と税務』ぎょうせい。
豊森照信 [1999]『電子帳簿保存制度と税務調査』税務経理協会。
―――― [2003]『電子会計・帳簿の考え方と実践』税務研究会出版局。
―――― [2004]『電子申告・電子帳簿の経理システム』中央経済社。
渡辺智之 [2001]『インターネットと課税システム』東洋経済新報社。

（羽藤　憲一）

第3編

電子商取引と税務処理

第8章

電子商取引の特質と課税問題

I　はじめに

　インターネットに代表される情報技術（Information Technology）の発展は，経済のグローバル化を促進し，取引のボーダレス化を通じて，ビジネス環境を大きく変化させている。とりわけ，電子商取引（Electronic Commerce）の普及・発展は，現行の課税システムが開発された時代には，想像できなかった諸問題を浮上させている。例えば，電子商取引をめぐる課税問題については，従来から，次の諸問題が指摘されている（渡辺［2001］, 43-109頁；日本公認会計士協会［2002］, 1頁；根田他［2002］, 205-208頁）。

(1)　恒久的施設の問題。これは，外国法人が国内に支店等を設置する代わりに，電子商取引によって営業する場合，恒久的施設を有さないことから，課税ができなくなる可能性をいう。

(2)　所得分類の問題。これは，内国法人が外国法人からデジタル財の購入にあたり，インターネットからダウンロードする方法による場合，販売による「事業所得」とみるか，著作権等の「使用料」とみるかによって課税関係が異なってくる可能性をいう。

(3)　消費課税の問題。これは，インターネットによるデジタル財の購入では，事業者の外国法人の所在地が国外であれば，原則として消費税が課税されない可能性をいう。

　このような課税問題は，電子商取引が伝統的な商取引とは異なる性質を有す

ることに起因し，それに現行の課税システムが十分に対応できないことによるものである。

以上の問題意識を踏まえ，本章の課題は，バス（Basu, Subhajit）の所説（Basu [2007]；Basu [2008]）に依拠し，情報技術の発展が課税システムに与える影響，とりわけ，電子商取引をめぐる課税問題の特質を整理することにある。本章の具体的課題は，次の3点である。

① 電子商取引が課税システムに与える影響と電子商取引課税の論拠を検討すること
② 電子商取引をめぐる個別問題（恒久的施設，所得分類および消費課税）について，それぞれの問題点とOECD（経済協力開発機構）の対応を整理すること
③ OECD租税委員会報告書「電子商取引：課税の基本枠組み」（OECD [1998]）（以下では，「基本枠組み」レポートという。）が提示した課税原則の意義について検討すること

II 電子商取引と課税システムへの挑戦

1 電子商取引課税の複雑性

電子商取引とは，インターネットに代表される「電子的な情報ネットワークを介した商取引」を総称する（日本公認会計士協会 [2002], 1頁）。かかる電子商取引は，経済のグローバル化を促進し，取引の簡略化や効率化によってビジネス環境の発展に大きな影響を与えている。他方，電子商取引は，可視化できない性質を有し，本質的にボーダレスの性格を有していることから，課税システムに複雑な課題を投げかけている。

図表8－1は，電子商取引に対する課税問題の複雑性を表現したものである。この図表で示すように，電子商取引課税は，一方で情報技術の発展によるビジネス環境の変化（「取引のボーダレス化」，「デジタル化」，「仮想企業」，「取引の自動化」，「新たなビジネスモデル」）と，他方でボーダレスによる国際課税の問題（複数の

第8章　電子商取引の特質と課税問題

図表8－1　電子商取引課税の複雑性の増大

トレンド
・取引のボーダレス化
・デジタル化
・仮想企業
・取引の自動化
・新たなビジネスモデル

複雑性の増大

特　徴
・課税タイプの複数化　　　・政府規制の複数化

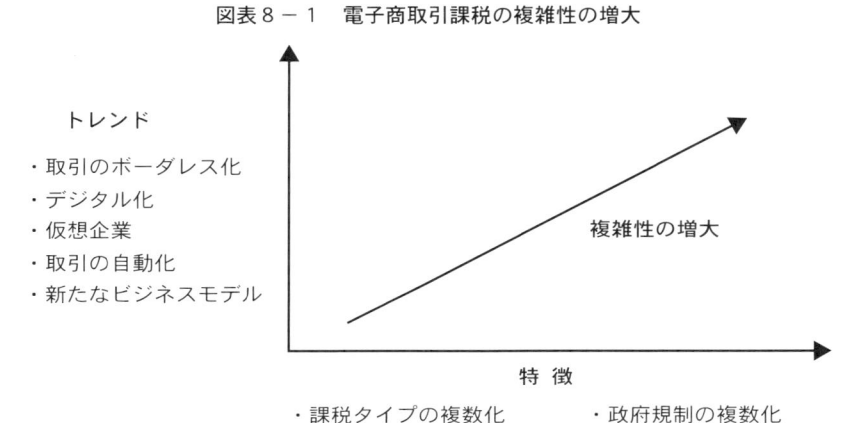

（出典）　Basu［2007］,p.93.

「課税タイプ」や「政府規制」）とが，複雑に交錯した問題領域であり，その複雑さはますます増大している（Basu［2007］,p.92）。

2　課税システムに対する電子商取引の挑戦

バスによれば，電子商取引が現行の課税システムに対する挑戦には，次のものがあるとされる（Basu［2007］,pp.92－96；山崎［1998］,6－10頁；増井［1999］,71－73頁）。

(1)　第1は，「ボーダレス取引」（あるいは，「クロスボーダー取引」）からの挑戦である。伝統的な課税システムは，商取引が特定の領土（territory）に関連づけられることを仮定している。しかし，電子商取引の場合，これについて次の三つの困難が伴う（渡辺［2001］,55－75頁）。
① 事業体を特定の居住地（location）に拘束することが困難であること
② 事業活動を特定の場所（place）に割り当てることが困難であること
③ 事業体を特定の取引（transaction）に関連づけることが困難であること
　このように，電子商取引では，現行の課税システムが前提とする地理的基盤と領土的側面を仮定できない。また，インターネットは，クロスボー

ダー取引を拡大し，遠隔地の事業者が，仲介業者（卸業者または小売業者）不在（disintermediation）で，直接，販売するプロセスを生み出している。このようなクロスボーダー取引については，租税条約によって包括的なネットワークが構築されているが，電子商取引は，租税条約における既存の商取引の定義に該当しない。

(2) 第2は，「電磁的取引」からの挑戦である。電子商取引では，インターネットを通じて財・サービスが購入され，それらが電磁的形式で提供される。例えば，ソフトウェア，映画，音楽などの「デジタル財」がダウンロードされ，電子キャッシュによって支払われる。しかも，電子商取引では，消費者には，事業者（販売者）がどこにいるのかその本人確認ができないし，課税当局には，どこでどのような取引が行われたのかもわからない（渡辺［2001］，114-115頁）。そのため，「デジタル財」（財・サービス）に対して，現行の課税ルールを単純に適用することができない。

(3) 第3は，「仮想企業」の出現とその挑戦である。インターネットは，「コア・コンピタンス」（core competency）を有する仮想企業の出現を加速化している。インターネットを利用する企業は，製造，配送，決済，顧客サービス，その他の機能を第三者に委託する傾向にあり，インターネットは，ジョイント・ベンチャー，パートナーシップ，外注契約，あるいはその他の連携を容易にしている。また，電子商取引は，より有利な課税ルールや税率をもつ課税管轄地に，財産等を再配置（または，最初から配置）させる可能性がある。インターネットによって，サーバー，本社，従業員，情報技術者を移動させることは，現実に大規模工場を移動させることよりもはるかに容易である。このような仮想企業の出現は，事業所得の配分にあたり，新たな課税ルールを必要とする。

(4) 第4は，「リアルタイム取引」（および「ペーパレス取引」）からの挑戦である。インターネットは，「リアルタイム取引」（および「ペーパレス取引」）を加速化させ，課税コンプライアンスの再構築と課税の自動化への動きを高める可能性がある。つまり，インターネットは，課税当局が課税の自動化

システムを機動的かつ安価に行うために，課税ルールの簡素化へ向けた動きを促進させる可能性がある。インターネット環境のもとでは，従来の送り状や注文書で満たされたファイル・キャビネットが，将来は電子データベースに取って代わられることになるかも知れない（Basu [2007], p.94）。
(5) 第5は，「ビジネスモデルの変化」からの挑戦である。インターネットは，課税システムに対して新たな挑戦的課題を提供するビジネスモデルを生み出している。例えば，「オンラインオークション」，「仮想社会」，「情報メディア」といった新たなビジネスモデルがこれである。また，伝統産業（自動車，繊維，出版，製薬など）は，伝統的な店頭販売からオンライン取引に置き換えられつつある。さらに，多くの伝統的な仲介業者（卸売業者や配送業者）は，新たなWebベースの仲介者（テレコム会社，プロバイダー，電子認証機関など）によって置き換えられようとしている。このようなビジネスモデルの変化は，従来のソース・ルールを無意味なものとし，新しいビジネスモデルに適合した新しい課税ルールの必要性を高めている。

3 電子商取引課税の可能性

課税システムに対する電子商取引からの挑戦を踏まえ，電子商取引課税を積極的に主張する見解がある。その論拠は，次のとおりである（Basu [2007], pp. 101-102）。
① 第1は，「税収の減少」である。つまり，電子商取引課税を適用できないとすれば，税収の減少をもたらすこととなり，重要な財政的損失が生じる。
② 第2は，「タックスヘイブン」への租税回避である。電子商取引課税を適用しなければ，企業は，消費税（売上税または付加価値税）のない（そして，すべてにオンライン・サービスを提供する）国に企業を配置することになる可能性がある。
③ 第3は，課税の「公正性」である。伝統的な店舗販売による財・サービスと同質の電子財・電子サービスに課税免除を認めることは，課税の「公

正性」を歪めることになる。
④ 第4は，課税の「中立性」である。電子商取引の事業者が非課税であり，店舗販売の事業者が課税されるとすれば，事業者の競争条件の歪みが発生し，その結果，資源配分が非効率となる。
⑤ 第5は，「デジタル・デバイド」である。デジタル・デバイドに関する実証研究によれば，高所得世帯によるコンピュータの所有と電子商取引へのアクセスは，低所得世帯のそれを大きく上回っているとされる。このようなデジタル・デバイドは，低所得世帯には不利で不平等な課税をもたらすこととなる。

バスは，「電子商取引に対して，課税は可能である」とする一方，それが社会的に望ましいかどうかは別問題であるとしている。とりわけ，国際課税に焦点をあてた場合，次の2つの関連する問題が発生するとしている（Basu [2007], p.101）。
① 「クロスボーダー取引」は，類似の国内取引よりも課税が軽減されることから，脱税や「有害な税の競争」を刺激することになる。
② 競争条件よりも，課税条件による資源の再配分は，生産性を減少させるという経済的歪みをもたらす可能性がある。

III 電子商取引をめぐる課税上の個別論点

電子商取引をめぐる主要な個別論点に，①恒久的施設，②所得分類および③消費課税の問題がある。これらの課税問題については，1990年代後半から2000年初頭にかけて活発な議論が展開された。本節では，これらの課税問題の問題点とOECDの対応を要点的に概説してみたい（山崎［1998］；上田［2001］；渡辺［2001］；日本公認会計士協会［2002］；根田他［2002］；知原［2002］；原［2008］)[1]。

第8章　電子商取引の特質と課税問題

1　恒久的施設

(1)　問題の所在

　電子商取引は，支店等の物理的拠点がない場合でも，遠隔地間の取引を可能にする点に特徴がある。そこで，問題となるのが電子商取引における「恒久的施設」(permanent establishment) の概念である。恒久的施設とは，「事業を行う一定の場所であって，企業がその事業の全部または一部を行っている場所」(OECDモデル租税条約第5条第1項) とされ，具体的には，支店，事務所，工場，作業所などをいう (渡辺 [2001], 47頁)。一般に，国際課税では，「恒久的施設なければ課税なし」という国際的な課税ルールが存在し，国外 (源泉地国) に恒久的施設がなければ，所得に課税されることはない (金子 [2007], 401-402頁)。

　そこで，電子商取引では，無体物である「Webサイト」は恒久的施設であるか，また，有体物である「サーバ (コンピュータ設備)」は，恒久的施設となりうるか，という点が問題となる。

(2)　OECDの対応

OECD租税委員会では，電子商取引における恒久的施設の概念について，次のように結論づけている (OECD [2000]；日本公認会計士協会 [2002], 4-6頁；川田・德永 [2006], 100-104頁)。

① 「Webサイト」は，ソフトウェアと電子データの組み合わせで構成されており，有形資産ではない。したがって，Webサイト自体は，OECDモデル租税条約で規定する「事業を行う一定の場所」に該当せず，恒久的施設とはされない。

② 「サーバ (コンピュータ設備)」は，企業がそれを国内に保有し (または，リースを受け)，Webサイトを設けて事業を行っている場合，OECDモデル条約第5条の条件を充足すれば，恒久的施設に該当することがある。その判別基準は，(ア)事業の場所が物理的に存在し，(イ)一定期間固定しており，(ウ)そこで事業が行われていることである (日本公認会計士協会 [2002], 4頁)。

③ 恒久的施設の構成要素である人員 (企業の職員) の有無は，「事業の全部

第3編　電子商取引と税務処理

　　または一部を行っている」ことの要件とはされない。
④　コンピュータ設備の設置場所で，事業活動にとって本質的または中核的活動が行われている場合に，当該場所が恒久的施設とされる。したがって，コンピュータ設備の設置場所が，「準備的または補助的な活動」で使用されている場合，当該場所は恒久的施設とはされない(2)。
⑤　「プロバイダー（ＩＳＰ）」は，他の企業のWebサイトを自身のサーバに搭載するサービスを提供しているが，他の企業の名において契約を締結する権限を有しないことから，当該サービスを利用する他の企業の代理人とはならず，また，他の企業にとっての恒久的施設ともならない。

2　所 得 分 類

(1)　問題の所在

　電子商取引では，オンラインで音楽・画像などの「デジタル財」を外国法人から購入する場合，代金の支払いは，「事業所得」か「使用料」かが問題となる。代金の支払いをサービスの対価とみれば「事業所得」となり，著作権の対価とみれば「使用料」となる。例えば，音楽のような「デジタル財」を外国法人から購入する場合，ＣＤ等の有形記録媒体のパッケージによって購入する場合とインターネットからのダウンロードによって購入する場合がある。これらは取引の結果として，機能的に差異はないにもかかわらず，課税上は，次のように異なった取扱いがなされる（日本公認会計士協会 [2002]，9-15頁）。
①　ＣＤ等の有形記録媒体による購入の場合は，販売による所得として「事業所得」とされる。
②　インターネットからのダウンロードによる購入の場合は，著作権等の「使用料」とされる。

　このように，伝統的な課税システムでは，情報配信の場合，同じ情報製品でありながら，配信方法が異なれば，異なって課税されることになる。つまり，電子商取引をめぐる所得分類の問題は，「デジタル財」が伝統的な意味での「財」でもなければ，「サービス」でもないという事実を浮き彫りにしている（Basu

[2007], p.97)。

(2) OECDの対応

この所得分類の問題について,OECD租税委員会に設置された「所得分類TAG (Technical Advisory Group)」では,次のような取扱いが提案されている(日本公認会計士協会 [2002], 15-17頁;川田・徳永 [2006], 221-222頁)。

① 音楽・画像などの購入者がもっぱら自ら楽しむことを目的とする場合は,代金の支払いは「事業所得」とする。
② 著作権の商業的利用を目的として購入する場合は,代金の支払いは「使用料」とする。

このように,OECDでは,電子商取引について,基本的に,提供者の事業目的に着目した分類となっている。「所得分類TAG」では,上記の考え方に基づいて,現時点において典型的と考えられる電子商取引28類型をあげて,それぞれについて所得分類の検討を行っている(根田他 [2002], 262-268頁)。

3 消費課税

(1) 問題の所在

わが国では,国外から商品(例えば,音楽)を輸入する場合,商品が財(例えば,音楽CD)であれば,通関時点で消費税が課されることとなる。しかし,外国法人から商品(デジタル財)を直接オンライン配信によって購入する(例えば,音楽をインターネット上でダウンロードする)場合,「デジタル財」を配信(「サービスの提供」)する外国法人の事務所が国外に存在する場合,当該取引は「国外取引」とされ,消費税の対象とはならない。そのため,このような国際取引では,当該取引が「国内」で行われたか否かの「内外判定」が,課税上,重要な意味をもつこととなる。

このように,国際間の電子商取引に対する消費課税については,同質の経済的効果があるにもかかわらず,課税関係が異なる結果となる。そのため,課税の「中立性」(内外の競争条件)が歪められる可能性が問題とされる[3]。

第3編　電子商取引と税務処理

(2) 国際取引と財・サービス

国際取引に対する消費課税の影響は，財とサービスで異なる（森信［2000］，102-104頁）。

① 財の国際取引

消費者が外国法人のWebサイトを通じて商品（「財」）を注文する場合，インターネットを通じた取引でも，「仕向地主義[3]」（消費国課税）が適用され，輸入通関時点で消費税が課税されるため，内外の競争条件を歪めることはなく，課税の中立性が確保される。

② サービスの国際取引

これに対し，サービスの国際取引については，次の2つの取引形態に区別して考察する必要がある。

① 　B2B取引（事業者間取引）
② 　B2C取引（事業者・消費者間取引）

「B2B取引」（上記①）では，サービスが国際的に取引される場合，「サービスの提供者の所在地」で消費税が課されるため，サービスの提供者が国外にいる場合には国外取引とされ，消費国では不課税となる。しかし，消費国の事業者はその分の仕入税額控除が行われないため，結果的には，内外の競争条件および税収の面で影響は生じない。これに対し，「B2C取引」（上記②）では，サービスの提供者が国外にいる場合，輸入国の課税権が及ばないことから，課税がなされないことになり，内外の競争条件を歪め，税収を大きく損なう可能性がある（森信［2000］，103-104頁）。

(3) OECDの対応

電子商取引の消費課税に対するOECD租税委員会の基本的立場は，次の2点である。

① 　電子商取引と伝統的取引との間で，「中立性」の原則が確保されること
② 　消費課税は，競争条件の「公平性」および「二重課税の防止」の観点から，「消費国課税」が原則であること

このような立場から，OECDでは，電子商取引における「消費地」と「課税

方法」について，次のような見解が示されている（OECD [2001a]；渡辺 [2001]，180-183頁；日本公認会計士協会 [2002]，32-35頁）。

① 「消費地」については，実際に消費を行った場所（「デジタル財」をダウンロードした場所）が考えられるが，パソコンなどの通信機器の移動性を考えると，純粋な消費地テストは困難である。そこで，次のように提案されている。

　(ア) 「B2B取引」の場合，輸入事業者の事業拠点（本店，支店等）が消費地とされる。

　(イ) 「B2C取引」の場合，消費者の通常の居住地が消費地とされる。

② 「課税方法」については，次のように提案されている。

　(ア) 「B2B取引」の場合，輸入事業者が自ら納税義務者となる「自己申告制」（リバースチャージ（仕入税）方式）を採用する。

　(イ) 「B2C取引」の場合，競争条件の公平化あるいは税収の確保のために，短期的には，国外の販売事業者が消費地の課税当局に登録することにより納税者となる「登録制」を採用する。しかし，中長期的には，技術をベースとした効率的な徴税メカニズム（例えば，事業者と決済機関との間を高度なソフト・プログラムで結び，代金支払い等に消費税がいわば自動的に徴収されるような仕組み）を探求すべきである[5]。

Ⅳ　電子商取引と課税原則

OECD「基本枠組み」レポートでは，課税の一般原則として，次の5つの原則をあげている（OECD [2001b], pp.17-18；渡辺 [2001]，191頁）。

① 中立性 (neutrality)
② 効率性 (efficiency)
③ 確実性 (certainty) および簡素性 (simplicity)
④ 実効性 (effectiveness) と公正性 (fairness)
⑤ 柔軟性 (flexibility)

第3編　電子商取引と税務処理

　これらの原則は,「電子商取引に適用すべき一般原則」とされ,公正性と効率性のように,相互に矛盾する原則も含まれているものの,電子商取引に対する課税問題を検討するための指針とされている（Basu [2007], p.82)。

1　中立性の原則

　電子商取引にとって,「中立性」の原則は最も重要な課税原則とされる（森信 [2000], 107頁)。OECD「基本枠組み」レポートでは,「中立性」の原則について,「課税は,電子商取引の諸形態間および電子商取引と伝統的取引の間で,中立かつ公平であるべきである。ビジネスの決定は,課税に対する考慮ではなく,経済的な考慮に動機づけられるべきである。類似の状況下で類似の取引を行う納税者は,類似の課税を受けるべきである。」としている。この説明から,「中立性」の原則は,次のことを要請していることが分かる（Basu [2007], p. 87)。
　①　課税システムは,電子商取引であれ,伝統的な商取引であれ,経済的には,同じ所得に等しく適用されること
　②　課税システムは,資源のすべての利用者の間で中立であるべきであり,市場が資源の最も生産的な利用を決定できること
　したがって,「中立性」を損なう差別的な課税システムは,市場の活動（競争条件）を歪め,実質的な経済成長と税収を低下させることになる危険性をはらんでいる。

2　効率性の原則

　バスによれば,「効率性」の原則は,次の2つの意味を内包しているとされる（Basu [2007], p.84)。
　①　財務的効率性（financial efficiency)
　②　経済的効率性（economic efficiency)
　「財務的効率性」とは,課税システムが,過度に複雑なプロセスや不適切な低コストで運営されないことをいう。それには,管理できるボーダー（border)

第8章　電子商取引の特質と課税問題

の確立が重要であり，それによって課税対象の識別が可能となり，租税回避が不可能なシステムとなりうる。これに対し，「経済的効率性」とは，課税システムが，社会が利用できる経済的アウトプット（資源）を最大化することをいう。その最大の関心は，課税に関連する効率性の損失を最小化することであり，したがって，課税システムは経済行動を変化させないように設計されるべきである。

OECD「基本枠組み」レポートも，このような認識に立っており，「効率性」の原則について，「納税者のコンプライアンスコストおよび課税当局の行政運営コストは，できる限り最小化すべきである。」としている。

3　確実性と簡素性の原則

OECD「基本枠組み」レポートでは，確実性と簡素性の原則について，「課税ルールは，明確かつ簡単に理解できるものであるべきである。そうすれば，納税者は，いつ，どこで，どのように課税されるかを含め課税の結果を取引に先立ち予測することができる。」としている。このように，課税システムが有効に機能するには，「いつ（課税時期）」，「どこで（課税場所）」，「どのように（税率）」，課税すべきかが特定化されていなければならない。その結果，納税者は，課税債務を取引の本質に基づいた合理的な正確さで決定できる。これに対し，課税標準が主観的な評価に基づき，または，所得分類が不明瞭な取引に基づいているとすれば，課税システムの「確実性」は損なわれることになる。したがって，「確実性」の原則は，課税システムへの信頼性を増大させるのに役立つことになる。

一般に，「確実性」の原則は，課税ルールが明確であることを要請するものであり，それは，納税者が容易に利用できる適時かつ理解可能な行政指針からもたらされる。そのため，「確実性」の原則は，「簡素性」の原則と密接に関連している。

4 実効性と公正性の原則

OECD「基本枠組み」レポートでは,実効性と公正性の原則について,「課税は,正しい時期に正しい税額を生み出すべきである。脱税および租税回避の可能性は,その対抗策とリスクとの釣り合いを保ちつつ,最小化されるべきである。」としている。

一般に,「公正性」の原則は「公平性」(equity)の原則と同義にみなされる。課税システムの「公平性」については,次の2つの原則に着目する必要がある(Basu [2007], pp.84-85;マーフィ=ネーゲル [2006], 11-43頁)。

① 「利益」(benefit)の原則
② 「支払能力」(ability-to-pay)の原則

「利益」の原則とは,納税者は行政のアウトプットから受領した便益に応じて,税金を支払うべきであるとする考え方をいう。これに対し,「支払能力」の原則とは,納税者は支払能力に応じて,税金を負担すべきであるとする考え方をいう。ホルコーム(Holcombe, Randall G.)によれば,「利益」の原則と「支払能力」の原則の間には,密接な相関関係があり,最大の「支払能力」をもっている納税者は,国家から最大の「利益」を享受しているとされる(Holcombe [1999] in Basu [2007], p.85)。

しかし,課税の公平性については,納税者間の所得の分配状況に関する判断から議論を進めるべきであり,電子商取引課税のコンテクストで公平性を論じることは,必ずしも適当ではないとする見解もある(渡辺 [2001], 39頁)。

5 柔軟性の原則

OECD「基本枠組み」レポートでは,柔軟性の原則について,「課税制度は,技術および商業の進展について行くために十分に柔軟であり,ダイナミックである必要がある。」としている。このように課税システムは,情報技術の発展に適応できる十分な弾力性を有していることが要請される。

第8章　電子商取引の特質と課税問題

6　効率性と公平性のトレードオフ

　理論的には，実効性のある課税システムは，公平かつ中立な課税システムである必要がある。また，納税者によいサービスを提供することが，簡素かつ効率的なコンプライアンスを保証することになる（Basu [2007], pp.87-88）。したがって，課税政策の主眼は，効率的かつ公平な課税システムにおかれる必要がある。過度な負担を求める非効率な課税システムは，経済の生産性を低下させ，すべての納税者にアウトプットがほとんどなく，納税者の経済状況を潜在的に悪化させることを意味する。

　しかし，効率的な課税システムは必ずしも公平ではないかも知れないし，また，公平な課税システムは必ずしも効率的ではないかも知れない。したがって，効率性と公平性の間で最善のトレードオフをいかに確立するかが，電子商取引の課税システムの設計にとって重要な課題となる（Basu [2007], p.88）。

Ⅴ　むすび

　近年の情報技術の急速な発展によって，電子商取引の規模も急激に拡大しており，その課税上の欠陥が内外の競争条件の歪みと税収問題を拡大することが懸念されている。本章で示したように，2000年初頭に，ＯＥＣＤは，電子商取引の課税問題について一定の見解を示したものの，電子商取引の特質に即した抜本的な対応であるとはいい難い（渡辺 [2005], 144-145頁）。

　電子商取引課税に対して，バスは，「電子商取引は課税できるし，課税されるべきである。」としている（Basu [2008], p.21）。その場合，重要なポイントは，「公正かつ効率的」な課税であることはいうまでもない。つまり，一方で，電子商取引の成長を阻害することなく，他方で，電子商取引と伝統的商取引のギャップを解消する課税システムの開発が期待されている。

　情報技術が，劇的にビジネスのあり方を変化させているのは事実である。しかし，すべての人びとが，この劇的な変化に対応して，現行の課税システムを

第3編　電子商取引と税務処理

抜本的に再編成することに同意しているわけではない。重要なことは，情報技術（インターネット）のユニークな性質とそれが課税システムに与える影響ついて，十分な分析と理解を行うことである。そのような分析と理解に基づいて，将来的には，電子商取引というデジタル世界に見合った課税システムの開発が可能なものとなる。

（注）
(1) なお，これらの電子商取引と課税に関する問題は，ネットワーク上のデジタル情報という観点から統一的に説明することができるとされる。これについては，渡辺［2005］を参照されたい。
(2) 「準備的または補助的な活動」とは，例えば，次のようなものをいう（川田・徳永［2006］，103頁）。①供給者と顧客の間に電話線のような通信接続を提供すること，②物品またはサービスの広告，③セキュリティおよび効率を目的としたミラー・サーバーを通じて情報を中継すること，④企業のために市場データを集めること，⑤情報を提供すること等。
(3) 今日の電子商取引の論点は，所得課税よりも消費課税が重要であるとされる（渡辺［2006］，62頁）。
(4) 「仕向地主義」とは，財・サービスに対する課税権が仕向地国（消費国）にあるとする考え方をいう。これに対し，課税権が源泉地国（生産国）にあるとする考え方を「源泉地主義」という（金子［2007］，516−518頁）。
(5) これ以外にも，次のような方法が提案されている。①消費者自身の自己申告による方法，②クレジット会社のように事業者と消費者の中間に存在している金融機関などに消費税を徴収させる方法（金融機関などによる源泉徴収方式），③外国の事業者を消費地国に登録させ，事業者が消費者から消費税を徴収し，消費地国の課税当局に納付する方法，④外国の事業者が自国の課税当局に納税し，後は各国の課税当局間で配分を行う方法（森信［2000］，108頁）。

【参考文献】

Basu[2007],Subhajit, *Global Perspectives on E-Commerce Taxation Law,* Ashgate, 2007.

―――[2008],Subhajit, "International Taxation of E-Commerce:Persistent Problems and Possible Developments," *Journal of Information,Law & Technology,* 2008 (1). http://go.warwick.ac.uk/jilt/2008_1/basu.

OECD[1998], *Electronic Commerce:Taxation Framework Condition,* Organisation for Economic Co-operation and Development,1998.

―――[2001], *Clarification on the Application of the Permanent Establishment Definition in E-Commerce : Changes to the Commentary on Article 5,* Organisation for Economic Co-operation and Development.

―――[2001a], *Consumption Tax Aspects of Electronic Commerce:A Report from Working Party No.9 on Consumption Taxes to the Committee on Fiscal Affairs*, Organisation for Economic Co-operation and Development.

―――[2001b], *Taxation and Electronnic Commerce:Implementing of the Ottawa Framework Conditions*, Organisation for Economic Co-operation and Development.

Holcombe[1999], Randall G., *Public Finance Government Revenues and Expenditures in the United State Economy*, West Publishers, in Basu[2007].

L・マーフィー＝T・ネーゲル [2006]（伊藤靖彦訳）『税と正義』名古屋大学出版会.

上田衛門 [2001]「電子商取引の課税上の取扱いに関するOECD報告書の概要」『国際税制研究』第6号, 63-69頁.

金子弘 [2007]『租税法（第12版）』弘文堂.

川田剛・徳永匡子 [2006]『OECDモデル租税条約コメンタリー逐条解説』税務研究会出版局.

根田正樹・矢内一好・青木武典・中村進・水野正・山口三恵子・小倉秀夫 [2002]『電子商取引の法務と税務』ぎょうせい.

知原信良 [2002]「IT社会における税制の課題」『国際税制研究』第9号, 131-141頁.

日本公認会計士協会 [2002]「電子商取引をめぐる課税上の取扱いについて」（租税調査会研究報告第8号）日本公認会計士協会.

原省三 [2008]「国際課税のあり方と今後の課題について－最近の国際課税に関する諸問題（国際的租税回避等）を踏まえた我が国の国際課税の基本的な考え方の検証－」『税務大学校論叢』第54号, 546-589頁.

増井良啓 [1999]「電子商取引と課税のあり方」『国際税制研究』第3号, 71-77頁.

森信茂樹 [2000]「国際的電子商取引と消費課税－デジタル財取引に関するEU指令改正案を巡って」『国際税制研究』第5号, 102-109頁.

山崎昇 [1998]「電子商取引における国際取引課税上の諸問題－外国法人の消費者向け取引の課税問題を中心として－」『税務大学校論叢』第30号, 3-46頁.

渡辺智之 [2001]『インターネットと課税システム』東洋経済新報社.

―――[2005]「情報のデジタル化と課税」江頭憲治郎／増井良啓編『市場と組織』東京大学出版会, 127-147頁..

―――[2006]「国際的サービス取引と消費課税」『租税法研究』（消費税の諸問題）第34号, 62-80頁.

（河﨑　照行）

第9章

電子商取引と課税所得概念

I　はじめに

　インターネットの普及は，市場経済に大きな影響を及ぼした。それに伴い，これまでの課税体系では対応しきれない問題が生じている。いわゆる電子商取引に関わる課税問題がそれである。

　これまでも電子商取引に関わる課税問題は議論されてきているが，課税技術上の問題と租税理論上の問題が交錯しており，必ずしも明確な解決策が示されていないように思われる。そこで，電子商取引が旧来の取引形態といかなる点で異なるのかを概観し，問題の所在を明らかにしたうえで，必要な対応策を検討することにしたい。

　課税漏れや租税回避行為のような課税技術上の問題であれば，部分的かつ技術的な対応により解決を図ることが可能であるが，所得課税の本質に関わる問題であれば，根本的に見直す必要性に迫られることになる。そこで，本章においては，特に法人所得課税を中心とする租税理論上の問題に焦点を絞ることとし，技術的な問題には深く立ち入らないことにする。

II　電子商取引に関わる課税問題の中心

　電子商取引とは，複数の者が電子的手段や技術を用いて財貨又は用役の交換を含む取引をなすことであるとされる（XIWT Cross-Industry Working Team

第3編　電子商取引と税務処理

[1995], §1.0)[(1)]。より具体的には，契約，物流，決済等の商取引のいずれかないし全部の段階がインターネットを通じて行われるものをいうとされる（藤本 [2005], 251頁）。

電子商取引に関わる課税問題としては，取引の捕捉が困難になることが指摘される（渡辺 [2003], 31頁）が，これは電子商取引に関わる問題の本質ではなく，本章において検討すべき直接的な問題点とはならない。さらに，セカンドライフに代表されるインターネット上の仮想空間における商取引については，既存の取引を電子商取引により代替する性質のものではなく，したがって，全く異質の問題を生じさせる可能性を有しており，これも本章の検討対象からは外れる。

電子商取引は国際取引を容易ならしめたといわれている（藤本 [2005], 252頁）。もちろん，従来から国際取引は存在してはいるが，既に述べたように，電子商取引には取引の一部のみならずその全部をインターネット上で完結する取引が含まれる。例えば，インターネットによる音楽配信やソフトウェアのダウンロードサービスがあげられる。この種の取引は，一見すると旧来の取引にインターネットを介在させただけのように見えるが，ここに重要な問題点が存在する。

具体的には，電子商取引の発達により，所得の発生場所を決定することが困難になったということができる（Doernberg and Hinnekens[1999], p.104）。もちろん，それ以前も国際取引に関わる課税問題がなかったわけではない。例えば，郵送によるカタログ販売は恒久的施設（Permanent Establishment）を持たずに国際取引を可能にするという点において，本章において検討対象としている電子商取引に関わる課税問題と共通する点を見出すことができる。その意味においては，クロスボーダー取引における課税問題は，インターネット等の電子デバイスの普及によって初めて生じたものではない。しかし，過去数十年にわたり沈静化していたこの問題が今日重要視されるのは，全取引に占める電子商取引の割合が増加の一途をたどり，もはや無視できないものとなりつつあるためである。

このように，電子商取引に関わる法人所得課税の問題は，国際取引にいかに

対応すべきかという問題に帰着することになる。これは，電子商取引固有の問題点を検討することからスタートしたOECDの関心が，国境を跨いだサービスや無形資産の取引に関わる消費課税へと移行している（藤本[2005]，266頁）ことと無関係ではない。ただし，ここで問題の中心となるのは，いわゆる移転価格税制における所得配分を意味するのではなく，源泉地国課税か居住地国課税かという，より根元的な部分である。

電子商取引に関わる課税問題として，所得課税と消費課税の双方に直接関連する問題よりも，所得課税と消費課税のそれぞれが抱える問題の本質を考察することが先決であると考えられる。そのため，先行研究の多くがそうであるように（Doernberg and Hinnekens[1999], pp.1−363 ; Mann and Winn[2002], pp.303−311 ; Doernberg, Hinnekens, Hellerstein and Li [2001], pp.66−588），所得課税に関わる問題と消費課税に関わる問題を切り離し，本章においては前者を検討対象とすることにする。

Ⅲ　法人税における納税義務と課税所得範囲

法人税法は，法人を内国法人と外国法人に区分したうえで納税義務および課税所得の範囲を定めている。法人税法における内国法人と外国法人の納税義務および課税所得の範囲は，**図表9−1**に示すとおりである（法人税法第4条〜第9条）。

電子商取引に関わる問題として検討すべき点は，各種の法人税のうち，普通法人における各事業年度の所得に対する法人税についてである。当然のことながら，法人税法が法人を内国法人と外国法人に区分しているのは，異なる課税体系を適用しているからに他ならない。ともに，課税所得金額に税率を乗じることにより法人税額を算定するという点で共通するが，その課税所得の範囲が大きく異なる。

内国法人の場合，所得の源泉が国内であるか国外であるかを問わず，全世界の所得が課税対象となるが，外国法人の場合，状況に応じて課税対象が制限的

第3編　電子商取引と税務処理

図表9－1　納税義務と課税所得の範囲

法人の区分		納税義務等	納税義務	各事業年度の所得に対する法人税
内国法人	公共法人		×	
	公益法人等 人格のない社団等	非収益事業	×	×
		収益事業	○	○
	協同組合・普通法人		○	○
外国法人	公共法人		×	
	公益法人等 人格のない社団等	非収益事業	×	×
		収益事業	○	○
	普通法人		○	○

である。このような内国法人と外国法人の相違点は，電子商取引に関わる課税問題についても顕著に現れる。内国法人の課税所得は，益金の額から損金の額を控除するとされ，確定決算主義により，企業会計上の損益計算に所要の修正を行う形で行われる。一方，外国法人は国内源泉所得について日本の法人税の納税義務を負うこととされ，税法上は本店所在地主義が採用されている。このように，内国法人は無制限納税義務者となるが，外国法人は制限納税義務者となる。

日本に支店等の恒久的施設を有する外国法人は，事業所得について法人税が課され，利子，配当，使用料等の所得についても，源泉徴収のうえ，法人税が課される[2]。一方，日本に恒久的施設を有しない外国法人は，事業所得については課税されず，利子，配当，使用料等の所得については，源泉徴収のうえ，所得税の源泉分離課税が行われる。

このような課税体系は，アメリカ合衆国の連邦所得税にも共通する部分があり，内国法人や居住者における全世界所得が課税所得を構成し，国外源泉所得に関わる所得については二重課税を防止する観点からの外国税額控除制度が設けられている（Department of the Treasury Office of Tax Policy[1996], p.21）。

法人税法は，OECDモデル条約と同様に，外国法人を次の四グループに分類

142

第9章 電子商取引と課税所得概念

している（法人税法第141条）。

① 支店等を有する（1号ＰＥ）
② 建設作業等を行う（2号ＰＥ）
③ 代理人等を置く（3号ＰＥ）
④ その他

国際課税の領域では，国外の企業が支店等の恒久的施設を設けない限りにおいて，自国では事業所得に課税を行わないという原則が確立している（渡辺[2003]，31-32頁）。しかし，電子商取引が普及した今日では，当該原則をそのままの形で電子商取引に対応させることには一考の余地があると思われる。

OECDモデル条約では，恒久的施設を「事業を行う一定の場所であって企業がその事業の全部又は一部を行っている場所」と定義し（OECD[2003]，Article 5），恒久的施設が存在するためには，「事業の場所」が必要であるが，例えば，ウェブサイトは有形資産ではないので，それ自体として事業の場所を形成しないものの，ウェブサイトが格納されるサーバーは事業の場所となりうるとされ，さらに，恒久的施設たるためには，事業を行う場所が事業を行うために利用する企業の「自由になる」場所でなければならないとされる（川田，徳永[2006]，101頁）。

法人税法においても，上記①の外国法人を，国内に支店，工場等その他事業を行う一定の場所を有する外国法人と規定している（法人税法第141条）。支店，工場等その他事業を行う一定の場所とは，次の場所をいう（法人税法施行令第185条）[3]。

① 支店，出張所，その他の事業所もしくは事務所，工場または倉庫
② 鉱山，採石場その他の天然資源を採取する場所
③ その他の事業を行う一定の場所で，①または②に準ずるもの

外国法人と所得分類に関わる課税関係は，**図表9-2**のように整理される（法人税法第138条，第141条，所得税法第161条，第212条，第213条）。

第3編 電子商取引と税務処理

図表9－2　外国法人と所得分類に関わる課税関係

所得区分 \ PE区分等	1号PE	2号・3号PE 国内事業帰属	2号・3号PE 左記以外	PEなし
① 事業（源泉徴収なし）	○	○		非課税
② 資産の運用・譲渡	○	○		○
③ 人的役務の提供	○	○		○
④ 不動産賃貸等	○	○		○
⑤ 利子等	○	○	△	△
⑥ 配当等	○	○	△	△
⑦ 貸付金利子	○	○	△	△
⑧ 使用料等	○	○	△	△
⑨ 広告宣伝のための賞金	○	○	△	△
⑩ 生命保険契約等に基づく年金	○	○	△	△
⑪ 給付補填金	○	○	△	△
⑫ 匿名組合契約等に基づく利益分配	○	○	△	△

※　○……法人税において総合課税，△……所得税において源泉分離課税

　このように，国内に恒久的施設を有しない外国法人に対し，事業から生じた所得については非課税となっており，電子商取引に関わる課税問題の一番重要な点はここにある。

Ⅳ　源泉地国課税と居住地国課税の対立

　法人税法においては，外国法人に対する課税の拠り所として恒久的施設の存在が重視されている。前述のように定義されている恒久的施設ではあるが，実質主義を基本とする法人所得課税の枠組みの中において，恒久的施設が所得課税のメルクマールとなる根拠が検討されなければならない。一例としてサーバーが恒久的施設たりうるかについて触れたが，インターネットを通じた取引に関わる課税所得の捕捉について，サーバの所在地がどの程度の有効性を有す

第9章 電子商取引と課税所得概念

るかは疑問のあるところである。

電子商取引においては，インターネットには物理的な所在がないことから，恒久的施設という概念がなじまないという点については，後述するアメリカ合衆国財務省の報告書も指摘している (Department of the Treasury Office of Tax Policy[1996], pp.5, 19.)。このように，サーバを第三国に設置することも可能であることから，電子商取引の世界においては，これまでのような地理的な区分というものはもはや意味を失いつつあるといわれている (Doernberg and Hinnekens[1999], p.104)。

伝統的に，アメリカの内国歳入法では，物理的存在を課税の基礎とし，それがない場合には代理人の存在を課税の基礎としてきており (Doernberg and Hinnekens[1999], p.110)，これは日本も同様である。そして，代理人は個人か企業とされてきたが，電子デバイスの登場はソフトウェアを代理人とみなすことを可能にする (Doernberg and Hinnekens [1999], p.112)。したがって，問題は，何が恒久的施設に該当するか否かではなく，恒久的施設が規準として適切であるかという点にある。現行の恒久的施設という概念を基礎とする課税体系をそのまま電子商取引に適用するのであれば，居住地国課税ということになる (Doernberg and Hinnekens [1999], pp.302, 303)。

一般論として，納税者の課税所得の最大化という観点からは，資本輸出国は居住地国課税を，資本輸入国は源泉地国課税を好む (Mann and Winn [2002], p.311)。しかし，恒久的施設をそのままの形で今後も継続的にメルクマールとすることは，資本輸入国が容認しないことは想像に難くない (Doernberg and Hinnekens [1999], p.319)。1920年代における源泉地国課税と居住地国課税の対立の解決策として恒久的施設が採用され (Mann and Winn [2002], p.311)，それが今日まで継続しているのである。しかし，国際間の課税問題の本質が，電子商取引に関わる課税問題として顕在化してきており，旧来の課税体系では対応できない事態に直面しているのである。

このような状況のなかで，1996年11月，アメリカ合衆国財務省は"Selected Tax Policy Implications of Global Electronic Commerce"という報告書を公表

145

した。報告書は，電子商取引に関わる租税政策上の論点を，特に連邦所得税を対象として検討を行っており，付加価値税や通信量に応じた課税を行う bit tax (Westin[2000], p.545) といった新たな税制の導入を意図していない (Department of the Treasury Office of Tax Policy[1996], p.3)。

報告書は結論として居住地国課税を提案しているが，電子商取引における源泉地の決定が困難であることから，国際課税の基本的な課税上のメルクマールとされる恒久的施設の有無に依存すべきであるとの指摘がなされている (Department of the Treasury Office of Tax Policy[1996], pp.19, 20)。そして，コンピュータやサーバ，インターネット・サービス・プロバイダーを恒久的施設とみなすことに否定的な見解を示し，そのうえで，源泉地国課税の限界を認め，居住地国課税の優位性に言及している (Department of the Treasury Office of Tax Policy [1996], pp.19-22)。

しかし，この考え方は，源泉地国課税が電子商取引に対応できないという現実論に過ぎず，居住地国課税の優位性を正当化するものではないとの指摘がなされている (増井 [1997], p.44)。そもそも1920年代に恒久的施設を規準とする方法が提唱される以前は，居住地国課税であったといわれている (Doernberg and Hinnekens[1999], p.304)。

V 租税原則の観点からの検討

先行研究の多くは，徴税技法の観点からいかに問題を克服するかを検討の中心に据えてきた。その結果として，例えば，bit tax に代表される新たな形態の税が考え出された。しかし，このアプローチでは問題を解決したことにはならない。そこで，租税理論上の観点からの検討が必要となる。

このようなアプローチの転換に多少なりとも寄与したと考えられるのが，前述のアメリカ財務省の報告書である。その基本姿勢は，bit tax のごとき新税の導入を視野に入れず，あくまで既存の連邦所得税の枠組みの中で問題の解決を図ろうとしているものである。また，OECDは国際課税における租税原則と

第9章 電子商取引と課税所得概念

して，中立性原則を強調している（OECD [1998], p.5）。中立性原則の目的は，経済効率を促進し，納税者の公平な取扱いを行うことにある（OECD [1998], p.68）。中立性原則は，国際課税の領域においても重要な租税原則である。そのためには，電子商取引と一般商取引を課税上同様に取り扱うことが不可欠である（OECD [1998], p.68）。したがって，bit tax のような新税の導入は課税標準が所得とは無関係であるために不適当であり，既存の税体系の中で解決を図ることが必要となる。ここで強調されるべき租税理論上の基礎となるのが中立性の原則である。

アメリカ財務省の報告書においても，租税政策上の基本原則は中立でなければならず，そのためには取引が電子商取引であるか否かに関わらず，課税体系は経済的に同様と考えられる取引は同様の取扱いをしなければならないという意味での課税の中立性原則が重要であることが指摘されている（Department of the Treasury Office of Tax Policy [1996], p.19）。そのため，居住地国課税への安易な転換は，単なる課税所得の国家間移動を招くのみならず，電子デバイスの有無による課税の中立性を阻害することになる。所得捕捉の困難を技術的にある程度克服したとしても，課税の中立性という租税原則との関わりにおいて，それを上回る問題点が生ずることになるのである。

しかし，これで検討を終えることは問題の本質を解決したことにはならない。電子商取引については，取引形態に対する中立性原則に基づき，一般取引と同様に課税を行うべきであるとの一応の結論を見出しはしたものの，これだけでは居住地国課税か源泉地国課税かという疑問についての解答が導き出されたことにはならないのである。

国際課税の領域における中立性原則は，納税者の自国での投資か外国への投資かという選択に影響を与えないことを意味する（Doernberg and Hinnekens [1999], pp.67, 68）。正確には，ここでいう中立性の原則は，資本輸出中立性である。国際課税上の中立性原則には，もう一つの中立性，すなわち，資本輸入中立性が存在する。資本輸入中立性の原則とは，内国法人と外国法人に対して，同条件のもとでの投資せしめることを意図するものである。つまり，ここでの

第3編 電子商取引と税務処理

中立性原則は，資本輸出と資本輸入という二つの局面での存在が認められ，資本輸出中立性の視点からは居住地国課税が，資本輸入中立性の視点からは源泉地国課税がそれぞれ支持されることになる（浅妻［2002］，147頁）[4]。

経済学の見地から強調されるのは資本輸出中立性である（Doernberg and Hinnekens［1999］，pp.67, 316）。これを前提とするならば，電子商取引についても，居住地国課税が行われるべきであるということになるが，そのように結論づけるのは早計であるように思われる。

ところで，資本輸出中立性と資本輸入中立性が対比的に語られる場面は，国際的な二重課税の除去方法である外国税額控除と国外所得免除の比較においても存在する。国際課税に限らず，課税を行ううえでは，二重課税の排除と租税回避の防止は同時に満たされる必要がある（Doernberg and Hinnekens［1999］，p.68）。そして，特に，国際取引において重要なことは，課税を確実に行うことのみならず，一度だけであるということである（Mann and Winn［2002］，p.310）。

外国税額控除は，国際取引における資本輸出に対する中立性原則に基づくものである（水野［2005］，543頁）。一方，資本輸入中立性の見地からは，すべての外国源泉所得を課税対象から除外するという国外所得免除が支持されることになり，現在の国際課税の基本的なルールは，両面を包含している（Doernberg, Hinnekens, Hellerstein and Li［2001］，p.68）。

資本輸出中立性と資本輸入中立性という二つの原則は，異なる二つの局面，すなわち，居住地国課税か源泉地国課税かという課税管轄権の局面と，外国税額控除か国外所得免除かという二重課税除去の局面において存在している。すなわち，資本輸出中立性によれば，課税管轄権として居住地国課税が，二重課税除去方法として外国税額控除が適用されることになる。そして，資本輸入中立性によれば，課税管轄権として源泉地国課税，二重課税除去方法として国外所得免除が適用されるという理解になる（**図表9－3**参照）。

しかし，課税管轄権における居住地国課税と源泉地国課税，そして，二重課税除去手段としての外国税額控除と国外所得免除の関係は，資本輸入中立性と資本輸出中立性を軸とした単純な結びつきによって表されるものではない。

第9章　電子商取引と課税所得概念

図表9－3　資本輸入中立性と資本輸出中立性をめぐる課税体系の考え方①

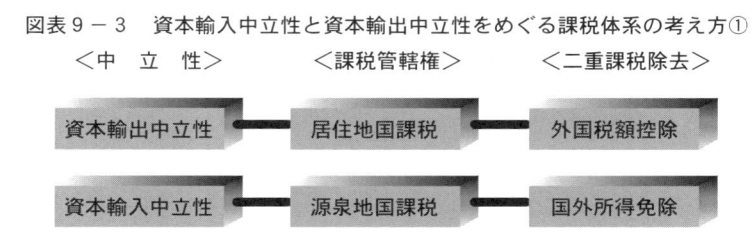

＜中立性＞	＜課税管轄権＞	＜二重課税除去＞
資本輸出中立性	居住地国課税	外国税額控除
資本輸入中立性	源泉地国課税	国外所得免除

　そもそも，資本輸出中立性は，自国に投資するのか外国に投資するのかについて影響させないことを意図するものであるから，これは「内国法人」を念頭に置いたものであると理解できる。そして，資本輸出中立性からは，国内において外国法人に対して源泉地国課税を適用するという考え方は生まれない。また，資本輸入中立性は，国内において投資する内国法人と外国法人を課税上同様に取り扱うことを意図するものであるから，これは「外国法人」を対象としたものであると解釈すべきであろう。内国法人に対して，国内源泉所得につき，課税すべきか否かは論争の的とはならない。そして，内国法人における二重課税については，外国税額控除と国外所得免除の二つの方法が存在することになる。したがって，これまでの検討は**図表9－4**のように整理される。

図表9－4　資本輸入中立性と資本輸出中立性をめぐる課税体系の考え方②

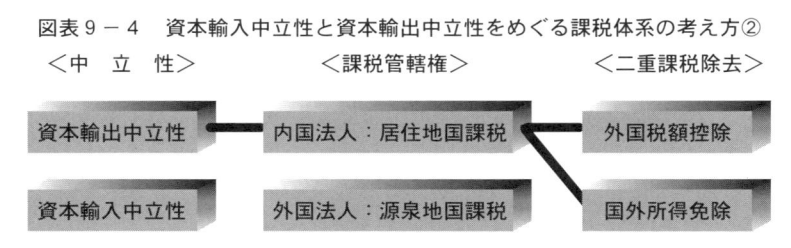

＜中立性＞	＜課税管轄権＞	＜二重課税除去＞
資本輸出中立性	内国法人：居住地国課税	外国税額控除
資本輸入中立性	外国法人：源泉地国課税	国外所得免除

　ここで，二つの点に留意しなければならない。第一は，資本輸出中立性と資本輸入中性は同時に成立するべきものであり，したがって，内国法人に対する居住地国課税と外国法人に対する源泉地国課税は二者択一のものではないという点である。第二は，外国法人に対して源泉地国課税を適用するという思考からは，その先の二重課税の排除という点にまで話が進まないという点である。二重課税は，内国法人が居住地国課税を受け，かつ，国外所得について源泉地

149

第3編　電子商取引と税務処理

国課税を受けている場合に、初めて生起する問題である。

そして、二重課税除去方法としての国外所得免除は、内国法人に対して国外の所得につき、課税権を放棄することを意味する。このことは、内国法人に対して源泉地国課税を行っていることと実質的に変わりない。課税管轄権の局面では、資本輸出中立性による居住地国課税を行っていながら、二重課税除去の局面では資本輸入中立性による国外所得免除を行うことは、一貫性に欠ける。以上の検討を総合すると**図表9-5**のように整理される。

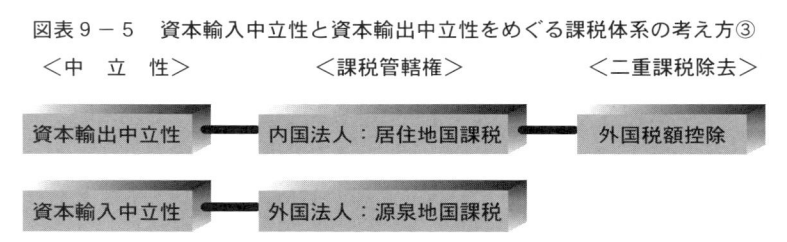

図表9-5　資本輸入中立性と資本輸出中立性をめぐる課税体系の考え方③

<中　立　性>	<課税管轄権>	<二重課税除去>
資本輸出中立性	内国法人：居住地国課税	外国税額控除
資本輸入中立性	外国法人：源泉地国課税	

すなわち、資本輸出中立性に基づき内国法人に居住地国課税を、そして、資本輸入中立性に基づき外国法人に源泉地国課税を適用、このとき、内国法人には、国外所得について居住地における課税と源泉地における課税との二重課税が生じるため、これを除去する目的で外国税額控除を認めるという理解が適当である。

日本の法人税法も、内国法人については全世界の所得を課税対象としたうえで外国税額控除を認め、外国法人については国内源泉所得のみを課税対象としているのは、このような考え方によるものであり、資本輸出中立性と資本輸入中立性を折衷させたものではなく、両者を同時に満たしているものと解すべきである。かような理解に基づけば、資本輸出中立性と資本輸入中立性の間に優劣関係はないことになる。そして、電子商取引の文脈においても、外国法人に対しては、源泉地国課税が適用されるべきであり、居住地国課税を適用することの積極的な論拠は見出せない。

第9章 電子商取引と課税所得概念

VI むすび

　電子商取引に関わる問題の根底は，源泉地国課税と居住地国課税との対立にあり，さらに二重課税の問題が生じる（Doernberg and Hinnekens[1999], p.305）。そして，源泉地国が課税の優先権を持つことを前提として，居住地国は国外所得免除や外国税額控除等の二重課税を排除する対応が求められる（Doernberg and Hinnekens[1999], p.17）。さらに，国家や地域によって課税管轄権の方式や範囲が異なることは，租税戦略の生ずる余地が存在することになる（Scholes et al.[2002], p.241）。そのため，課税管轄権の問題が世界的に統一されることは，このような問題も解消することに寄与する。

　電子商取引を促進することを目的として，これに関わる課税を行わないことを正当化する見解もある（Shim et al.[2000], pp.235-238）が，これは租税原則に照らして不適当である。そこで，本章では，電子商取引について，新税の導入ではなく，既存の所得課税の枠組みの中で対応することの必要性を重視し，租税原則のうち特に中立性の視点からの検討を行った。

　そして，資本輸出中立性と資本輸入中立性を基礎として，居住地国課税と源泉地国課税との関係を考えるにあたり，二重課税除去の方法をも含めた検討を行った。その結果，資本輸出中立性の優位を前提とした外国法人に対する居住地国課税は棄却され，源泉地国課税の採用が適しているとの結論が導出された。

　以上の検討を踏まえ，考え得る対応は次の二つである。第一は，部分的な対応であり，恒久的施設をメルクマールとする現行制度の維持を所与とするものである。この場合，電子商取引についても恒久的施設を通じた取引が行われているものと擬制し，電子商取引と一般的取引との取扱いに差異が生じないようにすることが必要となる。所得の配分は，そこに恒久的施設があるとみなして，数学的基準によって行われるという方法も示されている（Doernberg, Hinnekens, Hellerstein and Li[2001], p.82）。この場合，少なくとも，電子商取引と旧来の取引との間での課税の中立性は保たれることになる。

151

第3編　電子商取引と税務処理

　第二は，抜本的な改革であり，恒久的施設をメルクマールとすることを止め，外国法人に対する課税について，居住地国課税か源泉地国課税かのいずれかを採用するというものである。ただし，居住地国課税の適用は，本章におけるこれまでの検討の他，国家間の公平の観点からも，資本輸出国に有利に働くため，不適当である（浅妻[2002]，146頁）。そして，電子商取引における課税問題の核心である外国法人の課税について，源泉地国課税が望ましいと結論づけられる。この場合，所得捕捉の観点からは，まず居住地ベースでの捕捉を行い，最終的に源泉地ベースに修正する方法も考えられる。ただし，所得の地理的帰属をめぐっては，所得の発生に関連して控除される費用（損金）の所在を考慮する必要がある（Doernberg and Hinnekens[1999]，p.113）。租税目的上，所得金額を確定させるために，益金の範囲とこれに対応する損金の範囲を明確化しなければならない（田中[2001]，498頁）。これは所得の期間帰属の文脈で指摘されていることであるが，所得の地理的帰属にもあてはまるといえる。なお，電子商取引の場合，損金は源泉地においてほとんど生じないことを考慮しなければならないだろう。

（注）
(1)　XIWTは，アメリカ合衆国のInformation Superhighway構想を実現するために，米国のIBM，AT＆T，Intel，Motorola，Xeroxなどのハイテク企業が結成した業界団体の名称である。後述するアメリカ合衆国財務省の報告書においても言及されている。
(2)　これは法人税法における基本的な規定であり，実際にはこれに優先する租税条約により修正が加えられるケースが多いが，本章においては，課税所得に関しての本質的な論点について理論面からの検討を行うことを目的としており，議論の単純化のため，租税条約を考慮しない。
(3)　ただし，次の場所は該当しない。
　　イ．外国法人がその資産を購入する業務のためにのみ使用する一定の場所
　　ロ．外国法人がその資産を保管するためにのみ使用する一定の場所
　　ハ．外国法人が広告，宣伝，情報の提供，市場調査，基礎的研究その他その事業の遂行にとって補助的な機能を有する事業上の活動を行うためにのみ使用する一定の場所
(4)　もちろん，資本輸出国と資本輸入国において，所得計算方法や税率が同じであれば，資本輸出中立性は問題とならない（Hufbauer[1992]，p.55）。

第9章 電子商取引と課税所得概念

【参考文献】

Doernberg, Richard L., Luc Hinnekens[1999], *Electronic Commerce and International Taxation,* Kluwer Law International, Hague.

Doernberg, Richard L., Luc Hinnekens, Walter Hellerstein, Junyan Li[2001], *Electronic Commerce and Multijurisdictional Taxation,* Kluwer Law International, Hague.

Department of the Treasury Office of Tax Policy[1996], *Selected Tax Policy Implications of Global Electronic Commerce,* November.

Hufbauer, Gary Clyde;assisted by Joanna M. van Rooij [1992], *U.S. taxation of international income:blueprint for reform,* Institute for International Economics.

Mann, Ronald J., Jane K. Winn[2002], *Electronic Commerce,* New York, Aspen Law & Busines.

OECD [1998], *Electronic Commerce:A Taxation Framework Condition.*

――― [2003], *Model Convention with Respect to Taxes on Income and on Capital.*

Scholes, Myron S., Mark A. Wolfson, Merle Erickson, Edward L. Maydew, Terry Shevlin[2002], *Taxes and Business Strategy 2nd. ed.,* New Jersey, Prentice Hall.

Shim, Jae K., Anique A. Qureshi, Joel G. Siegel, Roberta M. Siegel [2000], *The International Handbook of Electronic Commerce,* Chicago, Fitzroy Dearborn Publishers.

Westin, Richard A. [2000], *International Taxation of Electronic Commerce,* Kluwer Law International, Hague.

XIWT Cross-Industry Working Team〔1995〕, *Electronic Commerce in the NII,* at §1.0 (http://www.xiwt.org/documents/ECommerce.html).

浅妻章如 [2002]「恒久的施設を始めとする課税権配分基準の考察－所謂電子商取引課税を見据えて－」『国家学会雑誌』第115巻第3,4号。

川田剛，徳永匡子 [2006]『OECDモデル条約逐条解説』税務研究会出版局。

藤本哲也 [2005]『国際租税法』中央経済社。

増井良啓 [1997]「電子商取引と国家間税収配分」『ジュリスト』第1117号。

水野忠恒 [2005]『租税法（第二版）』有斐閣。

渡辺裕泰 [2003]『国際取引の課税問題』日本租税研究会。

（藤井　誠）

第10章

電子商取引と移転価格税制
－独立企業原則と定式分配法－

I　はじめに

　電子商取引とは，「商取引のいずれかの段階（契約，物流，決済等）がインターネットを通じて行われるもの」（税制調査会［2000］）とされるが，特に所得課税において問題が提起されるものとして，デジタル財のダウンロードや共同事業における無形資産のやり取りといった，電子上で完結する商取引が挙げられる。その国際所得課税上の問題の一つが課税権に服すべき帰属額の問題，すなわちデジタル財取引における移転価格税制の問題である。

　移転価格税制は，一定の関連のある法人間取引すなわち多国籍企業内の取引が独立第三者間取引と異なる価格で行うことによる恣意的な所得移転に対応する規定である。租税回避を認めず，公平中立を維持するという意味で，移転価格税制は適正所得算定のために必要な規定である[1]。OECDでは，電子商取引が移転価格税制に本質的に新しい問題を提示することはない（OECD［2005］, p. 55, para.3）と結論している。確かに，取引の本質が従来のものから変容するわけではないが，取引価格を形成する要素は変容しており，更なる検討が必要であると思われる。特に，電子上で完結する電子商取引の拡大は，従来の有形財取引とは異なるデジタル財の取引や無形資産取引の拡大も意味すると思われる。無形資産取引の拡大は，移転価格税制の運用上大きな困難をもたらしているとされる中，電子商取引の拡大に伴い，より緊急性を増す問題があると考えられる。

第3編　電子商取引と税務処理

　以上の問題意識のもと，電子商取引の拡大が移転価格税制の対象となる取引の拡大にどのような影響を及ぼすのかを確認した後，移転価格税制の理論的基礎である独立企業原則と定式分配法について，それぞれの妥当性に関する検討を行う。なお，検討においては法人税のみを対象とし，消費税等については検討対象外とする。

II　現行の移転価格税制

1　基本的思考

　法人税法の目的は，適正な担税力を捕捉し，税額を算定することにある。デジタル財を対象とする電子商取引であっても，基本的には従来の商取引と同様の取扱いを受けることになる。すなわち，担税力を適正に測定するために，取引価格は適正な時価，つまり第三者間で成立する恣意的な操作のない価格であることが求められる。適正な時価によらない取引が行われた場合には，時価との差額分の寄附金ないしは受贈益が把握される。移転価格税制は適正な所得を算定するために理論的に要求される税制であるといえる。

　移転価格に際しての適正所得算定すなわち関連法人間取引の所得配分のあり方については，独立企業原則（arm's length principle）と定式分配法（formulary apportionment）の二つの思考がある。独立企業原則では，関連法人間取引は第三者間取引価格（すなわち「適正な時価」）によって捕捉されるべきとする（OECD移転価格ガイドライン他）。一方，定式分配法とは，多国籍企業グループの全世界利益を，売上高や資産等の要素に基づく一定の定式により各関連者に分配することを求める方式である（増井[2005]，88頁）。なお，この場合の「定式」には，第三者間で成立する適正時価以外のあらゆる要素が考えられる[2]。

　このうち，アメリカ・日本・OECDを含む世界各国で採用されているのは独立企業原則[3]である。適正価格（独立企業間価格）の算定方法には，第三者間取引価格を参照する直接的方法である基本三法と，関連当事者間の利益を参照する間接的方法である利益法がある。これらの方法は，理論としてはすべて同

じ価格を算定しようとするものであるが,基本三法は第三者間取引価格を参照する意味においてより直接的に独立企業間価格を算定する方法であるのに対し,利益分割法(PS法)は当事者間の利益を分割する手法を採用し,また,取引単位営業利益法(TNMM法)は営業利益率等の利益水準指標を参照することから,独立企業間価格の算定としては利益法は理論的に劣るとの批判がされうる[4]。

2 独立企業原則の実施困難

独立企業原則を掲げる移転価格税制の適用上,困難となる原因の第一は比較可能な取引を識別することが困難であることにある。すなわち,独立企業原則を採用する場合,参照可能かつ比較可能性のある独立第三者間取引の存在を必要とするが,関連法人間で複雑な取引が行われた場合に,その取引とまったく同じあるいは差異を調整しうる取引が利用可能な状態で存在しない可能性が高く,かつ,存在したとしても参照することが困難であり[5](増井[2005],86頁他),結果として基本三法とTNMM法の適用が困難となるのである。

第二に問題となるのは,無形資産を介する取引の無形資産評価が困難さにある(中里[1994],439頁他)。移転価格税制事務運営指針は,近年無形資産関連の取扱いを中心に改訂されたが,これはこの動向を受けての対応である。確かに,無形資産は企業独自の価格競争力を形成し,したがって取引価格形成に大きな影響を及ぼすと考えられる。しかし,こういった無形資産の評価は困難であり,かつ参照・比較可能な独立第三者間取引を想定しにくい。移転価格税制関連の更正処分の増加や利益法を利用した事前確認事例の増加は,こういった

図表10-1 移転価格税制にかかる申告漏れの更正処分

事務年度	H12年	H13年	H14年	H15年	H16年	H17年	H18年	H19年
件　数	39	43	62	62	82	119	101	133
所得金額	381億	857億	725億	758億	2,168億	2,836億	1,051億	1,696億

(出所) 国税庁報道発表資料(http://www.nta.go.jp/kohyo/press/press/press.htm)より

図表10-2　事前確認制度における移転価格算定方法

算定方法		事務年度 H13年	H17年	H19年
基本三法	CUP法	0件	4件	15件
	RP法	16件	22件	8件
	CP法	8件	20件	11件
利益法	PS法	5件	12件	7件
	TNMM法	0件	9件	50件

（出所）　国税庁報道発表資料（http://www.nta.go.jp/kohyo/press/press/press.htm）より

独立企業原則に基づく移転価格税制の実施困難を如実に表しているといえる。

III　電子商取引の特徴と課税上の取扱い

　以上，近年の移転価格税制における現状を概観してきたが，ここに電子商取引という新しいツールが加わることはどのような問題を提起するだろうか。電子商取引は，利益を生み出すための取引という意味で，従来の有形財取引と本質的に同じである。したがって，課税上の取扱いとしては，電子商取引以外の従来の取引と同様の取扱いがなされるべきことが中立原則の観点から提示される。すなわち，同様の取扱いとなるよう，考慮すべき差異については適切な配慮が求められる。これを踏まえたうえで，移転価格税制に影響を及ぼしうる電子商取引の特徴を検証することとする。

1　電子商取引の特徴

　電子商取引の特徴として，移動の容易性・コスト構造の相違・改変の容易性・顧客情報の詳細な収集とその対応が可能といったものが挙げられる。すなわち，インターネットを利用することにより企業は物理的な国境を排除し，情報の共有とそれに基づく共同作業が所在地に関わらず可能となる。また，中央集権的経営が可能となることにより，地球規模で統合された租税回避行為の可

第10章　電子商取引と移転価格税制

能性も指摘される（OECD [2005], pp.57−58, para.12−17）。

　また，電子商取引における他の取引との相違として，取引相手であるＰＥ・関係会社に実質的な機能がない場合が多く想定され，その場合，価格移転の適正性の検証が困難な事例が多く発生すると考えられる。すなわち，取引価格の移転をタイムロスなしに行うことが可能であり，かつ，データ上の移転という実質を伴わせることが容易であるため，取引の当事者だけではなく，関連する取引の全体と各企業の役割を検証することが重要になる。たとえば，それぞれ異なる国に所在する企業Ａ・Ｂ・Ｃからなる多国籍企業がデータ販売およびデータベースの構築とその仲介をイントラネット経由で事業として行っている場合に，データというデジタル財の取引はタイムロスなしに国境を越えて行うことが可能であり，また中継地の場所や数も任意とすることがコストをほとんどかけることなく可能である（**図表10−3**）。すなわち，従来の有形財取引と比較すれば，Ａ・Ｂ・Ｃの関連法人への所得を移転がきわめて容易であり，移転

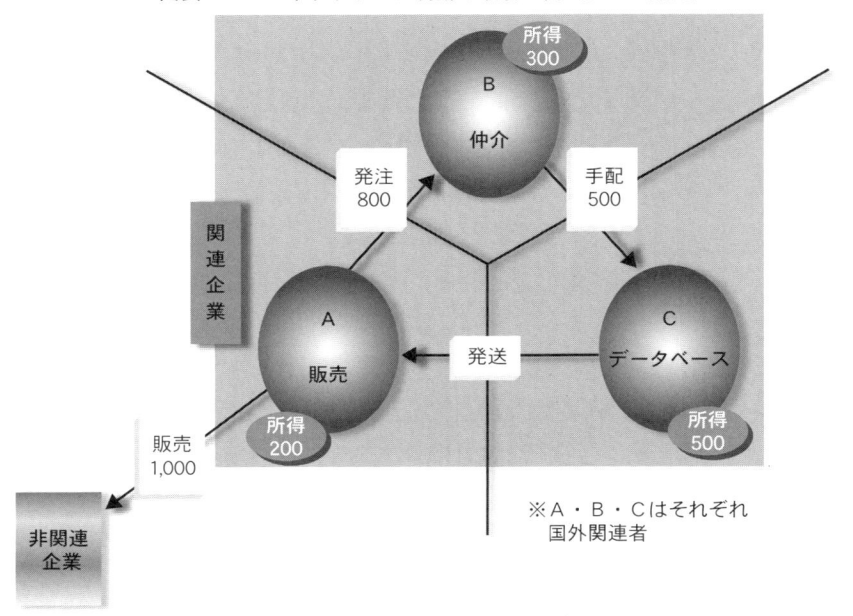

図表10−3　ネットワーク利用の取引の例（データ販売）

関連企業

Ｂ　仲介　　所得300
Ａ　販売　　所得200
Ｃ　データベース　　所得500

発注800　手配500　発送

販売1,000　→　非関連企業

※Ａ・Ｂ・Ｃはそれぞれ国外関連者

159

第3編 電子商取引と税務処理

価格税制の適用対象取引が増大することにつながる。そして，たとえばBの仲介業務がその所得に相応であるかを判断するためには関連する取引の全体像を把握した上で検討しなければならない。

さらに，国境や物理的な距離に左右されることなく，共同研究開発や分業の徹底が，イントラネット経由によって可能になり，取引の拠点をサーバのみとする遠隔経営も可能となる。この場合には，その貢献に伴い負担すべきリスクあるいは享受すべき収益が適正な取引価格となっているかどうかが問われることになる（図表10－4）。すなわち，移転価格要素としての無形資産の重要性が，電子商取引の拡大により質量ともに増大すると思われる。特に，恒久的施設（ＰＥ）の定義が源泉地国課税の観点から改訂ないし拡大される場合には[6]，その当該ＰＥを独立した主体として取引価格の適正性の判断の問題も提起される

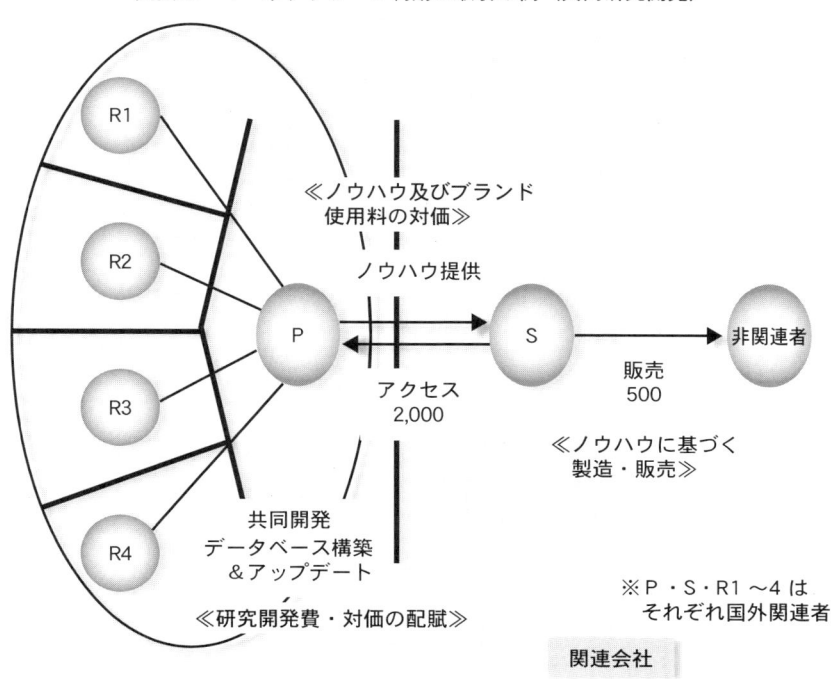

図表10－4　ネットワーク利用の取引の例（共同研究開発）

≪ノウハウ及びブランド使用料の対価≫
ノウハウ提供
アクセス 2,000
販売 500
共同開発データベース構築＆アップデート
≪研究開発費・対価の配賦≫
≪ノウハウに基づく製造・販売≫
※Ｐ・Ｓ・R1～4はそれぞれ国外関連者
関連会社

160

だろう。

　コミュニケーションの可能性増大により想定される取引の輻輳化・取引要素の識別困難化などの複雑さは、これら一つひとつの要素は電子商取引に固有のものばかりではないが、移転価格税制適用上の困難な要素として確実に提示され、結果として電子商取引の拡大が移転価格問題の増加につながると思われる。

2　無形資産の重要性

　独立企業原則を掲げる移転価格税制の適用上、困難となる原因の一つは無形資産の評価にあるが、デジタル財の取引では、無形資産の評価がより重要な課題となると考えられる。まず、電子上で取引が完結するデジタル財の場合、商品自体が著作権や特許権といった無形資産を主要要素としている可能性が高い。また、特にデジタル財の場合、複製や改変、管理・移動の容易さ等の理由から、一単位あたりの適正な原価を客観的に把握・評価することが困難であり、かつ、従来の価格形成とは異なる点が指摘されている。特に複製や改変に要するコストはほとんどゼロとみなしうるケースもあるため、このような場合には価格形成の重要な要素となるのはコストよりも企業評価といったブランド価値に依存することが指摘される（アンドリュー・B・ウィンストン他 [2000]、327頁）。しかし、これらの経営資源は重要であるが、適正な評価額を付すことはきわめて困難であり、この評価ができない場合、ＰＳ法の適用も困難となるのである。

　すなわち、電子商取引の拡大に伴い無形資産評価の重要性が増していること、また、取引価格の評価において企業価値としてのブランドを考慮する可能性について指摘できる。企業価値を示すブランド自体には、貸借対照表に計上されるべき資産能力はなく、課税所得算定上直接考慮されるべきではない。しかし、もっぱら公正な取引価格のための一要素としてはブランドの評価について検討が行われるべきであり、かつ、その検討は、適正な担税力の算定という税務会計上の視点に立つ必要があると思われる。

Ⅳ 移転価格税制の理論に関する検討

　電子商取引でも，有形財の受注・発送といった最も一般的なB2Cモデルでは，参照可能あるいは比較可能な取引価格が提示されうるため，適正価格に関する問題は提示されにくい。しかし，移転価格税制が想定するような国外関連取引，すなわちB2Bであり，かつイントラネット内のみで成立する電子商取引においては，税制適用自体が極めて困難となりうる。しかし，移転価格税制自体は理論的に要請されるものであるとするなら，この適用の困難性は克服される必要がある。そして，この困難が指摘されるたび，繰り返し主張されるのが定式分配法への転換である。アメリカを始めとして，定式分配法による移転価格税制の採用については折に触れ主張され，そのたびに独立企業原則が繰り返し採用されているというのが現状である。しかし，この二つの理論がそれぞれどのような特徴を備えたものなのかについて，必ずしも議論が尽くされていないのではないか。

　例えば，OECDでも，比較可能な取引を識別することが困難であることを理由に，世界的な定式分配法の検討を行ったが，第一に課税ベースの恣意的な配分となってしまうこと，第二に定式の合意は困難であり，その場合には二重課税が生じてしまうこと，という二つの理由を挙げて棄却し，結局独立企業原則を維持することとしている（OECD [2005]）。しかし，執行の困難は独立企業原則を採用する上でも繰り返し主張されているところであり，これをもって直ちにどちらの方式の移転価格税制が望ましいかは判断できないと思われる。したがって，その二つの理論がどのような特徴を備えており，その理論を採用することによりどのような制度となるのかについて検討が必要となると思われる。

1　独立企業原則の論理

　独立企業原則とは，多国籍企業といえども各関連法人はそれぞれ分離独立した存在として捉え，関連法人間取引も第三者間取引価格すなわち「適正な時

価」によって捕捉されるべきとする思考である。この思考は，恣意的な所得配分を是正するに当たり，市場取引を枠組みとして適切なものとするものであり（Surry [1978], pp. 414-415），関連者間取引がゆがんだ取引である一方，市場取引は正しい取引であるとする思考である（増井 [2002], 172頁他）。また，出資・取引関係の内容に関わらず，各法人は相互に独立した取引主体であるとの認識に立つところから，関連法人間の連続した取引についても個々に検討がなされるべきことが提示される。すなわち，独立企業原則とは，個々の法人の適正な独立所得を算定するべきことを要求する理論といえるだろう。

独立企業原則への批判は，第一に無形資産の評価の困難性を例とする比較対象取引の識別困難に基づく執行上の問題が挙げられる。しかし，より根源的な批判が，多国籍企業の規模の経済や統合の利益を考慮しないことに向けられる（Higinbotham et al. [1987], p. 330）。すなわち，多国籍企業が外部市場ではなく企業内取引を選択する理由についての配慮がないことへの批判である（川端 [1993], 77頁）。また，電子商取引の拡大は連続した取引の設計による所得移転の可能性を増大させると考えられるが，そのような連続した取引を分割して検討するべきかどうかについても疑問は提示されうる。

2 定式分配法の論理

定式分配法においては，関連法人の所得合計を採用された一定の定式によって各関連者に分配する。独立企業原則を採用する場合においても各企業に費用・収益の割り当てが行われるが，これが定式分配と大差ないとして「独立企業原則と定式分配法にはそれほど大きな違いはない」（Adams [1932], p. 346）ともされる。

しかし，すでに述べたとおり，基本的な思考がまったく異なっている。すなわち，定式分配法とは，多国籍企業の論理すなわち関連法人の経済的一体性を重視・認定する思考であり，この経済的に一体の関連法人間の取引所得は企業外部の市場取引から得られる所得とは異なるとの前提の上に成立している。そして，独立企業原則と最も異なるのは，独立企業原則を採用する場合には個々

の取引が検討の対象となるのに対し、定式分配法では関連法人の全所得が分配の対象となることにある（Adams〔1932〕,pp.346-348）。すなわち、連続した取引についてもその全体所得の把握を行い、さらには関連者間取引以外から得られた所得についても分配の対象となる。そして、この思考は個別法人の担税力計算とはまったく異なる企業集団所得の算定を重視しているといえるだろう。すなわち定式分配法とは、所得移転の可能性のある特定の取引を検証する移転価格税制というよりは、全ての関連法人による全世界所得連結納税に近い思考であるといえる。そして、連結所得を算定した後の定式による分配は、どのような発想によるべきかについての確固とした理論はないと思われる[7]。

定式分配法への批判は、全世界的に合意しうる定式が見出しうるのかという懸念と、その場合には二重課税や、場合によっては税率以上の税負担が生じうるといった実行可能性に関するものが主である。そのほかにも、Surreyは各関連法人がそれぞれ所得と欠損のいずれを計算していたとしても、関連法人グループ全体で所得が計算されるなら全法人に所得が、損失が計算されるなら損失が分配され、不合理であるとしている（Surrey〔1978〕,p.416）。この批判は、各法人の個別存在と関連法人間取引について市場取引による擬制が理論的であるとの主張を前提としているためにやや外在的であるが、租税がインフラ整備等の便益に対して負担するべきものと考えるのであれば、まったく不当な批判であるともいえないだろう。

3　租税原則に基づく検討

確認したように、二つの理論は相互にまったく異なる視点を元に、それぞれの理論において観念される適正な所得を算定しようとする。そのいずれが採用されるべきであるかについて検討するため、それぞれの理論における公平・中立の租税原則の意味を考察する必要があると思われる。

(1) 独立企業原則の租税原則

独立企業原則においては、多国籍企業であっても個別法人の集合体であると

観念する。したがって，公平とは企業集団内取引と企業集団外部との取引を等しく扱い，また，あらゆる国際取引と国内取引を等しく扱うことを意味すると考えられる。また，中立とは，企業集団を特別に扱わないという意味で資本の集中・非集中に対する中立，取引相手としての関連者と非関連者の間の取扱いの中立を意味していると考えられる。

(2) 定式分配法の租税原則

定式分配法においては，多国籍企業は単なる個別法人の集合体とは異なる，経済的に一体の存在と観念する。したがって，公平とは，一般の市場と企業内部市場がそれぞれ別個に存在していることを前提に，その違いに応じて異なるように扱うことを要請すると考えられる。また，取引の単位として，複数企業からなる企業集団と集団を構成しない個別企業を同等に扱うことを意味すると考えられる。また，中立とは，企業集団構築や企業内市場構築といった法人企業の意思決定に対する中立を意味していると考えられる。

以上のように観念する場合に，電子商取引が国際的な企業内部市場の構築を容易にしていると考えれば，定式分配法はこの傾向を促進すると考えられ，独立企業原則は何も語らないと考えられる。ただし，電子商取引は資本規模の小さい法人を含む国際取引一般についても実行可能性を拡大すると考えられるが，定式分配法においては関連法人か否かでその扱いを変えることが要求されるため，関連法人の定義については慎重に行われなければ直ちに不公平・非中立に

図表10-5 租税原則の意義

	独立企業原則	定式分配法
公平	企業集団内取引＝企業集団外取引 国際取引＝国内取引	一般市場≠企業内部市場 複数法人からなる企業集団＝集団を構成しない個別法人
中立	資本の集中・非集中に対する中立 取引相手の関連者・非関連者に対する中立	企業集団構築・企業内市場構築等の法人の意思決定に対する中立

つながると考えられる。

4 他の税法規定との整合性

では，他の税法規定との整合性についてはどうであろうか。独立企業原則と定式分配法のそれぞれの移転価格税制と，日本の法人税法の規定，特に寄附金税制と連結納税制度との整合性について検討を行う。この二つの規定を取り上げる理由は，次のとおりである。

まず，寄附金税制については，通常の取引とは異なる何らかの恣意的な取引が行われた場合に，各当事者の適正な所得（担税力）を算定しようとするという意味において移転価格税制と同趣旨であり，かつ，取引相手が関連者・非関連者を問わないという意味においては移転価格税制よりも広範な本則規定であるため，この規定との整合性がどのように図られるかについて確認する必要がある。また，連結納税制度については，複数の法人の集合からなる一定の企業集団の一体性を認定する規定であることから，関連者間取引の取扱いについての整合性がどのように図られているかを検討するべきであると思われる。

以上の問題意識のもと，独立企業原則と定式分配法のそれぞれの理論における課税所得と時価について確認し，その上で各規定との整合性を考えることとする。

まず，課税所得の性質については，独立企業原則の下では市場論理に基づく担税力として示されるのに対し，定式分配法においては，企業グループの論理に基づく所得を含む全所得のうち一定額として示される。また，取引における時価とは，独立企業原則の場合は恣意性のない市場価格であるのに対し，定式分配法においては非関連者取引の場合は市場価格，関連者間取引の場合には成立した取引価格というように，基本的に取引が成立した価格が採用される。

以上のことを所与とした上で寄附金税制について検討すると，独立企業原則では独立主体に基づく適正所得の算定という同じ理論基盤に立脚するといえる[8]。一方，定式分配法においては，非関連者との取引については整合するが，関連者間取引についてはそもそも寄附という概念自体が成立しないこととなる。

連結納税制度については，この制度自体が経済的に一体と認められる企業集団の所得を通算して納税義務を算定する制度であることから，一見すると独立企業原則に合致しないように見受けられる。しかし，連結納税制度では，個別損益振替型はもちろんのこと，所得通算型であっても，個別法人の適正な所得を算定した上で連結修正を行うこととされており，具体的には連結法人間取引については市場の通常の時価で行うことが要求されている。その上で，連結法人間取引損益を繰延法により調整するのであるが，これは各連結法人の個別帰属額を市場価格に基づいて把握・算定するための規定であると同時に，連結法人ではなくなった折の適正な課税執行のためのものである。要するに連結納税制度とは企業集団を完全に一体の存在と見ているのではなく，個別法人の集合体であるとの理解が見て取れる[9]。また，現行の連結納税制度は国外関連者の所得を対象としていない。これは制度執行上の限界であり，理論的帰結としての規定ではないともいえるが，いずれにせよ，現行の連結納税制度は独立企業原則の思考により整合しているということができるだろう。

　一方，定式分配法に関しては，企業集団を完全に一体のものとして観念する連結納税制度と整合すると考えられ，かつ定式分配法は全所得の把握と分配を行うことから，それ自体が連結納税制度と同様の効果を生む。ただし，その場合には連結は強制であり，かつ全関連法人所得の連結が必要となる。また，所得算定において関連法人の個別主体性を一切観念しないため，出資の処分等による「連結除外」による所得移転については対応し得ない。適正な課税の執行のためには，何らかの対応が講じられる必要があると思われる。いずれにせよ，現行制度としての連結納税制度とは整合しているとはいいがたい。

　以上の検討を表にまとめると**図表10－6**のようになる。すなわち，独立企業原則に基づく移転価格税制は，現行の法人税制と整合的な概念であるのに対し，定式分配法は現行の法人税制の思考とはまったく異なる新しい理論基礎に基づいていることが見て取れる。

図表10-6　独立企業原則と定式分配法の特徴

	独立企業原則	定式分配法
移転価格税制の趣旨	各関連者が相互に独立した存在であるとみなし，市場価格を採用	関連者グループを経済的に一体とみなし，全所得合計を一定の定式で分配
所得の性質	市場に基づく個別法人の担税力	企業グループ全体の所得の分配額
取引価格	市場における適正時価	非関連者取引；市場における適正時価　関連者間取引；企業内の取引価格
寄附金規定との連携	あり（市場取引を擬制）	なし
連結納税制度との連携	あり（連結法人間取引についても適正時価を採用）	なし（ただし完全単一主体概念の全世界連結納税制度には合致）

5　独立企業原則の妥当性と定式分配法の否定

　移転価格税制において，独立企業原則と定式分配法はあい異なる選択肢として提示される（増井 [2005]，88頁）。独立企業原則は，比較可能取引が見出せない場合，独立企業間価格の算定方法のうち基本三法およびTNMM法が適用困難となり，また，ＰＳ法については無形資産の評価が困難となるために，独立企業間価格の算定は困難が付きまとう。その一方で，定式分配法であれば，定式の合意さえあればその定式に従って計算するのみなので，課税当局・納税者双方にとってきわめて簡便である。OECDでも，引き続き定式分配法についての意見収集が行われている（OECD [2005], pp.58-59, para.21）。

　しかし，全世界的な連結納税制度の導入がない限り，定式分配法のアイディアは実務的な利便性のみで理論的な裏づけは与えられないと考えられる。また，仮に全世界的な連結納税制度が肯定された場合にも，次のような問題が考えられる。

　第一に，租税原則について，関連法人取引と非関連法人取引が異なるものとしてまったく異なる取扱いを受けることになり，その結果として，関連法人グ

ループの市場競争力が相対的に強化されることになる。特に，関連法人全体で欠損が計算された場合には，その有利性は大きいと予想される。非関連法人取引とまったく識別しうる関連法人の定義が行われない限り，公平・中立ともに阻害される可能性が高い。もっとも，この問題は，連結納税制度の導入によりすでに提示されている問題であり[10]，多国籍企業を基本的な課税単位として想定するのであれば，あとは制度設計上・実施上の困難に過ぎないとも考えられる。ただし，関連法人間取引と非関連法人取引が異なる論理により課税されることが容認される場合にも，関連法人から非関連法人へと変更することによる所得移転に対応することができないという問題が残る。企業集団への加入ないしは脱退時の取扱いについて，仮に現行の連結納税制度のように個別納税単位課税との公平性を図るのであれば，何らかの形で個別の所得を算定する必要がある。一方，なんらの調整もしないのであれば所得の移転を認めることとなり，公平・中立ともに問題が生じる。いずれにしろ，定式分配法の論理において公平・中立を確保するのは困難であると思われる。

第二に，他の規定との整合性の問題がある。定式分配法をとる場合にも，移転価格税制が適用される取引以外については，独立主体間の取引について担税力を測定する観点から適正な市場価格での把握が行われると思われる。その各規定と定式分配法の移転価格税制とはまったく相容れない制度であると考えられる。すなわち，定式分配法を採用するということは，法人税制の全般的な改訂を余儀なくされる。

また，関連法人所得についてはすべて合算するという完全な単一主体の認定による連結納税が要求されてしまう定式分配法は，多国籍企業といえども果たしてそれほどまでに一体の存在といえるのか，疑問が残る。仮にこの仮定が妥当するとしても，そのためには関連法人の要件をかなり厳密なものにする必要があり，その結果として，大部分の所得移転には対応できないという事態を招くと思われる。仮に，定式分配法の適用を国際的な所得移転事例に限定した場合には，上述の問題の大部分をクリアしうるが，その理論的基礎である関連法人の一体性については便法以上のものではなくなってしまう。

そして，独立企業原則に対する批判として提起される実施困難性は，定式の合意や関連法人の定義，さらには全世界的な完全連結と連結除外時の所得移転への対応困難など，むしろ定式分配法のほうにこそ当たる批判といえる。したがって，独立企業原則が理論整合的かつ実施可能性にも優れ，定式配分法はまったく整合しないと考えられる。

また，統合の経済についての配慮がないとする批判も，独立企業原則の本質をゆるがすものではないと考えられる。独立企業原則における「適正な時価」とは，当該取引における恣意的な所得移転のない取引価格のことであり，統合の経済が発現しているのであれば，当然これを考慮した価格として算定されるべきであるからである。

6　独立企業間価格としての利益分割法等の利益法の考察

独立企業原則を基本方針とするのであれば，そして，比較可能性の観点から利益法のみが適用可能であるならば，利益法が独立企業間の取引価格の推定であることが理論的に担保される必要があるが，利益法には，独立企業の原則の範囲に当てはまらないとする指摘がある（OECD [2005], p.59, para.23）。

利益法が企業内部の情報に依存し，かつ，関係当事者間での利益の分配すなわち所得の配分に近い発想であるため，こういった指摘には一定の理がある。しかし，当事者間の所得配分であるとはいえ，市場を前提とした所得配分が行われる点で，この方法は独立企業原則的な性質を持っており，代替的な独立企業原則アプローチ（Aud, et al. [1989], p.160）であるとする指摘もなされ，間接的にせよ，独立企業間価格を推定する方法であることに代わりはないといえる。また，連続する取引であっても最終的には個々の取引を観察しようとする意味において，定式分配法とはまったく異なっている。

ただし，独立企業の原則を重視する思考からは，適正な取引価格とされるべき独立企業間価格は文字通り客観的かつ恣意的な配分とならない数値であることが求められ，ＰＳ法が独立企業間価格算定方法であることを担保するためには，恣意性の混入しやすい無形資産の評価が理論的方法で行われる必要がある。

そのため，ＰＳ法において必要となる無形資産の評価において，会計理論による裏づけのある数値の採用が求められると考えられる。

Ⅴ　むすび

　電子商取引の拡大は，移転価格税制の対象取引を増大させ，イントラネットを経由したマネジメント等における無形資産の評価の重要性をいっそう提示するといえる。これらの要素は，独立企業原則に基づく移転価格税制の執行の困難に結びつき，事前確認制度の活用や相互協議における各課税当局の対応等，対応策の模索が求められるだろう。また，国外関連取引を行う際には，各当事者はその取引価格について恣意的な所得移転を意図するものではないことを説明しうる状態にしておかなければならないだろう。しかし，このような執行困難が予想されたとしても，なお定式分配法の採用は困難であると思われる。仮に，取引当事者国の税制・税率が酷似したものであると仮定するならば，当該当事者国間で一定の定式を採用する租税条約を締結することによる解決も図りうるであろうし，例えば，ＥＵでの試み[11]をもとに，定式分配法の理論に基づく完全連結の可能性を検証する必要もあるだろう。しかし，その際には定式分配法が独立企業原則による移転価格税制とは本質的に異なるものであり，代替可能なものではないことに注意すべきである。上述のとおり，定式分配法とは，移転価格問題というよりは全関連法人による全世界所得連結納税に理論的基礎を置いているからである。

　したがって，無形資産の評価が独立企業間価格算定上の障害であるならば，これは克服する必要がある。その解決は，会計理論の発展により，あるいは事前確認制度の拡充により，図られる必要があるだろう。

（注）
(1)　日本の移転価格税制は，自国の課税権の保全についてのみ機能する制度となっているが，移転価格税制の本質は適正な課税の執行にあると考えられる。
(2)　第三者間で成立する価格を分配基準とする定式は独立企業原則による配分と同様の

第3編　電子商取引と税務処理

計算となるが，その思考がまったく異なることに注意が必要である。
(3)　「商業上または資金上の関係において，双方の企業の間に，独立企業の間に設けられる条件と異なる条件が設けられまたは課されているとき，その条件がないとしたならば，一方の企業の利得になったと見られる利得であって，その条件のために当該一方の企業の利得とならなかったものに対しては，これを当該一方の企業の利得に算入して租税を課することができる」OECDモデル租税条約9条
(4)　なお，日本ではOECDガイドラインと同様，基本三法を優先適用とし，利益法はやむをえない場合に限るとし，アメリカでは優劣を一切つけず，最適な方法によることとされている。
(5)　例えばきわめてユニークな取引が行われる場合には比較可能な取引が見出しえないことが想定される。増井 [2005] 他では，その例として世界に一つしかない新薬の特許権のロイヤルティに関する取引を挙げている。
(6)　恒久的施設に関する検討は藤井誠 [2007] および本書第9章を参照。
(7)　例えば売上や資産等の財務指標を用いることが考えられ，実際にアメリカのユニタリー・タックスではそういった指標が用いられているが，それらを用いる根拠やその分配の結果の個別所得が何を示すかは必ずしも明らかではない。
(8)　より詳細には，寄附金税制が①問題取引を適正な時価による取引とみなした上で，②実際取引額との差額を寄附金として支出したとする2段階の擬制を行う規定であるのに対し，移転価格税制は問題取引所得の算定のみを行う1段階の調整の規定であるという相違がある。しかし，ここではいずれの規定も適正な市場価格を計算の基礎とする調整であることに着目して同様であると指摘した。2段階説・1段解説の詳細については金子 [1996] を参照。
(9)　連結納税制度の個別主体性に関する検討については古田 [2005] を参照。
(10)　連結納税制度の導入により，一つの法人税制の中に個別法人単位課税と連結法人単位課税が並存することとなり，複数法人からなる連結法人と単一の法人とを等しい課税単位と扱うことの公平性や，欠損金の相互利用等による中立性の問題などが提示されうる。
(11)　EUでは，税制調和化のために定式分配法を採用すべきとの主張が行われている。

【参考文献】

Adams, Thomas S. [1932], "Allocation Versus Apportionment", *24th NTA Proceedings.*
Aud, Ernest F., Valdes, Miguel A. and Wright, Deloris R. [1989], "The IRS §482 White Paper analysis and Commentary", *Tax Management International Journal,* Vol. 18, No. 4, pp. 151−173.
Bulow, Jeremy [1982], "Durable-Goods Monopolists," *Journal of Political Economy,* 90 (2), pp. 314−332.
Caote, Gary M. and Mason, Donald J. [1994], "Consolidated Returns and the Single-Entity Theory The New Intercompany Transaction Proposed Regs.," *The Tax Adviser,* Vol. 25 No. 11.

第10章　電子商取引と移転価格税制

Dahlberg, James L. [1987], "Aggregate vs. Entity: Adjusting the Basis of Stock in a Subsidiary Filing a Consolidated Return," *Tax Law Review,* Vol. 42, No. 3.

Hellerstein, Walter [2005], "The Case for Formulary Apportionment", *International Transfer Pricing Journal,* Vo. 12, No. 3, pp. 103－111.

Higinbotham, Harlow N., Asper, David W., Stoffregen, Philip A. and Wexler, Raymond P. [1987], "Effective Application of Section 482", *42 Tax Law Review,* pp. 295－380.

McNulty, John K. 著，西山由美・寺村健訳 [2004]「合衆国の伝統的な国際所得課税と電子商取引の出現から生じるストレスポイント」『東海法学』第32号，17－56頁。

OECD[2005], *Tax Policy Studies No. 10:E-commerce:Transfer Pricing and Business Profits Taxation.*

―――[2004], *Report:The Application of Consumption Taxes to the Trade in International Services and Intangibles.*

―――[2004], *Discussion Draft on the Attribution of Profit to Permanent Establishment Part1.*

―――[2003], *Are The Current Treaty Rules For Taxing Business Profits Appropriate For E-Commerce ?.*

―――[2001], *Taxation and Electronic Commerce-Implementing The Ottawa Taxation Framework Conditions－.*

―――[1998], *Electronic Commerce:A Taxation Framework Conditions.*

Surrey, Stanley S. [1978], "Reflections on the Allocation of Income and Expenses among National Tax Jurisdiction," Law & Policy in International Business, Vol. 10, pp. 409－460.

アンドリュー・B・ウィンストン他，香内力訳 [2000]『電子商取引の経済学　オンライン・エコノミックス概論』ピアソン・エデュケーション。

井上久彌 [1996]『企業集団税制の研究』中央経済社。

大河原健 [2005]『移転価格分析の課題と改善策の研究』中央公論事業出版。

金子宏 [1996]『所得課税の法と政策』有斐閣。

川端康之 [1993]「移転価格税制－経済理論の浸透－」『租税法研究』第21号，73－98頁。

木村弘之亮 [1993]『多国籍企業税法　移転価格の法理』慶應義塾大学法学研究会。

経済産業省 [2007]「移転価格事務運営要領改正案に対する意見提出について」。

国税庁 [2007]「移転価格事務運営要領（事務運営指針）」，6月25日。

佐藤正勝 [2003]「国際課税　電子商取引と課税」『租税研究』第640号，89－113頁。

税制調査会 [2000]『わが国税制の現状と課題－21世紀に向けた国民の参加と選択－』。

税制調査会 [2001]「連結納税制度の基本的考え方」（10月9日）。

中里実 [1994]『国際取引と課税－課税権の配分と国際的租税回避－』有斐閣。

藤井誠 [2007]「電子商取引に関わる法人所得課税上の問題点」『税経通信』第62巻第14号。

藤井洋次 [2001]「電子商取引における国際課税問題」『経済経営研究所年報』第23集，37－48頁。

173

第3編　電子商取引と税務処理

古田美保 [2005]「連結納税制度における欠損金の取り扱い」『甲南経営研究』第46巻第2号，21－46頁。

─── [2007]「法人税制における課税単位の検討－連結納税制度・ＬＬＣ・ＬＬＰとの関連から」『税務会計研究』第18号，175－188頁。

─── [2008]「企業集団の所得算定のあり方－移転価格税制と連結納税制度の理論の連携－」『甲南会計研究』第2号，155－166頁。

増井良啓 [2002]『結合企業課税の理論』東京大学出版会。

─── [2005]「移転価格税制の長期的展望」水野忠恒編『国際課税の理論と課題（二訂版）』税務経理協会。

望月文夫 [2007]『日米移転価格税制の制度と適用－無形資産取引を中心に』大蔵財務協会。

山口幸三 [2005]「電子商取引の課税問題」『経済集志』第74巻第4号，665－677頁。

（古田　美保）

第11章

電子商取引と消費課税

Ⅰ　はじめに

　本章では，電子商取引における消費課税の問題として，間接税とくに付加価値税を取り上げる。

　周知のとおり，直接税が法人や個人の所得を基礎とした税金であるのに対して，間接税は納税者の消費活動に課される税金であり，課税額は販売される財貨・サービスの価額に付加される。間接税は賦課の対象によって，累積的間接税，付加価値税，売上税の三つに分類される。

　まず，累積的間接税であるが，これは個々の営業活動に課される税金であり，課税額は個々のインプットに賦課される。つぎに，付加価値税は，取引の各段階において生じた追加的な収益に課される税金である。さらに，売上税には小売税と物品税があるが，一般的な売上税は，すべての財貨・サービスの売上額に課される税金であり，特定の財貨・サービスの売上額に課される物品税と区別される。これらのうち，経済学的な観点に基づいた場合，売上税と付加価値税が消費を基礎とした税金として分類される。

　電子商取引における消費課税の問題は，アメリカでは売上税（小売売上税）のあり方が問われ，EUでは付加価値税をめぐって議論がなされている。

　本章では，EUを取り上げ，それによって展開されてきた議論を概観する。本来であれば，アメリカとEUの両方を取り上げ，両者の比較検討を行う必要があるであろうが，独自の特殊事情を背景にしたアメリカより，むしろEUの

事例の方が国際的な視点に立った一般性を有すると考えられる。

次節では，電子商取引における間接税の問題を整理する。第Ⅲ節では，まずEUにおける付加価値税の制度を概観し，ついでデジタル財に対する付加価値税の課税上の問題点を明らかにする。当該問題点に対してEUはどのように対処してきたか，この点を第Ⅳ節において明らかにする。

Ⅱ　電子商取引における間接税の問題

経済のグローバル化とインターネットの普及は，電子商取引の発展を促し，サービスや無形資産とくにデジタル財のクロスボーダー取引を急速に増加させた。当該商取引における間接税課税の主要な問題点は，事業者から消費者に対するクロスボーダー取引において発生する。間接税については一般に，課税が消費者の国において行われる，いわゆる仕向地課税が実施されるが，事業者と消費者が異なる国に帰属している取引において仕向地課税が適用される場合，事業者は間接税を販売価格に上乗せし，課税当局は事業者から税金を徴収することになる。

この方法は本来，事業者が課税当局と同一の課税徴収範囲（jurisdiction）に存在しない限り，執行することが困難である。課税徴収範囲が同一でない以上，課税当局は事業者の取引記録を直接調べることができず，消費者に対する販売額およびそれに含まれる税額について正確な情報を入手し得ない。また，当該情報を入手し得たとしても，事業者に対して強制的な徴収を行うことはできない。

ただし，物品のクロスボーダー取引であれば，消費者が存在する国に税関が置かれているため，消費者が税関から物品を引き取る際に税金を徴収することが可能である。しかし，サービスや無形資産，とくにデジタル財のクロスボーダー取引では通関手続きをともなわないため，間接税の課税が機能しないことになる。

Ⅲ　EUにおける付加価値税

　こうした電子商取引における間接税の問題に直面したのがEUであった。後述するように、EU域内ではデジタル財のクロスボーダー取引が付加価値税の課税対象になっていなかったのであるが、それがEU域外事業者による「不公正な有利」（unfair advantage）（Basu [2002], p.1）の享受を可能たらしめ、EUの国際的な競争力に対して不利に作用するという問題を惹起した。「不公正な有利」は、例えば、EU域内の事業者がアメリカやその他のEU域外の消費者に対してソフトウェアを販売する場合、付加価値税を販売価格に上乗せせざるを得ないのに対して、アメリカの会社がウェブサイトを通じてソフトウェアをEU域内の消費者に販売する場合、付加価値税は無料であることが強調されるという事例に表れている。域外から輸入されるデジタル財の取引に対して、EUはどのように対処したのであろうか。本節では、この点を明らかにする[1]。

　そのために、まずEUにおける付加価値税の課税システムを概説する。これは、デジタル財に対する付加価値税の課税システムがデジタル財以外の付加価値税システムと整合しているか否かを明らかにするためである。そのうえで、デジタル財のクロスボーダー取引に対してEUが行った実際の対応例を示すことにする。

1　EU域内の取引における付加価値税

　EUでは、1992年まで、域内の物品貿易において仕向地課税が適用されていた。域内貿易に対する税関手続きが存在していたため、域外からの物品が輸入される場合と同様に仕向地課税が実施されていたのである。

　しかし、欧州委員会は、域内における仕向地課税を望ましいとしておらず、むしろ原産地課税の導入を模索していたとされる（渡辺 [2001], 158頁）。これは、1967年に第1号指令および第2号指令が採択されたことによって、共同市場の確立を目的としたうえで付加価値税が共通課税制度として採用することが規定

されていたためである。仕向地課税を適用するには輸出免税と輸入課税という国境調整が必要であるが，ＥＵでは1993年以降，域内貿易に対する課税上の国境管理すなわち税関における課税手続きを撤廃するとしていたため，国境調整を必要としない原産地課税が望ましいと考えられていた。

それゆえ，1993年以降のシステムとして，欧州委員会は，従来の仕向地課税を撤廃して原産地課税を導入し，クリアリング・ハウス制度を採用することを提案した。クリアリング・ハウスとは，国境間で行われる財貨・サービスの取引に対して原産地国課税が適用された場合，課税地である製造国と消費地である貿易相手国との間で付加価値税を精算することを目的とした機関である。ＥＵ域内取引において輸出業者が支払う付加価値税は，輸入国ではなく輸出国の税収になるため，付加価値税の税率が比較的高い国や域内貿易の黒字国が税収面で有利になる。こうした各国間の税収配分を調整する機関として提案されたのがクリアリング・ハウスであった。

しかし，クリアリング・ハウスに対して多くの批判や疑問が寄せられたことから，上記の提案を1993年までに導入することは断念された。これに代わって暫定的なシステムが導入され，課税事業者間の域内貿易に対して仕向地課税を適用する一方で，域内の事業者から消費者へのクロスボーダー取引に原産地課税が課されることとなった。ＥＵ域内において買い手が付加価値税の納税義務者すなわち課税事業者である場合，売り手は輸出免税を適用して付加価値税を免税した取引を行い，当該物品を引き取った買い手が自国の付加価値税を支払う。買い手は，引き取った物品に対する付加価値税額を自身の売上に対する付加価値税から控除することができる。これに対して買い手が消費者である場合，売り手が自国の付加価値税を納税するため，当該付加価値税は販売価格に上乗せされる。また，買い手の課税上の身分（tax status）すなわち課税事業者であるか消費者であるかを売り手の事業者に対して明らかにすべく，課税事業者である買い手は付加価値税納税者番号（VAT identification number）を売り手に対して提示することが求められた（渡辺［2001］，160頁）。

第11章　電子商取引と消費課税

2　デジタル財と付加価値税

　以上，域内における物品貿易の付加価値税を概説したが，サービスに対する付加価値税はどのように行われていたのであろうか。当時のサービス課税は，EC第6号指令第9条において規定されていたが，当該規定によれば，サービスは原則として供給者の所在地がサービスの供給地とされ，原産地課税が行われていた。これに対して，広告，コンサルティング，金融サービスなどのいわゆる純粋サービスについては，顧客の所在地がサービスの供給地とされ，仕向地課税が適用されていた。なお，例外として，不動産関係のサービスは当該不動産の所有地がサービスの供給地とされ，運輸サービスは当該サービスが行われた場所，文化・芸術・教育活動などに関するサービスは当該サービスが実際に供給された場所がサービスの供給地となっていた。

　問題は電子商取引におけるデジタル財の供給であるが，これは当時の規定では純粋サービスに含まれていなかったため，原産地課税が適用されていた。すなわち，デジタル財は供給者の所在地において課税されたため，EU域外の事業者からデジタル財が輸入された場合，EUの付加価値税を課すことができなかった。これに対して，EU域内の事業者が域外の顧客にデジタル財を販売した場合，輸出免税が適用されず，付加価値税を上乗せした価格によって販売されていた。

　この点に国際市場においてEUが不利になる原因があるとされ，EUでは競争力を確保するという観点から電子商取引に対処することが決定され，1997年以降，積極的な取組みが行われることとなった。以下，節を改めて，当該取り組みを明らかにする。

Ⅳ　EUにおける電子商取引への対応

　電子商取引については，1997年に欧州議会とEU理事会の連名によって「電子商取引に対する欧州のイニシャティブ」（A European Initiative in Electronic

第3編　電子商取引と税務処理

Commerce）が公表された後，1998年6月に欧州委員会によって電子商取引に対する付加価値税課税に関する報告書が欧州議会，EU理事会，および経済社会評議会に提出された。当該報告書の目的は，同年10月にOECDによって開催されることになっていたオタワ会合に向けて，EUとしての統一的立場を確認し，それを対外的に明らかにすることにあったとされる（渡辺［2001］，162－163頁）。OECDは，電子商取引の課税問題をめぐる国際的な議論において，その専門性の高さ故に主導的な役割を果たしてきた[2]。オタワ会合以前では，非公式であるが，電子商取引の課税問題の論点を詳細に議論した報告書が1997年に公表されている。また，1998年のオタワ会合以降，当会合の合意に基づいて設置された諮問グループ（TAG：Technical Advisory Group）が1999年から活動を開始しており，報告書ならびにガイドライン案等が断続的に公表されている（OECD［2000］，OECD［2003b］）。

　こうした動向を受け，第6号指令の改正が提案されるに至り，最初の提案が2000年6月7日に示された（以下，当該提案を2000年案と称す）。2000年案では，指令改正の方向として，①付加価値税の課税可能性を明らかにすること，②付加価値税の徴収等に関わる諸手続きを簡素化すること，③EU域外の電子取引事業者によって享受されている競争的優位を排除することがあげられていたが（Basu［2002］，p.7），なかでも最も関心を集めたのは，③に関連するつぎの二つの提案，すなわち（ⅰ）EU域外の事業者がEU域内の顧客に供給するサービスの課税地はEU域内とすること，（ⅱ）新たな税務上の登録制度を設けることであった。

　（ⅱ）は，より具体的にいえば，電子的な手段によってEU域内の消費者に対してサービスを供給するEU域外事業者を対象とした新たな登録制度である。EU域外事業者は，15ヶ国の課税当局のうち1ヶ所にて付加価値税登録（single-place registration for VAT）を行うことによってEUの全域内における消費者との取引が可能になるという制度であるが，これはとくに課税の中立性の原則の観点から批判された。当該制度が導入された場合，加盟国間において付加価値税の税率が統一されていない以上[3]，税率の低い国（ルクセンブルグ）に登録が

第11章　電子商取引と消費課税

集中し，税率の高い国（スウェーデン，デンマークなど）では既存の税収入源を脅かされかねないためである（Basu [2002], p.10）。また，これに関連して，登録を電子的な手段によって行うことを可能にすること，顧客の課税上の身分をその登録番号によってＥＵ域外業者が識別できるようにすることが提案された。

しかし，当該提案に対して厳しい批判が寄せられ，とくに（ⅰ）については，アメリカソフトウェア・情報産業協会（The American Software and Information Industry Association）や財務省などから厳しいコメントが集中した（Basu[2002], pp.9 and 18）。

結局，ＥＵ理事会は，2002年5月7日に指令の改正とそれに関連する規制（Council Directive 2002/38/EC and Regulation No. 92/2002）（以下，改正指令と称す）を採択した。これは2003年7月1日から発効している。これによって，ＥＵ域外の事業者がＥＵ域内の消費者に対してデジタル財を販売する場合，ＥＵ域内において付加価値税が課税されることになったのである。また，付加価値税登録番号のオンライン検索サービスが2002年6月に導入され，関係者は無料でアクセスし，加盟各国が付加価値税情報交換システム（VAT Information Exchange System:VIES）の一部として維持している付加価値税登録メンバーのデータベースを調べることが可能になった（Basu [2002], p.13）。

以上のような過程を経て，第6号指令および改正指令による内容は，2006年11月28日に採択された理事会指令2006/112（Council Directive 2006/112/EC）につぎのとおり取り込まれ，2007年1月1日から施行されている（税理士法人トーマツ [2008], 62－63頁）。

デジタル財のサービスについては，無形資産の譲渡やテレビ・ラジオ放送等とともに，サービスの購入者が事業拠点を有している場所または当該サービスが供給された施設が存在する場所が課税地となる。こうした場所や当該施設が存在しない場合，サービス購入者の永続的住所ないし通常の居住地が課税地となる。留意すべき点は，当該サービスについては，非加盟国との関係に配慮して競争の阻害を避けるほか，二重課税や課税漏れを防ぐべく，ある加盟国内で供給されたサービスが実質的にＥＵ域外にて利用された場合のサービス供給地

181

はEU域外,実質的にEU域内にて利用された場合のサービス供給地はEU域内として取り扱うこととされている点である。

また,2008年2月12日の閣僚理事会において,2010年1月1日以降,一定のサービス(レストラン,ケータリング,輸送手段の賃貸借,文化・スポーツ関連,科学的ないし教育的サービス,通信,放送,電子サービス)については,サービス供給者が事業者と個人のいずれであるかにかかわらず,仕向地課税にするという新たな規定が適用されることになっている。ただし,通信,放送,電子サービスに対する新ルールは,2015年1月1日以降に適用されることになっている。

なお,サービス一般の供給に対する課税は原則として,供給者が事業拠点を有している場所またはサービスを供給する施設の存在する場所が課税地となる。こうした場所や当該施設が存在しない場合,サービス供給者の永続的住所ないし通常の居住地が存在する場所が課税地となる。ただし,こうした原則と別個に例外規定が設けられており,不動産業者によるサービスは当該不動産の所在地,文化・芸術・教育活動等に関するサービスは当該サービスが実際に行われた場所が課税地となる。

また,2010年以降に適用される新しい規定として,事業者から事業者に対してサービスの供給を行う場合には現行の原産地課税ではなく仕向地課税とすることとされている。

V む す び

以上,本章では,国境間の電子商取引における消費課税の問題を取り上げ,具体的な事例としてEUにおける取組みを概観した。デジタル財のクロスボーダー取引に対する付加価値税の課税システムを整備することは,国際市場におけるEUの競争力を確保することにその直接的な目的があったといえる。多くの批判があったとはいえ,当該目的が指令の改正を通じて達成されたことは上述したとおりである。

このことを課税システムの観点からみれば,電子商取引において原産地国課

第11章 電子商取引と消費課税

図表11-1 サービスに対する課税地の変化

	第6号指令 (1977〜)	2000年案	改正指令 (2002〜)	新ルール (2010または2015〜)
サービスに対する課税地	≪原則≫ 供給者の所在地(原産地課税) ≪例外≫ 純粋サービスは顧客の所在地(仕向地課税)	EU域外の事業者がEU域内の顧客にサービスを供給する場合は、顧客の所在地(仕向地課税)	EU域外の事業者がEU域内の顧客にサービスを供給する場合は、顧客の所在地(仕向地課税)	顧客の所在地(仕向地課税)

税とすることが困難であること，むしろ仕向地課税の方が実行可能性は高いことが明らかになったといえるであろう。**図表11-1**に示すように，EUは原産地国課税の導入を当初目指していたものの，結果的に仕向地課税を採択するに至っている。仕向地課税が今後，新たに導入された付加価値税登録制度とともに如何に機能していくか，国際的協調の動向に留意しながら注視する必要があるであろう。

(注)
(1) 本節における議論は主として，税理士法人トーマツ[2008]，渡辺[2001]，Basu[2002]に拠った。これらの文献を参考にして考察等を行った箇所について，本文中では出典を示している。
(2) 国際課税問題においてOECDが果たしてきた役割については，渡辺[2001]，第14章を参照されたい。なお，OECD全般については，村田[2000]を参照。
(3) 各加盟国では，付加価値税の標準税率を15%を下限として設定するよう義務付けられている。また，特定の品目について，5%を下限として1ないし2種類の軽減税率を設定することが認められており，EU域内における供給の場合，0%(ゼロレート)が適用される。例外的に，一部の加盟国では一定の財貨・サービスの供給に対してゼロレートが適用されている。税理士法人トーマツ[2008]，65頁。

【参考文献】
Basu, S. [2001], "Taxation of Electronic Commerce," *Journal of Information, Law and Technology,* http://elj.warwick.ac.uk/jilt/01-2/basu.html.
――― [2002], "European VAT on Digital Sales," *Journal of Information, Law and Technology,* http://elj.warwick.ac.uk/jilt/02-3/basu.html.
――― [2007], *Global Perspectives on E-Commerce Taxation Law,* Ashgate.
OECD [2000], "Report of the Consumption Tax TAG," http://www.oecd.org/dataoecd

/46/1/1923240.pdf.
——— [2001], "Consumption Tax Aspect of Electronic Commerce," http://www.oecd.org/dataoecd/37/19/2673667.pdf.
——— [2003a], "Implementation of the Ottawa Taxation Framework Conditions : The 2003 Report," http://www.oecd.org/dataoecd/45/19/20499630.pdf.
——— [2003b], "Report of the Consumption Tax TAG:Implication Issues for Taxation of Electronic Commerce,"http://www.oecd.org/dataoecd/38/42/5594899.pdf.
——— [2005], "Electronic Commerce:Facilitating Collection of Consumption Taxes on Business−To−Consumer Cross Border E−Commerce Transaction," http://www.oecd.org/dataoecd/51/33/34422641.pdf.
井上徹二［2008］『租税法と税制―現状と改革課題―』創世社。
税理士法人トーマツ編著［2008］『欧州主要国の税法』（第2版）中央経済社。
中里　実［1994］『国際取引と課税』有斐閣。
村田良平［2000］『OECD（経済協力開発機構）』中央公論社（中公新書）。
渡辺智之［2001］『インターネットと課税システム』東洋経済新報社。
———［2002］「インターネット取引課税の展望と課題」『税務弘報』。
———［2006］「国際的サービス取引と消費課税」『租税研究』第34号。

（齊野　純子）

第12章

電子商取引と租税回避

I　はじめに

　電子商取引は，1990年代後半にインターネットが普及するにつれて盛んになったが，2000年代に入ると，インターネットを含む情報通信技術やデジタル化技術の進歩はますますその速度を速めた。電子的な情報ネットワークによる商取引（電子商取引）の拡大は，我々の経済社会に大きな影響を与えるとともに，また，同時に課税上の問題も引き起こしている。例えば，電子商取引を行うことによって，従来のような「恒久的施設」が必要でなくなり，その結果，課税ができなくなるとか，デジタル財の購入に際して，インターネットによるダウンロードの方法を採るか，またはCD－ROM等の有形財を購入するかによって，課税上の取扱いが異なるとか，インターネットによるデジタル財を国外に所在地のある外国事業者から購入すると消費税が課税されないことになるなどの問題である。

　さらに，電子商取引そのものが国際的な性格を有していることや手間のかからないスピードのある取引を可能にしていることから，それが租税回避として容易に利用（助長）される可能性があるという問題も有している。租税回避とは，異常な取引（法形式）を選択するものといわれるが，電子商取引を採用することによって，「異常な取引」（法形式）を識別しにくくする可能性があることから，租税回避の定義そのものに対しても電子商取引は，影響を与えている。

　本章では，電子商取引とその取引に基づいて予想される租税回避等の問題に

ついて検討することとする。

Ⅱ 電子商取引と課税

　電子商取引 (electronic commerce) とは，インターネットなどを利用して，契約，配送，決済などを行う取引形態をいう。すなわち，商取引のいずれかの段階（契約，配送，決済等）において，インターネットなどが利用されるものである。この電子商取引は，世界のコンピュータにつながったネットワークを通じて行われる取引であることから，もともと「グローバルな性格」を有し，それ故に，国際的な課税問題を生じさせる可能性を有しているである。また，電子商取引特有の「匿名性」から，税務執行面において取引実態を把握することが困難であること，さらに，それを利用した巧妙な租税回避（または脱税）が考えられることなどの諸問題を孕んでいる。これらに対して，OECD租税委員会報告は，1998年10月に，「電子商取引：課税の基本的枠組み」としたテーマで，電子商取引への課税問題について検討している。OECD報告書では，「公平・中立・簡素の租税原則」が電子商取引にも適用されると述べている。

1　公平・中立・簡素の原則

(1)　公平の原則

　課税において，「公平」の原則は，基本的な原則である。公平とは，一般的に，租税負担の配分が公平であることを意味するが，具体的な公平としては，「水平的公平（等しい担税力のある人には等しい負担を求める）」と「垂直的公平（異なる担税力の人に担税力に応じた異なる税負担を求める）」がある。その他に，「世代間の公平」がある。世代間の公平とは，異なる世代を比較した場合に，世代ごとの公平が保たれているかどうかということとそれぞれの世代の受益と負担のバランスが保たれているかというものである。

　電子商取引に係る「公平の問題」としては，電子商取引を利用する場合としない場合とで，消費税の負担が異なってこないか，また，所得階層別によって

税負担に差が生じないかという議論がある。仮に、インターネットを利用して商品を購入したときには消費税が課せられないとか、インターネットを利用する階層として、低所得者よりも高所得者の方が多いのであれば、消費税の負担に関して逆進性が増大すると考えることも可能である。

しかしながら、年収別にみてインターネットの利用度がそれほど異なるということはないとの報告書も多くあることから、単純に、公平は認められないということはいえない。

(2) 中立の原則

「中立」の原則とは、税制ができるだけ個人や企業の経済活動における選択に影響を与えないようにするということである。すなわち、類似の状況下で類似の取引を行う納税者は、類似の課税を行うべきであるという原則である。個人や企業の活動を最大限に引き出し、経済社会の活力を促すということを考えると、税制の「中立性」という問題は重要になってくる。国際化、情報化、企業行動の多様化等を考えると、今後ますます、中立的な税制を構築していくことが求められる。

電子商取引に係る「中立性」とは、電子商取引を採用することの有無による税制上の有利・不利が発生しないことを意味する。もちろん、電子商取引そのものの利便性はあるが、その電子商取引を採用することによって、税制上、有利な取扱いを与えていないかということである。しかしながら、電子商取引を行う者と行わない者とでは、上記に示す「類似の状況」ではないのであるから、これらの者に対して「類似の課税」を行わなかったとしてもここでいう中立性の原則に反しないともいえる。また、国が政策的に、電子商取引を推進するために、税制上の特典を与えること（租税特別措置法による規定）は考えられる。ただ、このような特典は、経済社会の活力を促進させるということを阻害しない限り許容されるものと考えられる。

第3編　電子商取引と税務処理

(3) 簡素の原則

「簡素」の原則とは，税制の仕組みをできるだけ簡素なものとし，納税者が理解しやすいものとすることである。個人や企業が経済活動を行う際に，税制は重要な意思決定要因となっている。税制が簡素でない（複雑な）場合には，納税者はその意思決定にとまどい，また，迅速な経済活動も期待できなくなることから，社会経済に悪い影響を与えることになる。税制が簡素で分かりやすいこと，自己の税負担の予測が容易につくこと，納税者の納税コストが安価であることは，経済社会を活性化する上で重要なことである。

電子商取引に係る「簡素」について考えると，電子商取引は，それ自体，税務行政に対して何ら影響を与えるものではないが，電子商取引を可能にしている「技術」を使うことによって税務行政を簡素化することは考えられる。例えば，電子申告などで，申告書に添付する財務諸表のデータの仕様としてXBRL（eXtensible Business Reporting Language）という財務諸表用語を使用することによって，将来，課税庁は，インターネットを通じて，税務調査が可能になる。電子申告による納税者の利便性とともに税務調査の効率性（税務行政の簡素化）も期待できることになる。ただ，同時に，今まで議論されてきた伝統的な税務調査の事前通知，調査範囲及び反面調査など質問検査権に係る問題（法的な解釈等）に重大な影響を与える可能性がある。

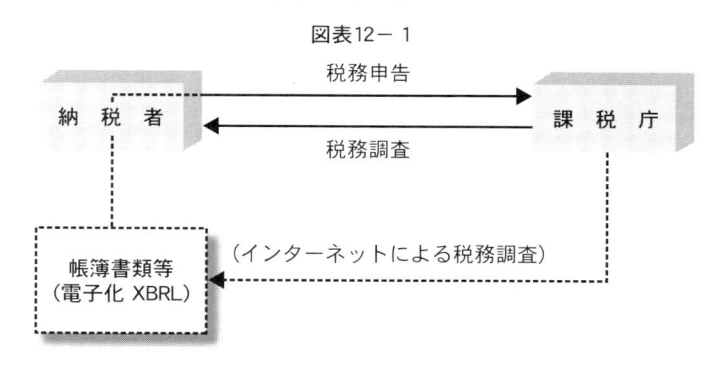

図表12－1

納税者 ←税務申告→ 課税庁
　　　 ←税務調査←

帳簿書類等（電子化 XBRL）←（インターネットによる税務調査）

2 電子商取引の分類

電子商取引を「取引主体」に着目して分類すると、次のようになる。

図表12－2

電子商取引
- (1) B2B（Business to Business）
- (2) B2C（Business to Consumer）
- (3) C2C（Consumer to Consumer）

(1) B2B（企業間の取引）：企業内の仕事を他企業にアウトソーシングする取引等
(2) B2C（企業対消費者の取引）：企業が消費者に製品等を販売する取引等
(3) C2C（消費者対消費者の取引）：オークションなどで品物を売買する取引等

なお、上記の「企業」および「消費者」の他に、「政府」も取引主体の一つと考えて、以下の図のように、政府と企業および消費者に対するそれぞれの取引も考えることができる。

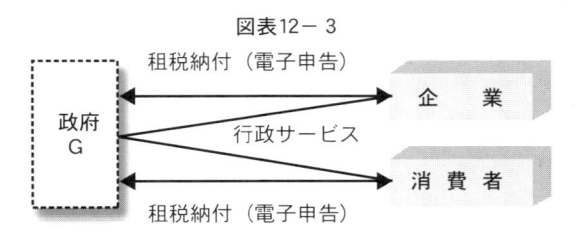

図表12－3

政府G ⇄ 企業：租税納付（電子申告）、行政サービス
政府G ⇄ 消費者：租税納付（電子申告）、行政サービス

本章では、主として上記(1)「B2B」又は(2)「B2C」の電子商取引について、検討することとする。

現在、電子商取引では、企業の間取引「B2B」の占める割合が大きいが、企業対消費者の取引「B2C」も増加の傾向にある。経済産業省の電子商取引に関する市場調査をした結果をまとめた「平成19年度わが国のIT利活用に関する調査研究」によれば、わが国の「B2B」（企業間の取引）および「B2C」（企業対消費者の取引）の市場規模は、米国のそれと比較すると、次に示されてい

るように、企業間取引については、米国を上回っている数値になっている。

(1) B2B（企業間の取引）

	2005年	2006年	2007年（前年比）
日本	140兆円	148兆円	162兆円（9.3％増）
米国	92兆円	95兆円	104兆円（8.7％増）

(2) B2C（企業対消費者の取引）

	2005年	2006年	2007年（前年比）
日本	3.5兆円	4.4兆円	5.3兆円（21.7％増）
米国	15.9兆円	19.3兆円	22.7兆円（17.6％増）

B2C（企業対消費者の取引）については、米国の数値は上回っているが、増加率は日本の方が高い。日本経済新聞（2008年12月26日）によれば、「日本の大手小売業やメーカー約100社が2009年1月から、中国で日本製品などのインターネット販売を始める。中国の決済ネットワーク「銀聯」のシステムを活用し、ネット上に仮想商店街を立ち上げて家電製品や化粧品、衣料品など約2万品目を販売する。国内消費の低迷に直面する日本企業にとって、中国の消費者に商品を直接販売する機会が開ける」と報道されている。ちなみに、中国のインターネット利用者数は、2億1千万人、インターネット普及率は、16.0％である。携帯電話利用者は、約4億人、携帯電話からインターネットアクセス経験者5,040万人である（2007年12月現在）。今後、B2C（企業対消費者の取引）も増加することが予想される。

Ⅲ　電子商取引と税務執行

本来、課税関係は、私法の世界における経済取引をベースとして発生することから、当該経済取引を課税庁が正確に認識できなければ、適正な課税を行うことはできない。電子商取引は、インターネットが保有する「匿名性」によって、当該取引を不明瞭にし、また、クロスボーダー取引（国境を越える取引「国

際性」)が加わることによって、さらに、課税庁は、当該経済取引を的確に把握することが困難になってくる。匿名性は、一般に、租税回避よりも脱税につながるものである。それは、違法なもので、当然、許されるものではないことから、課税庁は、その隠れた取引(脱税)の発見に努めなければならない。

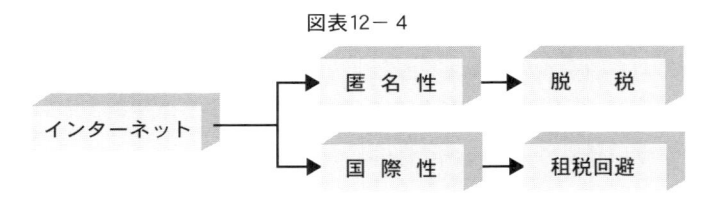

図表12-4

インターネット → 匿名性 → 脱税
インターネット → 国際性 → 租税回避

　もう一つの課税上の問題は、租税回避である。課税庁が危惧するのは、インターネット等を利用することによって、自由にかつ容易に国境を越えた経済取引を行い、そこにおいて、各国の法の抜け穴を見つけ、課税を免れることが可能になるのではないかということである。誰でもが、パソコンを使って、机上で容易にどのような経済取引でも行えるということは、納税者の取引行為の選択肢が広がることを意味している。

　国際的な観点から租税回避を考えると、国々における税制上の相違によって、法の抜け穴(Loop hole)を見つけることは、一国内の税制の中で探し出すよりも、容易なことである。インターネットによって、誰でもクロスボーダー取引を行えるということ(国際取引の容易性と低コスト化)は、租税回避を目的とする取引(租税回避の商品)が今後、ますます増加することを意味している。

　これに対して、課税庁は、どのような対応を考えているのであろうか。もちろん、一国だけでこの問題を解決することはできない。国際的な租税回避を防止するためには、OECDのような国際的な機関において、協議を行い、それぞれの国で個別に立法化することが好ましい。ただ、国々によって、「租税回避」に対する対処の仕方(取締に対する温度差)が異なっていることから、統一的な規定を設けることは困難かもしれない。

第3編　電子商取引と税務処理

Ⅳ　租税回避の定義に対する影響

電子商取引の出現によって，金子宏名誉教授の租税回避の定義で示される「通常用いられる法形式」と「通常用いられない法形式（租税回避）」との識別が困難になってくることが予想される。また，通常用いられない法形式の具体的なケースとして，「迂回的取引」とか「多段階取引」が挙げられているが，インターネットの利用によって，迂回的取引も多段階取引も「通常用いられる法形式」に含まれる可能性がでてくる。すなわち，迂回的取引も多段階取引も電子商取引を利用することによって，時間的な違いが生じてこないことになる。もともと，これらの概念の中には「時間的な要素」が入っているのである。迂回的とか多段階とかいうものは，時間のかかるもので，そこにはもっと短時間で行うことができる取引（通常の取引）があるという前提がある。そうすると，いままで「迂回的なもの」「多段階なもの」であっても，電子商取引では，時間的な相違が基本的に発生しなくなることから，「迂回的なもの」「多段階なもの」でないことになることも考えられる。わざわざ「迂回的な」または「多段階」の取引をしなくても，もっと簡単に行える取引すなわち「通常用いられる取引（または法形式）」があるならば，その取引（または法形式）を行うのが普通（正常）であるという考え方が，「電子商取引」によって否定されることになるの

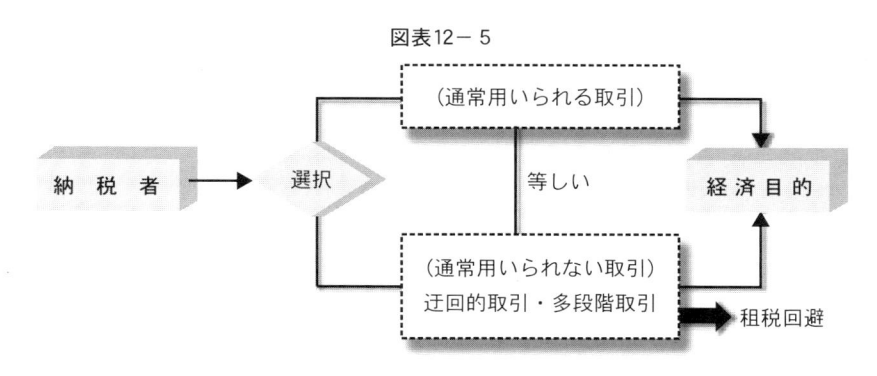

図表12－5

納税者 → 選択 → （通常用いられる取引） → 経済目的
　　　　　　　　　　　等しい
　　　　　　　（通常用いられない取引）
　　　　　　　迂回的取引・多段階取引 → 租税回避

である。したがって，租税回避の否認を認める大きな根拠である「取引の異常性」についても，迂回的取引や多段階取引には，異常性が認められないことになるのであるから，これらの取引についても，租税回避としての否認が困難になることが予想される。

電子商取引の出現によって，「通常用いられる取引（または法形式）」と「通常用いられない取引（または法形式）」の区分が困難になってきたともいえる。

V 消費税と電子商取引（「Ｂ２Ｂ」と「Ｂ２Ｃ」）

電子商取引に係る消費税の課税については，いろいろと問題がある。例えば，音楽のＣＤを外国から輸入する場合，輸入する者は，保税地域からそのＣＤを引き取る段階で，消費税を納付することになる（消法５②）。しかしながら，インターネットによって外国から音楽等の配信で購入すれば，消費税法では「役務提供」となり，外国事業者の事務所が国内にないという理由によって消費税は課税されない。

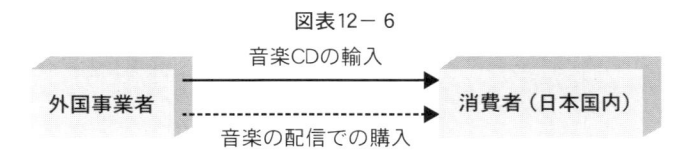

図表12－6

外国事業者 ──音楽ＣＤの輸入──▶ 消費者（日本国内）
　　　　　　──音楽の配信での購入──▶

また，デジタル財を外国事業者からインターネットで購入しても消費税は課税されないが，日本国内の事業者からデジタル財を購入すれば，消費税は課税されることになる。

これに対して，日本公認会計士協会の報告書「電子商取引をめぐる課税上の取扱について」では，次のようにその危惧を述べている。

「この問題は，消費税が課される国内事業者の事業にも深刻に影響する。すなわち，消費税が課税される国内事業者は，消費税の課されない外国事業者に対して，価格競争面で著しく不利となる。さらに，これにより国内事業者が外国事業者との競争に負けることは，結果として，消費税の税収の減少

第3編　電子商取引と税務処理

のみならず，法人税等の直接税収の減少を意味する。また，国内事業者は，外国事業者と同様な競争条件を確保するため，消費税回避の目的で，当該事業を国外に移転することも考えられる。この場合も消費税とともに直接税の歳入もなくなる。したがって，公平な課税権の確保，または課税権の浸食を防止するために，消費税に関して，内外の事業者間の競争条件の歪みの是正が必要とされる。」

上記の報告書でも述べられているように，国内事業者は，外国事業者と課税の条件を同じくするために，国外に事業を移し，そこからデジタル財を販売するといったスキームも考えられる。このようなスキーム（租税回避）は，「課税の中立性」を維持するといった観点からは，納税者として許される行為ということができるかもしれない。

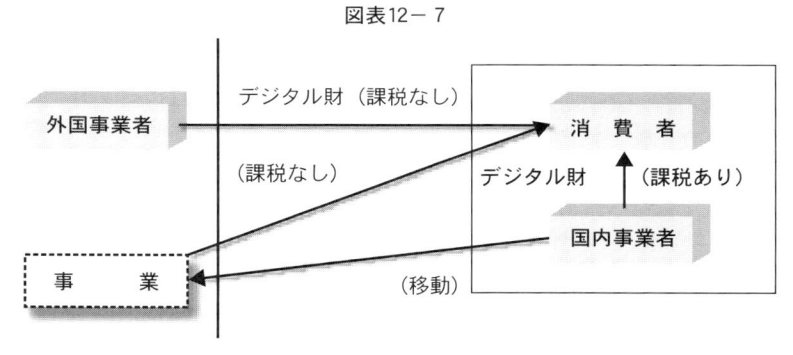

図表12－7

（注）　音楽・画像配信といったオンラインで提供されるデジタル財は，役務提供として区分されることから，その役務提供地が明らかでない場合には，当該役務の提供をする事業者の事務所等の所在地がその取引が行われた場所となる（消令6②七）。

このような課税の空白に対して，OECDは，「消費地課税原則」の適用を主張する。すなわち「国境を越える取引についての消費課税のルールは，消費される場所の管轄で課税されるべきというものであり，管轄内で消費されたとみなされる状況についての国際的なコンセンサスが求められるべきである。」（ボックス3（ⅴ））と述べている。

消費地課税原則によれば，上記の例示では，「消費地」は次のようになる。

「Ｂ２Ｂ」→デジタル財を受け取った事業者の事業所等
「Ｂ２Ｃ」→デジタル財を受け取った消費者の住所等

課税方法について，日本公認会計士協会の上記の報告書では，「Ｂ２Ｂ」については，「リバースチャージ方式」を，「Ｂ２Ｃ」については，「登録による申告方式」を採用することを主張している。

リバースチャージ方式とは，「役務受領者が役務提供者の代わりに自らのVATの申告書においてインプットタックス（仮払消費税）とアウトプットタックス（仮受消費税）を認識する方法」である。95％以上の課税売上割合の事業者であれば，これらの仮払消費税と仮受消費税が等しくなることから，新たな負担は生じないことになる。この適用は，役務提供者が事業者であることが条件であるから，「Ｂ２Ｂ」のケースに適用されることになる。

これに対して，「登録による申告方式」は，外国事業者に消費税の登録を求めるものである。消費者が事業者でないことから，「Ｂ２Ｃ」について，リバースチャージ方式は採用することができない。ただ，外国事業者に消費税の登録を求めることが税務執行上スムーズに行われるかどうかは疑問である。また，どこまでの範囲で，外国事業者に対して税務執行（税務調査も含めて）を行うことが可能かどうかについて検討しなければならない。

外国事業者に対して，消費税の帳簿及び請求書等の保存（消法30⑦）のチェックなどをどのように行うのかといった問題なども残っている。

Ⅵ　米国における売上税・使用税（Ｂ２Ｃ）

米国の売上税・使用税は，州税である。売上税は，「単段階一般消費税」で，消費者に対して物品の販売または役務の提供を行ったときに発生し，当該小売業者が消費者から徴収して納付するものである。ただし，他の州の消費者に販売等を行った場合には，売上税は免除される。そして，売上税が徴収されない

第3編　電子商取引と税務処理

場合には，使用税の徴収・納付は，原則として，小売業者に求められる（消費者に求められる場合もある）。売上税・消費税の概要は，次のとおりである。

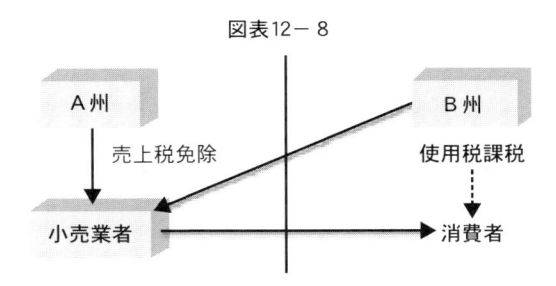

図表12－8

```
   A州                      B州
    │                        │
  売上税免除              使用税課税
    ↓                        ↓
  小売業者 ──────────────→ 消費者
```

　売上税（Sales Tax）は，州内で商品を販売する際に課税されるが，他の州の消費者に販売（州際取引）するときには免除される。その代わりに購入した消費者の州で使用税（Use Tax）が小売業者に課税される。

　上記の小売業者がB州に「使用税」を納付するときには，B州の消費者から使用税を徴収しなければならないが，B州の使用税（課税対象・税率等）について，小売業者は知っておかなければならないのである。すなわち，州際取引を行う場合には，商品を販売する小売業者は，消費者の属する州の使用税の仕組みを事前に知っておく必要がある。これは実務的にかなり煩雑であるといわれている。

　米国では，消費者がインターネットを使って商品を購入する電子商取引（BtoC）が増加すると販売者と消費者の間の州際取引も増加するが，これに伴って使用税を徴収・納付しない小売業者が増加しているという指摘がある。また，課税権の範囲（ある州が他の州の小売業者に課税できるのかという問題）の検討もされなければならない。

　なお，売上税・使用税は，有体動産（tangible personal property）に対しては基本的に課税であるのに対して，無体財産（intangible property）およびサービスは，その取引（例えば，電子的配信など）の把握が困難であることから，基本的に「非課税」とされている場合が多い。そうすると，小売業者が，他の州の消費者に「無体財産等」を販売することによって，売上税・使用税の支払を回

避することは可能となる。ほとんど販売しない州に事業所を設け，専ら，他の州の消費者に「無体財産」を販売することによって，売上税はもちろん使用税も回避することができる。それによって，当該事業者は，低価格による経済取引の優位性を得ることができるのである。

VII むすび

　電子商取引の発展に伴って，深刻な課税上の問題が発生してきている。その中の一つとして租税回避への対処の問題が挙げられる。すなわち，電子商取引は，国際性（グローバル化・ボーダレス化）を有するもので，しかも，短い時間で，複雑な取引も簡単に，インターネット等を利用して行うことができる。租税回避が，国際的なスケールで行われるということは，ループホールを捜しやすいということを意味し，さらに，「迂回的取引」とか「多段階取引」は，インターネット等を利用することで，「単純な取引」に変えることが可能で，取引そのものに「異常性」があることを指摘することが一層困難になってくる。そうすると，電子商取引によって，国際的に租税回避が容易に行え，しかも，そこで採られた取引に，異常性がないと判断されれば，伝統的な租税回避の定義からも外れ，租税回避を否認することが更に困難になることも想定できる。電子商取引の増加は，その意味で租税回避を助長させ，その否認を困難にさせることから，その対応は，税務行政の喫緊の課題ということができる。そして，電子商取引による租税回避の対応が一国では限界があることから，国際的なスケールの下で，その対応策を速やかに協議することが，これまで以上に重要になってくるのである。

【参考文献】
OECD租税委員会報告書［1998］「電子商取引：課税の基本枠組み」。
川端康之［2000］「電子商取引をめぐる国際課税のあり方についての問題提起」『総合税制研究』，第8号。
経済産業省［2008］「平成19年度わが国のIT利活用に関する調査研究／電子商取引に関

第 3 編　電子商取引と税務処理

　　する市場調査」(News Rlease)。
根田正樹・矢内一好・青木武典・小倉秀夫 [1999] 『インターネット・電子商取引の法務
　　と税務』ぎょうせい。
税制調査会 [2000] 「わが国税制の現状と課題／電子商取引と税制」。
辻富久 [2002] 「電子商取引の進展に伴う課税ベースの浸食について」 『税経通信』，第57
　　巻第 5 号・第 7 号。
日本公認会計士協会 [2002] 「電子商取引をめぐる課税上の取扱いについて」 （租税調査
　　会研究報告第 8 号（中間報告）。
藤田英里子 [2007] 「米国における電子商取引課税の現状と課題」 『税務大学校論叢』，第
　　55号。
増井良啓 [1999] 「電子商取引と課税のあり方」 『国際税制研究』，第 3 号。
山崎昇 [1999] 「電子商取引における国際的租税回避の可能性」 『税務大学校論叢』，第33
　　号。

　　　　　　　　　　　　　　　　　　　　　　　　　　　（八ツ尾　順一）

第13章

電子商取引の新動向
－仮想世界サービスと仮想経済活動－

I　はじめに

　ビジネス上の取引の一巡を法的観点から捉えた場合，電子商取引とは「当事者がパソコンなどを利用し，契約の誘引，契約の締結，契約の履行の各段階での情報伝達手段としてインターネットなどのコンピュータ・ネットワークを利用する取引形態をさすもの」(横山 [1997], p.203) とされている[1]。具体的には，広告宣伝，情報交換，勧誘などが行われる「契約前段階」，申込，承諾を通じて契約が締結される「契約締結段階」，そして，商品の引渡し，決済・支払い，販売後のアフターケアや紛争処理が生じる「契約履行段階」の三つの段階に分類できる (平野 [1999], 23頁)。一方，Basu [2007] によると，電子商取引を理解する上で最良の方法は，「インターネット市場を創造する技術的基盤，従来の市場とインターネット市場とを結びつけるプロセス的基盤，そして通信プロトコル・法律・規制に関する基盤，これら三つの基盤の各構成要素を考慮することである」(p.15, note 56) といわれている。

　会計理論への影響を分析する場合，電子商取引の中のデジタルコンテンツ事業により新たに生じる問題，すなわち，財・サービス・契約・引渡し・決済のそれぞれがデジタル化された状態における新たな課題に着目することが最適である。具体的には，認識の側面に関して，①対象となる財とサービスの区分の困難性，②棚卸資産としてのデジタル財の処理の問題，③システムとしてのWebサイトのデジタル財の処理の問題，④デジタル財のファイル転送（引渡し）

による客観性確保の問題，⑤電子マネーや企業ポイント[2]等による電子決済システム，そして，測定の側面に関して，⑥デジタル財の原価計算や期末評価の問題，さらに，開示の側面に関して，⑦有形財の担保力脆弱性に伴う資金調達のための会計的説明力の強化改善の問題等が考えられる。

そこで本章では，Second Life に代表され最近注目され始めた仮想世界サービス（Virtual World Service）を，電子商取引の新動向と認識し，その事業実態を分析し，そこで新たに展開される仮想経済活動の現状と課題を浮き彫りにすることを主たる目的とするものである。具体的には，次のような課題を中心に考究したい。

① 経験経済という新しい経済理論を手がかりに仮想世界サービスとは何かを明確にし，そこで新たに展開される仮想法律との関係を明らかにすること

② 仮想世界サービスで用いられる仮想アイテムや仮想通貨を現実貨幣へ換金する取引形態であるＲＭＴ（リアル・マネー・トレーディング）の意義と課題を現実世界の企業ポイントと対比させて論究すること

③ 仮想世界サービスにおける仮想アイテムや仮想通貨への課税徴収に関する問題点を浮き彫りにすること

II 仮想世界と仮想法律

1 経験経済

電子商取引の中のデジタルコンテンツ事業において，収益を獲得するための財とサービスの役割が質的に変化し，財の販売とサービスの提供を区分する意義が変化してきたことを看過してはならない[3]。財の役割は，それ自身を譲渡する役割（所有権移転）から，長期的取引関係（関係資産）を構築するために無料提供する役割（アクセス権承認）に移り変わり，サービスの役割も，有形財を購入させる目的とする動機付けから，長期的取引関係を構築し需要を適時提供する役割に変化している[4]。PineII＝Gilmore [1999] は，経験経済の理論を提

唱し，経済基盤の変遷過程を五段階に分類している[5]。彼らの概念を援用すると，財を製造し所有権を譲渡する形態による「製品価値」から，アクセス権（一時的利用権）を承認しその後の需要を適時提供する長期的取引形態による「サービス価値」，さらには，経験という無形財を演出し感動を提供する「経験価値」へと，経済価値の重点が変遷してきたといえる。そしてオンラインゲーム事業は，新たな仮想空間の場を演出し経験価値を重視する経験経済の理論で説明できるといわれている[6]。

2　仮想世界における経済活動

今日のオンラインゲーム事業の特徴は，仮想世界（Virtual Worlds）の経験価値を提供または享受する点で共通し，次の二種類に分類することができる。すなわち，①事業者が予め作成した対戦やランキング競争等のプログラムやシナリオを顧客が楽しむゲームと，②興味・趣味に関する情報交換やコミュニケーションを目的として顧客が利用する仮想的擬似空間の場を提供するソーシャル・ネットワークサービス（ＳＮＳ）である。前者のゲームは，ゲームベース型仮想世界と呼ばれ（Duranske [2007], p.265），さらに，多人数参加型（MMO：Massively Multiplayer Online），複数人参加型（MO：Multiplayer Online），対戦型ネットワークゲーム，Webブラウザゲームに小分類できる[7]。一方，後者のＳＮＳは，ソーシャル型仮想世界と呼ばれ（Duranske [2007], pp.263-265），「仮想世界サービス」を特に意味する[8]。

電子商取引の新たな形態として仮想世界サービスを議論する場合，(1)デジタルコンテンツ事業会社のビジネスモデルと，(2)仮想世界サービスへの参加者たる利用者の経済活動の二つの側面を分離して検討しなければならない。

(1)　デジタルコンテンツ事業会社のビジネスモデル[9]

Second lifeは，ベンチャー企業のリンデンラボ社（本社・米国サンフランシスコ）が2003年6月に公式提供した仮想世界サービスである。リンデンラボ社は，2007年1月に表示ソフト（ビューワー）のソースコードを無償公開する「オー

第3編 電子商取引と税務処理

プンソース戦略」を打ち出し,仮想世界サービスのデファクトスタンダードを目指している。同社は,「島」と呼ばれる仮想土地を1,675米ドル(15万円)でSecond Lifeの利用者に販売(所有権を譲渡)し,継続的に月額295米ドル(2,700円)のアクセス権料を徴収している。リンデンラボ社の収益源は,一つの仮想土地に1台のサーバーを割り当てるサーバーのホスティングサービス,すなわち仮想土地の販売とアクセス権料(維持料)に起因するものある。2007年6月末の時点で約1万台のサーバーが稼動しており,毎月1,000台のペースで増加している(山田他[2007],47頁)。

土地の新規販売数を1,000と仮定すると,土地譲渡による収入は月に167万5千ドル,アクセス権料(維持料)は月に29万5千ドルとなり,2007年6月のひと月のサーバー賃貸料として,合計197万ドル(1億7,730万円),その後,毎月2万9500ドル(約265万5千円)ずつ増加していく計算になる。仮想世界サービス事業の主な収益源について,他の電子商取引事業との違いを示したものが図表13-1である。

図表13-1 仮想世界サービスと他の電子商取引事業との比較

事業形態	主な事業者	主な収益源	競争優位性
ゲームベース型仮想世界 ・オンラインゲーム		・月額利用料 ・アイテム販売	ゲームシナリオの楽しさを提供する演出技術
ソーシャル型仮想世界 ・仮想世界サービス	リンデンラボ社	・サーバー賃貸 ・為替売買手数料	サーバー基盤の設計能力及び経験価値を提供する演出技術
ソーシャル型仮想世界 ・SNS	Mixi社	・広告収入	利用者をどれだけ集められるか(ページビューの獲得能力)
従来のWebサイト ・検索サービス ・ポータルサービス	グーグル社 ヤフー社		
従来のWebサイト ・オークション提供 ・販売業	eBay社 楽天社	・仲介手数料	買い手と売り手を中継するプラットフォームの運営能力及び決済システムの構築維持

(出所) 野田[2007],11頁の表;山田他[2007],48頁の表に基づき筆者作成。

(2) 仮想世界サービスへの参入者たる利用者の経済活動

　仮想世界を定義付けるコンセンサスは現時点で得られていないが、Duranske [2007] によると、仮想世界サービスは、以下の三つの要件を満たすものと説明できる (p.2)。

　① コンピュータベースのシミュレート環境である
　② キャラクター分身(「アバター(avatar)」)が居住するように設計されている
　③ アバターを介して利用者間同士のコミュニケーションが可能である

　第一に、コンピュータベースのシミュレート環境で、3次元（3D）のコンピュータグラフィックス（CG）で表現された可視的な環境である。しかし、シナリオはなく利用者はあらゆる目的で利用できるように設計されている。

　第二に、利用者が仮想世界内でキャラクター分身のアバターを操作し、仮想世界での経験価値を求めることができる。利用者がコンピュータをログアウトしたり電源を切った後も、アバターは仮想世界に居住活動し続け、他の利用者のその後の経験に影響を及ぼすように設計されている（コンテンツの持続性）。換言すれば、再びログインし仮想世界に参加した際には、他のアバターの影響により、ログアウトした時点の環境と異なることもある。

　第三に、キーボード入力によるテキスト文書、あるいはマイクロフォンを使用した音声の少なくともいずれかによって、利用者間のコミュニケーションがはかれるように準備されている。

　仮想世界の中で利用者が営む行動は多岐にわたり、代表的なものは以下のものがある（亀津 [2007], 49-50頁）。

　① 人との対話
　② 仮想世界の探索
　③ 仮想アイテムの創造・構築
　④ 仮想アイテムの所有
　⑤ 仮想アイテムの交換・売却

　まず人との対話では、利用者はアバターを介して、仮想世界の中で利用者に代わって他のアバターと対話し、交流することができる（Duranske [2007], p.7）。

さらに特徴的なのが，アバターを介して同じ経験価値をリアルタイムに共有できることである。従来のWebサイトでは，閲覧している各々の利用者同士がリアルタイムで交流することはない（亀津[2007], p.52）。

そして仮想世界の探索では，経験価値を求めることができ，現実世界での行動に影響を及ぼすきっかけが生まれる。

また利用者に仮想上の富の動向を捕捉させることができるように，架空の通貨が用意され，仮想アイテムの創造・構築，所有，交換・売却など，仮想世界内で仮想経済活動を行うことも可能である。例えば，Second Life における仮想土地の所有権者は，島の仮想空間におけるほとんどすべての権限がリンデンラボ社より移譲付与され，島の入場資格の制限や入場料の徴収を実施する経済活動もできる。

以上の特徴からわかるとおり，仮想世界サービスは，現実世界のコミュニケーションを仮想世界におけるアバターを介して実現しょうと試みることがきる新たなコミュニケーションの「場」の提供サービスといえる。インターネットというサイバースペースが出現したのと同様に，仮想世界サービスという新たなコミュニケーションの場が出現したと考えられる。仮想サービスの利用方法は情報通信技術と共に進展し，閉じた世界の中で生じた物事はすべてそこで完結する「仮想世界」から現実世界と多くのコネクションを持った「仮想世界サービス」へと発展していくと思われる。したがって，現実世界と仮想世界の境界の意義が弱まり，現実世界の社会制度が仮想世界サービスを考慮せざるを得なくなる時期が間もなく到来する。インターネットが出現した時に我々が法律上の不備や統治のあり方を検討し，今も検討し続けているのと同様の事象である。

(3) 個人・研究者・教育者・企業・政府の参入

新たなコミュニケーションの場の利用を求めて，個人のみならず，研究者，教育者，企業などが仮想世界に参入し，様々な経済活動を営んでいる。

例えば，ブルームフィールド教授（コーネル大学）とファイファー教授（マサ

チューセッツ大学)は，FASB (米国財務会計基準審議会)と会計研究者との間で会計基準設定の研究に関する議論の機会を促進するために，Second Life の中にアバターを用意して，教授陣や博士課程の学生を対象にオフィスアワーを設けて毎週対話を図っている[10]。これまで e-Learning 等の遠隔授業を行ってきた教育機関も仮想世界に参加し，ビジネススクールの仮想キャンパスを展開している (Bloomfield [2007], p.1)。

企業の参入に目を向けると，実に沢山の企業が仮想世界参入支援のコンサルティング会社などのアドバイスを受けて，仮想世界で経済活動を行っている。企業の参入動機は様々であるが，仮想空間内に自社の存在感をまず示すことを目的とする大企業やアバターを通した体験型マーケティング戦略を試み始める企業も多い。仮想世界に居住するアバター達が展開する仮想経験経済活動の行動を分析し，現実世界にいる利用者の嗜好を探ることを目的としている。つまり，仮想世界の Second Life でまずアバター姿の利用者を満足させ，さらに現実世界で本物の利用者本人の効用を満足させるという二段構えのアプローチで，仮想の買い物や恋愛を現実への消費行動に導く橋渡しをする戦略である。山崎 [2007] は，Second Life で注目すべき心理的効果として，①仮想を現実として信じ込む (suspension of disbelief) 効果と②社会的促進効果を指摘している (87頁)。

3 仮想世界における仮想法律

仮想法律 (Virtual law) は，「インターネット法 (Internet law)」に似ており，具体的には，「新しい文脈の中で少し異なって適用される法律であって，以前から存在する広義の法律」と解釈する (Duranske [2007], p.14)。実際には，「インターネット法」として我々が考えることの多くが仮想世界に適用される。つまり，「仮想世界に影響を与える制定法であり判例法であり，これらの空間への法の適用である」(Duranske [2007], p.14)。しかし，仮想世界にどの国の法律が適用されるべきかという準拠法の問題が最重要である。

仮想世界において現実世界を反映するように設計されている場合，現実世界で弁護士を必要とするのと同じく，仮想世界でもその必要性が生じる。仮想世

界にオフィスを構える弁護士の目的は、仮想世界に参加するハイテククライアントと連絡をとるためと、仮想世界内の紛争を解決するためであろう。

仮想世界において、利用者やアバターの権利はどのように考えられるのだろうか。例えば、アバターは参加者の分身と解釈されているが、アバターに人格権があるのだろうか。仮想世界内でアバターが他のアバターに誹謗中傷を行った場合、現実世界の利用者間での紛争とみなすことができるのだろうか。

III RMTと現実世界の企業ポイント

1 RMTの意義と課題

仮想世界サービスにおける経済活動の規模を測定する場合、気を付けなければならない点がある。それは、仮想通貨の年間取引量（仮想通貨フロー）に基づくものなのか、仮想経済活動に起因する年間取引契約高（金額）に基づくものなのか、二つ考えられる。例えば、会計士のアバターが税務申告に関する税務相談の依頼を受け、相談を実施した場合の報酬支払手段について考えてみると、電子マネーや外貨等の併用と同様に、①クライアントの仮想世界のアバターから会計士の仮想世界のアバターへ全額仮想通貨で支払われる場合、②現実世界のクライアントから現実世界の会計士本人へ現実貨幣で全額支払われる場合、③仮想通貨と現実貨幣を混在して支払われる場合があり得る。

仮想世界サービスは新たなコミュニケーションの場と考えられるので、そこでの経済活動における支払決済手段は、仮想通貨でなければならない理由は何もない。むしろ仮想通貨による決済に限定した制度を導入する仮想世界サービスは、利用者が減少し発展しないと思われる。経済活動の目的は仮想通貨の獲得も勿論あり得るが少数派となるだろう。

また、仮想世界サービスにおける経済価値（ストック）、すなわち仮想通貨残高および仮想アイテムの価値も、課税問題を考慮する上で重要な指標となる。現実世界の会計認識測定問題と同様に、仮想アイテムにおける会計測定もデジタル財であるが故の新たな課題である。

第13章　電子商取引の新動向

Second Life における仮想通貨と現実通貨の関係は、以下のように説明できる。
① 利用者は、まず現実世界のクレジットカード決済（米ドル建て）で、仮想通貨リンデンドルをリンデンラボ社から購入する。仮想土地の購入や年間の利用料（サーバー賃貸料など）は、米ドルで同社に支払う。
② 利用者は、仮想アイテムの創作・販売などの仮想経済活動を通じてリンデンドルを運用する。
③ そして、ＲＭＴ（Real Money Trading）市場を通じて米ドルに換金することもできる。

米ドルからリンデンドルへの交換レートはリンデンラボ社自身が決定し、価格形成市場は存在しない。したがって、リンデンドルの貨幣価値は市場によって決まるのではなく、リンデンラボ社の都合で変動する。しかし、このＲＭＴ市場の存在が、Second Life と現実経済とを結びつける仕組みをみなっていることも事実である。ＲＭＴ市場は、仮想世界内の仮想通貨のみならず仮想アイテムも米ドル等の現実貨幣で売却する取引市場であり、①利用者同士が参加する売買取引市場と、②デジタルアイテム売買仲介業者が参加する中間市場がある。リンデンラボ社は、自らＲＭＴの提供を取り扱っているわけではなく、ＲＭＴ業者を集めて市場を形成し、その数値を公表しているにすぎない。

(1) Second Life リンデンドルのマネーサプライ実績値

図表13－2は、統計の公表を開始した2005年9月から最新の2008年11月までのリンデンドルのマネーサプライ（仮想通貨供給量）の状況である。

図表13－2に示される通り、2008年11月の月間のリンデンドルのマネーサプライ(仮想通貨供給量)は、54億8,910万2,336リンデンドル（Ｌ＄）であり、米ドルへの換算レート（265.7 Ｌ＄/ＵＳ＄）で算定すると、2,065万9,022米ドル（18億5,931万2,044円）である。したがって、年換算では、2億4,790万8,264米ドル（223億1,174万3,760円）相当の仮想通貨が取引されていることになる。

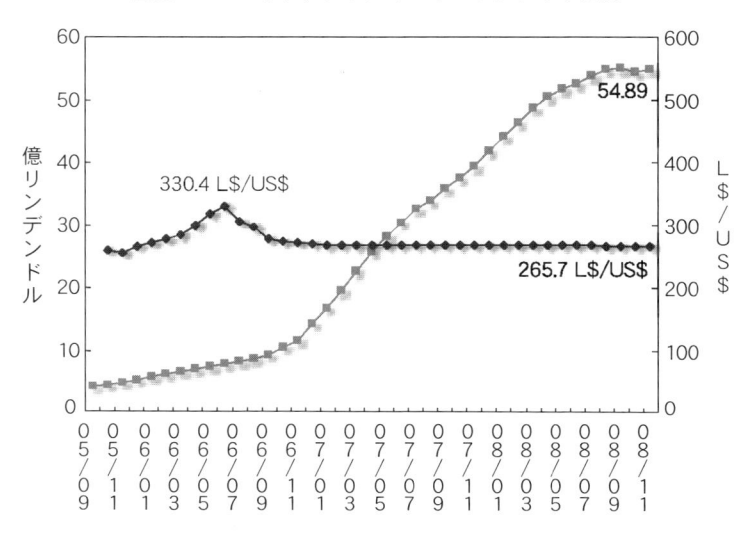

図表13－2　リンデンドルのマネーサプライの状況

（リンデンラボ社の2008年11月末現在の公表統計データ[11]を基に筆者作成）

(2) Second Life 経済規模（仮想通貨総取引量）の試算

　経済産業省の平成18年度情報家電活用基盤整備事業の委託調査研究の成果として，野田＝山口［2007］では，Second Life の経済規模（仮想通貨総取引量）をみずほコーポレート銀行の調査として試算している。そこでは，2007年に11億4,400万米ドル（1,029億6,000万円），2008年には105億9,300万米ドル（9,533億7,000億円）に成長すると試算しており，2005年の世界各国のＧＤＰと比較すると，2006年の実績値（8,810万米ドル）は177位のトンガと178位のキリバスの間に位置し，2008年の経済規模予測値（105億9,300万米ドル）は99位のアゼルバイジャンと100位のガーナの間に位置すると予測している。

　上述したように仮想世界における仮想経済活動の規模は，現実世界の１国のＧＤＰに匹敵するほど成長していることは否めない。仮想世界が完全に現実世界と独立して仮想内部で完結するなら問題にはならないが，現在はその垣根が崩壊しつつある。仮想世界サービス事業者は，仮想世界内の仮想通貨供給量を

統制する中央銀行の役割も担うが，ＲＭＴ取引の出現により仮想世界内の通貨流動量を制御し難くなり，ゲーム内のパワーバランスや経済体系を崩壊しかねないことが懸念され。また，不正アクセスにより仮想通貨を「増刷」するといった手口でマネーロンダリングの温床にもなり得る余地がある。

2　日本円建てによるＲＭＴ取引と企業ポイントの比較

　企業ポイントの交換を意図した共通ポイントプログラムを日本で最大規模に運営するネットマイル社は，Second Life内の日本人居住区「MagSL Tokyo」で日本最大の仮想土地レンタル事業を運営するジェップサービス社と提携し，2007年7月25日に同社の企業ポイント「ネットマイル」から仮想通貨「リンデンドル」へ交換するサービスを開始した[12]。交換レートは現時点で100mileあた

図表13－3　共通ポイントプログラム「ネットマイル」を経由したＲＭＴ構想

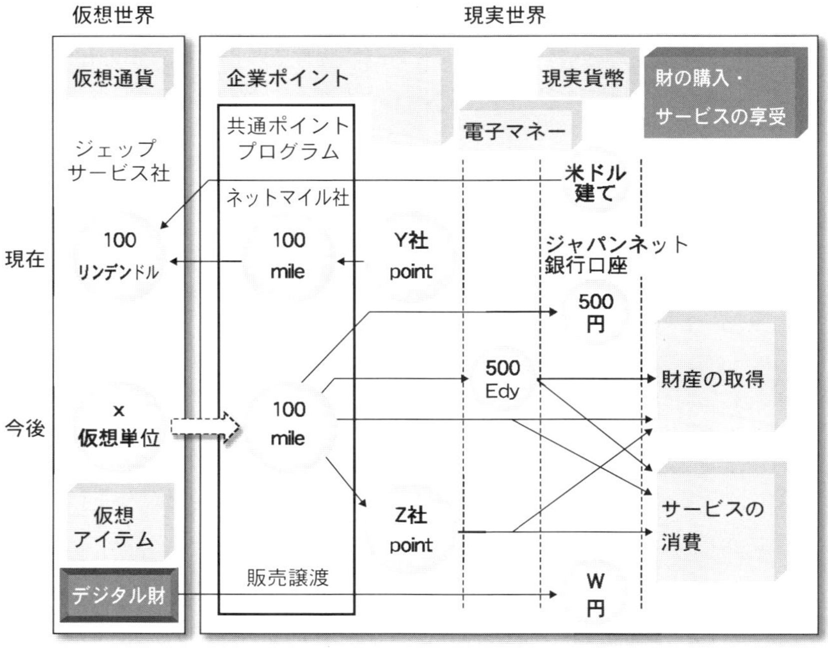

（ネットマイル社のネットマイル交換レートを参考に著者が作成を試みたものである。）

り100リンデンドルである[13]。リンデンドルからネットマイル（企業ポイント）への交換サービスも模索中のようであり（渡邊[2007], 85頁），これが開始されると，日本でも仮想通貨から企業ポイントへの交換市場が大規模に展開されるだけではなく，ジャパンネット銀行の口座への交換を経由した現実貨幣へのＲＭＴが実現される（図表13－3）。

　仮想世界のリンデンドルを入手する方法は，リンデンラボ社から米ドル建てで直接購入する方法以外に，企業ポイントから交換する方法が現在実現可能となった訳である。将来，×リンデンドルから1000ネットマイルへの交換が実現できれば，最終的に現金あるいは現金等価物の取得に繋がる日本円建てＲＭＴのスキームが誕生する。

IV　仮想世界への課税問題

　Second Lifeの仮想経済活動に起因する課税物件を検討するにあたって，次の7点を列挙し，課税の検討材料を指摘しておくこととする。
① 　仮想アイテム
② 　仮想通貨
③ 　ＲＭＴによって取得した企業ポイント
④ 　ＲＭＴによって獲得した電子マネー
⑤ 　ＲＭＴによって入手した現金預金
⑥ 　ＲＭＴによって実現した財産の取得
⑦ 　ＲＭＴによって実現したサービスの消費

　まず①および②は，仮想世界内のサーバー上に存在するデジタル財であるのに対し，③から⑦までは，仮想世界の範囲外，すなわち現実世界の事象である点に特徴がある。一方，①および②は，事業会社たるリンデンラボ社より，著作権が譲渡されている。したがって，知的所有権の保護を享受する利益に対する対価を論拠とする課税が検討対象となり得る。例え課税対象と成りえたとしても，課税管轄権の課題が次の検討材料となる。

第13章　電子商取引の新動向

①仮想アイテムについては，利用者が仮想世界内で創作したデジタル財であるが，これが「所得を算出する情報財」（Cockfield [2002] 邦訳，171頁）になり得るのかどうか検討を要する。

また，②仮想通貨については，仮想上の所得になり得るのかどうか検討を要する。現実貨幣の支払いという資金的裏づけの伴った取得であっても，経済活動により獲得された仮想通貨であっても，ＲＭＴ取引がない以上，現実世界における所得や消費は未実現である。したがって，プリペイド方式の電子マネーや資金的裏づけのある企業ポイントと同様に，この時点では課税対象にはならないとも考えられる。

さらに，③および④特性は，現実世界の企業ポイントおよび電子マネーであるが，どちらも資金的裏付けのない点にある。企業ポイントおよび電子マネーに関する課税問題の論点として検討を要する。

そして，⑤の現金預金は，現実世界の現金預金であるので，所得とみなす上での要件は満たされているかどうかが検討材料となる。例えば，仮想通貨を購入する行為は，財産の交換とみなすのか消費とみなすのかによって所得認識が異なってくる。仮想通貨というデジタル財たる財産への交換取引とみなす場合，仮想通貨から現金預金に換金しても，財の価値は一定であり，所得にはならない。しかし，消費行為と場合，仮想通貨は資金的裏づけのない，つまり貨幣価値を保蔵しないデジタル財であるため，現金預金に換金されると，所得となり得る。仮想アイテムの販売による現金預金の獲得も所得の要件を満たすことになる。

最後に，⑥および⑦は，現実世界の財産取得とサービス消費であるので，財産および消費に対する課税要件が満たされているかどうかが検討材料となる。財産の取得における課税と消費における課税の二つ考えられる。

第3編　電子商取引と税務処理

Ⅴ　む　す　び

　本章では，仮想世界サービスの事業実態を論じようとするものであった。その要点は，次の三点にまとめることができる。
① 　第一に，仮想世界サービスは経験経済の一つで，経験価値を提供する新たなコミュニケーションの場である。
② 　第二に，仮想世界における経済活動の規模はますます成長し，1国のＧＤＰに並ぶ規模である。現実貨幣への換金のコネクションをもつＲＭＴ市場の発達により仮想通貨が現金預金あるいは電子マネーや企業ポイントなど現金に近いものに変換できる。
③ 　第三に，仮想世界への課税問題は，認識の時期と測定の方法，さらに課税管轄権の問題を電子マネーや企業ポイントへの課税問題と比較して検討する必要がある。

　以上のように，本章は，電子商取引の新動向として，仮想世界サービスをとりあげ，その事業実態を分析し，仮想経済活動への課税問題に焦点をあてたものである。仮想世界サービスは仮想空間上のこれまでになかった新たなコミュニケーションの場を提供するものであって，利用者それぞれの利用目的は単一ではなく，将来の利用規模（仮想経済規模）は未知であるが，今後も継続して研究するに値する領域といえることは強調しておきたい。

（注）
(1) 　電子商取引の当事者は，消費者顧客・企業・行政団体・ＮＧＯ・学術機関等が該当する。本章で取り扱う仮想世界サービス事業では，企業消費者顧客間取引（ＢｔｏＣ）に代表される二者間取引に限定されず，学術機関を含めた複数者間同時共有取引も対象としている。
(2) 　電子マネー（digital money）は，プリペイド方式とポストペイ方式の二つに大きく分類され，企業消費者顧客間取引（ＢｔｏＣ）の決済システムとして，一般に理解されている。代金を受領する企業の立場からみると，電子マネーによる決済は，どちらの方式であっても，電子マネー発行会社への代金請求権の発生を意味する。一方，企業ポイント（loyalty program）は，顧客が商品や製品を購入する決済の際に提供される

第13章　電子商取引の新動向

ポイントとそれ以外の場合に提供されるポイントの二種類考えられる。後者は，来店やWebページの閲覧，アンケートやクイズのWebページでの応募などに対し提供され，資金提供に裏付けられないポイントである。資金提供の裏付けのないポイントは，おまけとしての位置づけと解釈でき得るが，その価値評価額は年々増しており，これに掛かる課税問題も新たな研究の対象となり得る。

(3) 財とサービスの役割の質的変化は，電子商取引に限定されたものではない。例えば，携帯電話通信における電話本体の販売とその後の通信料との料金関係や，パソコンのプリンタにおける本体の販売とその後のトナーインクとの料金関係に見受けられる。また，インターネット接続の契約を条件としたパソコンの販売において本体を1万円以下に設定する事業まで出現している。消費者の観点からは，販売購入契約の主目的が，財の購入であるのかサービスの享受であるのか，その内容と関心により決定される。

(4) 従来の物的な商品としてのゲームでは，トランプカードやゲーム板・ゲーム機器等の所有権移転と決済の履行による「売切り」型の短期的取引形態をとり，販売契約は完了し，商品に損傷や不足がなければ「顧客の購入に関わる動機付け」たるサービスの提供も完了する。一方，オンラインゲームでは，無形であるデジタル財の提供は，ゲームの使用開始（アクセス権承認）を意味し，所有権の譲渡はなされず，「長期的関係資産を構築する動機付け」を意味する。

(5) PineII=Gilmore [1999] は，経済システムの変化として，農業経済，産業経済，サービス経済，経験経済，変革経済へと五段階に進化し，それぞれに対応する経済価値がコモディティ，製品，サービス，経験，変革へと変遷していることを，コーヒー豆の販売から高級レストランのコーヒーの提供までの流れなどを用いて説明している。例えば，「**表6-1　経済システムの進展**」（邦訳，p.186）に概要がまとめられているので参照されたい。

(6) 例えば，稲泉 [2008]，166-138頁を参照されたい。

(7) 戒野 [2008]，52-54頁に，米国，韓国，日本，中国で発売された主要な13のオンラインゲームが発売年順に表にまとめられているので参照されたい。

(8) 戒野 [2008]，54-57頁に，米国，韓国，フィンランド，スウェーデン，日本，カナダ，中国で発売された主要37の仮想世界サービスが発売年順に表にまとめられているので参照されたい。

(9) リンデンラボ社の公式Webサイトを参照されたい。http://lindenlab.com/（Last accessed date:2009-5-31）

(10) ブルームフィールド教授（Robert Bloomfield）は，FASBの下部組織で，未だに実装されていない基準の影響を評価するために実験的調査的研究を主務とする財務会計基準研究会（FASRI）の委員長である。ファイファー教授（Ray Pfeiffer）は，FASBの研究フェローであり，実証研究の成果と解釈を行うために研究している。(See http://metanomics.net/fasbofficehours/)(Last accessed date:2008-12-23), (See http://fasri.net/index.php/officehours/)(Last accessed date:2009-5-31)

(11) http://s3.amazonaws.com/static-secondlife-com/economy/stats_200811.xls（Last accessed date:2009-01-10）

第3編　電子商取引と税務処理

⑿　(株)ネットマイル（本社・千代田区）は，2000年設立の三井物産(株)の連結子会社で同社のIT事業戦略の一端を担い，2001年4月に各社企業ポイントとの交換性を高めるための共通ポイントプログラム「ネットマイル」を提供し始め，2007年5月現在，加盟企業数1,112社の企業ポイントを取り扱い，個人会員口座数399万口座の規模を有する，日本最大の共通ポイントプログラムを運営している。また(株)ジップサービス（同・品川区）は，Second Life内に50島を越える日本最大の仮想土地（東京ドーム70個分）を所有している。(See http：//biz. netmile. co. jp/news/press_2007/press_release070612.html)(Last accessed date：2008－12－23)

⒀　https：//www. netmile. co. jp/ctrl/user/SpendItemDetailSelect. do？itemId＝12n2nRenuBb 6（Last accessed date：2008－12－23）

【参考文献】

Basu, Subhajit [2007], *Global Perspectives on E-Commerce Taxation Law,* Ashgate Publishing Limited；Hampshire, England.

Bloomfield, Robert [2007], *Worlds For Study：Invitation───Virtual Worlds for Studying Real-World Business(and Law, and Politics, and Sociology, and...),* (http：//papers. ssrn. com/sol3/papers. cfm？abstract_id＝988984/)(Last accessed date：2009－5－31)

Camo, Bryan T. [2007], "The Play's the Thing：A Theory of Taxing Virtual Worlds," *Hastings Law* Journal, Vol. 59, pp. 1－72.

Chung, Steven [2008], "Real Taxation of Virtual Commerce," *Virginia Tax Review,* Vol. 28, No. 3, pp. 101－146.

Cockfield, Arthur J. [2002], "The Law and Economics of Digital Taxation：Challenge to Traditional Tax Laws and Principles," *Bulletin for International Fiscal Documentation,* Vol. 56, No. 12, pp. 606－620.（望月爾訳［2003］「デジタル課税の法と経済学－伝統的租税法及び租税原則への課題－」『立命館法学』4号，169－202頁）

Duranske, Benjamin Tyson [2008], *Virtual Law：Navigating the Legal Landscape of Virtual Worlds,* ABA Publishing；Chicago, USA.

Hemp, Paul[2006], "Avatar-Based Marketing," *Harvard Business Review*（June), pp. 48－57.（スコフィールド素子訳［2006］「アバター・マーケティング」『Diamond Harvard Business Review』(December)）

PineⅡ, B. Joseph＝James H. Gilmore[1999], *The Experience Economy,* Harvard Business School Press.（岡本慶一＝小髙尚子共訳［2005］『［新訳］経験経済－脱コモディティ化のマーケティング戦略』ダイヤモンド社。）

稲泉綾二［2008］『セカンドライフは本当に儲かるのか？』遊タイム出版。

戒野敏浩［2008］「仮想世界サービス企業の動向」『青山経営論集』第43巻第1号（7月），39－65頁。

亀津敦［2007］「「マルチバース時代」に向かう仮想世界－「セカンドライフ」に見る新ビジネスの展望」『知的財産創造』，Vol. 15, No. 8（8月号），48－59頁。

第13章　電子商取引の新動向

平野晋［1999］『電子商取引とサイバー法』ＮＴＴ出版。
野田聡明＝山口勝［2007］「「セカンドライフ」に見る仮想世界・仮想経済の可能性－Web 2.0に続くインターネットの新たな進化」『Mizuho Industry Focus』（5月24日）。
山崎秀夫［2007］「疑似体験が「新しい消費」を生み出す」『週刊エコノミスト』，第85巻第38号（7月24日号），86－87頁。
横山哲夫［1997］「電子商取引とその規制」藤原宏高編『サイバースペースと法規制』，203－284頁，日本経済新聞社。
山田俊浩他［2007］「特集　セカンドライフ「仮想革命」」『週刊東洋経済』，第6094号（8月4日号），36－75頁。
吉村政穂［2007］「仮想現実の世界と課税」『税理士界』，第1236号（9月15日）。

　　　　　　　　　　　　　　　　　　　　　　　　　　　　（沖野　光二）

第4編

ネットワーク社会と電子申告

第14章

電子申告の概要

I　はじめに

　XBRLは，これまで会計ディスクロージャー（財務会計領域）への応用を中心として研究されてきた経緯がある。ＳＥＣは2006年9月25日付けでXBRL関連のシステム開発に5,400万ドルを投入する計画を公表しており，ＳＥＣ議長のChristopher Coxも2006年12月5日に開催された第14回 XBRL International Conference のスピーチで「XBRLによって監査の質が著しく改善されるであろう」（XBRL will greatly improve audit quality）という期待を表明している。ＳＥＣ議長のスピーチでは，ディスクロージャーと監査の品質保証に主たる関心が置かれている。

　しかしながら，XBRLの発案者である米国公認会計士 Charles Hoffman は，2001年の著書において，下記のような種々の応用分野を提案している（Hoffman [2001], pp.61-63）。最初の二つの項目は，それぞれXBRL-FRとXBRL-GLに対応している。三つ目の項目は，税務申告へのXBRLの応用を示唆している。わが国の国税庁による e-Tax はこのアイデアを実用化したものといえる。なお，知的資産会計の立場からは，Hoffman が Kaplan 教授（Harvard Business School）のＢＳＣ法（Kaplan and Norton 1996）に関心を示している点が興味深い。財務報告ではなく，「事業報告」（business reporting）という用語が明示的に使用されている。

- XBRL for Financial Statements

219

- XBRL for *General* Ledger（XBRL GLタクソノミは，*Global* Ledgerのイニシャルとして理解されるようになっている。）
- XBRL for Tax Returns
- XBRL for Business Reporting(This use includes *Balanced Scorecard*)

こうした発案者Hoffmanの幅広い構想を尊重すれば，伝統的な財務報告に加えて，拡張された事業報告（Enhanced Business Reporting；EBR）や電子申告に対するXBRLソリューションの研究も必要である。

以下，本章においては，税務・会計に対するXBRLソリューション（XBRL Solu-tions for Tax Accounting）に焦点を置き，わが国における電子申告の概要について検討する。

II　電子申告の法整備に向けた国税庁の取組み

まず，最初に，電子申告制度の基盤になっている政府のe-Japan構想を概観しておきたい。行政手続のオンライン化については，平成15年2月に施行された，「行政手続等における情報通信の技術の利用に関する法律」（行政手続オンライン化法）により，行政機関等への申請・届出等手続について，主務省令の定めるところにより，従来の書面による手続に加えて，オンラインでも手続ができることとなった。

また，行政手続オンライン化法に併せて，個別法令の改正のために「行政手続等における情報通信の技術の利用に関する法律の施行に伴う関係法律の整備に関する法律」（整備法），および地方公共団体による個人認証サービス制度を整備するための「電子署名に係る地方公共団体の認証業務に関する法律」が制定された。

次に，これらの法整備をベースとして，国税電子申告・納税システム（e-Tax）の利用に関連した以下のような省令や規約が定められている。

① 国税関係法令に係る行政手続等における情報通信の技術の利用に関する省令

第14章 電子申告の概要

　国税関係法令に係る申告，申請および納税等手続について，行政手続オンライン化法および整備法の規定を受けて「国税関係法令に係る行政手続等における情報通信の技術の利用に関する省令」(省令)が制定され，平成15年11月4日に施行された。この省令では，国税電子申告・納税システムにより各手続をオンラインで行う場合の具体的な方法等が規定されている。

② 国税関係法令に係る行政手続等における情報通信の技術の利用に関する省令第2条第1項第2号ハに規定する国税庁長官が定めるものを定める件
(国税庁告示第31号)

　この告示は，省令第2条第1項第2号に規定する国税電子申告・納税システムで使用可能な電子証明書のうち，同号ハの国税庁長官が定めるものを定めている。

　なお，「国税庁長官が定める電子証明書に関する定め」は，平成19年1月4日に廃止された。

③ e-Taxで使用できる電子証明書について

　国税関係法令に係る行政手続等における情報通信の技術の利用に関する省令第5条第1項ただし書に規定する国税庁長官が定める者を定める件
(国税庁告示第32号)

　この告示は，省令第5条第1項ただし書に規定する申請等を行う際に，電子署名を行うこと及び電子証明書の送信をすることを要しない者を定めている。

④ 国税電子申告・納税システムの利用に関する定め

　「国税電子申告・納税システムの利用に関する定め」は，平成19年1月4日に廃止した。

⑤ 国税電子申告・納税システムの利用規約

　国税電子申告・納税システムを利用する際に同意が必要な事項を「国税電子申告・納税システムの利用規約」として取りまとめている。

　なお，開始届出書を提出された者には，利用者識別番号等の通知の際に，この規約も送付することとしている。

221

第4編　ネットワーク社会と電子申告

⑥　国税電子申告・納税システム利用者用ソフトウェア（e-Taxソフト）の使用許諾書国税庁が提供するe-Taxソフトを使用する際に同意が必要な事項を「e-Taxソフトの使用許諾書」として取りまとめている。

　なお，e-Taxソフトの使用者は，e-Taxソフトをパソコンにインストールする際に，使用許諾書の内容に同意することによって，インストールができるようになる。

⑦　国税電子申告・納税システム（e-Tax）の開始（変更等）届出書作成・提出コーナーの利用規約

　国税電子申告・納税システム（e-Tax）の開始（変更等）届出書作成・提出コーナーを利用する際に同意が必要な事項を「国税電子申告・納税システム（e-Tax）の開始（変更等）届出書作成・提出コーナーの利用規約」として取りまとめている。

　なお，オンラインでe-Taxの開始届出書および変更届出書を提出する際に，利用規約の内容に同意することによって，当コーナーを利用できるようになる。

⑧　ダウンロードコーナーの利用規約

　ダウンロードコーナーを利用する際に同意が必要な事項を「ダウンロードコーナーの利用規約」として取りまとめている。

　なお，ダウンロードコーナーを利用したユーザは，利用規約に同意したものとみなされる。

なお，国税庁は「給与所得の源泉徴収票等の電磁的方法による提供」という最新のテーマに取り組んでいることを紹介しておきたい。国税庁のウェブサイトでは，「源泉徴収票等のオンライン送信に係る仕様公開の目的」とその注意事項が説明されている（downloaded from http://www.nta.go.jp on February 16, 2007）。これが実現すれば，e-Taxは現在の半電子化から完全電子化に移行する。

現行のe-Taxシステムでは，添付書類提出用に「緑色の封筒」が国税庁から登録ユーザに無償で提供されている（平成19年1月15日付けで国税庁から送付）。

郵送費は税務署の負担となっている。「緑色の封筒」を用いるのは，申告時期に税務署に郵送されてくる夥しい郵便物の中からe-Taxの添付書類を優先的に識別して，抜き取るためである。各税務署に専属のスタッフが配属されているが，このような手作業による照合や確認のプロセスが付随すると，電子化の効果が半減することになる。

もとより，電子申告（e-Tax）や電子税務調査（SAF-T or e-Audit）は，「国税業務の効率化」に政府の狙いがあると考えられる。国税業務の電子化により，従来よりも少ないスタッフで，従来よりも多くのデータを，従来よりも短い時間で，しかも従来よりも正確に検証することが可能となる。すなわち，時間とコストを削減すると同時に，国税業務の質を改善する効果が期待される。国税庁や税務署の業務自体が税金で賄われていることを考慮するならば，添付書類の電子化は，e-Japan構想の基本理念に照らしても必要性が高いといえるであろう。

なお，平成19年度以降は，源泉徴収票も電子化され，オンライン送信が可能となっている。

III 電子申告制度の情報セキュリティ対策

e-Taxの普及を遅らせていると思われる要因の一つとして，電子証明書やＩＣカードリーダの取得が挙げられる。しかしながら，これは電子申告制度の情報セキュリティ対策として必要な手続きであり，ユーザの意識改革が必要である。電子申告制度に固有なリスクや，それに対する情報セキュリティ対策について，現状ではあまり意識されていないように思われるが，これはe-Taxシステムの根幹に関わる問題であり，国税庁も対策に力を入れて取り組んでいる。

国税庁は，ウェブサイトにおいて，国税庁からの電子メールに関する注意事項を公表している。すなわち，偽装したメールへの注意を促しており，メールに「リンク」や「添付ファイル」がある場合には，特に危険性が高いことが指摘されている。ワンクリック詐欺に注意を促している。一般的に，なりすまし

の手口としては，信用力や権威性の高い公的機関等を用いる傾向があるので，国税庁も警戒レベルを上げているものと思われる。ＩＴ監査を研究する立場からは，こうした国税庁のセキュリティ対策への取り組みを評価したい。適切な対応がなされている。巧妙に偽装された国税庁や税務署からの電話・電子メールは，一般のユーザにとって捜査機関に匹敵する心理的インパクトがある。筆者が2007年2月16日付けで芦屋税務署から受け取った文書にも「税務職員を装った不審な電話・『振り込め詐欺』にご注意下さい」と注意事項が記載されている。

　EDINETは「財務情報の電子的な配信」(electronic distribution of financial information) であり（FASB [2000]），「ユーザ登録」の手続きが行われることはない。ＩＲサイトの利用に際しても同様である。これに対して，e-Tax では「納税または還付」という金融上の取引が伴うために，国税庁と納税者の双方において，互いに通信相手の正当性を的確な形で電子的に検証する手続きが必要となる。このために，利用申請・審査・ユーザ登録という一連の厳格な手続きが実施されている。電子証明書等の一見煩雑な手続きは，e-Tax ユーザがネット犯罪の被害者にならないようにするための措置であり，むしろ納税者を保護するための手段であることを理解しなければならない。インターネットは高い利便性を有する反面，大きなリスクも伴っている。ユーザのネット犯罪に対する危機意識の低さが，セキュリティ対策を「煩雑な手続き」として誤解する現象を生み出している。

　なお，国税庁からの連絡事項は，正式には，e-Tax ソフトの「メッセージボックス」を通じて伝達される仕組みになっている。具体的には，利用者番号とパスワードを入力すると財務省発行の電子証明書が表示され，次いで，電子メールの本文が表示される。詳細については，後の節で説明したい。ここでは，「任意登録」の電子メールに対しても，細心の注意が払われていることを強調しておきたい。

　国税庁のウェブサイトでは，e-Tax のセキュリティ対策に関する詳細な解説が掲載されている（downloaded from http://www.nta.go.jp on February16, 2007）。

すなわち，国税庁と利用者間の情報セキュリティの仕組み，ルート証明書，ＳＳＬ通信と電子署名，および個人情報保護法等について説明されている。情報セキュリティの仕組みを理解することが一般の利用者には少々負担になっているかもしれないが，必要不可欠な情報セキュリティ対策であることを認識しなければならない。次節で述べるように，わが国では税理士のe-Taxへの取り組みが大きく遅れており，国税庁もこれを問題視し始めている。この要因の一つとして，ＩＴの知識や技能がハードルになっているように思われる。

Ⅳ　電子申告制度の普及に向けた国税庁の取組み

わが国の電子申告の問題は，普及率の低さにある。国税庁長官官房企画課の玉川雅之課長（2006年現在）は，「e-Taxの普及に向けた取り組みについて」という講演を行っており，次のように述べている。

「国税庁では本年，e-Tax（国税電子申告・納税システム）の普及を当面の最重要課題としており，企画課はいわば『e-Tax普及推進本部事務局』の役割を担っています。今日一番申し上げたいことは，『出来るだけ多くの税理士さんにe-Taxをご利用いただきたい』という一言に尽きますが，そのことに加えe-Taxの普及に向けて国税庁が今後何を実施し，またＩＴが発達していく中で，e-Taxを通じて税理士さんのお仕事，あるいは税務署と税理士事務所との関係がどのように変わっていくのか，企画課としての考えを含めてお話ししたいと思います。」（玉川［2006］，16－18頁）

国税庁長官官房企画課長は，講演で次のような事項を取り上げている。

- 本人の電子署名・証明書がなくても，「税理士の認証」だけでe-Taxが利用できるようにする。
- 税務署に来た納税者については，本人確認が出来れば，ＩＤとパスワードを即時発行し，直ちに電子申告を行えるようにする。
- 税理士関与の納税者については，税理士に保管義務を課すことで，添付書類の送付を不要とする。また，更に発展的に考えた場合，医療費控除等

の内容を「明細書」に記載してオンライン送信すれば,「本人保管」を認める方向性も検討している。ただし,この本人保管は,法改正の問題も関わので,主税局との議論が必要である。

- これからは,IT武装した税理士事務所が活躍する局面が多くなる。e-Taxによって,国税庁,税理士事務所および納税者がオンラインで連携し,税理士法の趣旨に則って,より高いレベルの納税サービスを提供できるようになる。また,国税庁は,総務省を通じて各自治体に働きかけており,住基カードの普及に取り組んでいるが,やはり電子申告の技術的なハードルは相対的に高いので,税理士事務所に申告を依頼するサラリーマンの方が多いと思われる。法人税,所得税,消費税で年間約3千万件の申告があるが,その4割ないし5割(筆者注:約1千5百万件)が税理士事務所を通じて行われても不思議ではない。こうなれば,行列のできる税理士事務所が出現する一方で,申告時期の税務署の行列は解消される可能性がある。これは,国民経済的にも望ましいことであり,税務署は,納税者サービスの向上に努めつつ,人的資源やコスト・時間を,税務上問題のある人たちに集中すべきである。

- 国税庁は,e-Taxの普及を当面の最重要課題としており,税理士の役割がきわめて重要である。

V 電子申告の徹底と無償独占のあり方

武田隆二教授(神戸大学名誉教授)は,「電子申告の実践目標達成に向けて」という緊急提言を行っている(武田[2006])。次のように述べている。

「税理士を取り巻く経済社会環境を顧みるとき,現在,税理士として取り組むべき緊急課題は『電子申告の徹底推進』にあるのではなかろうか。この目標達成に各会員は鋭意取り組まなければ,税理士に与えられた『無償独占』という業務特権を失うことにもなりかねない。」(武田[2006],4-13頁)
武田教授は,次の四つの提言を行っている。

第14章　電子申告の概要

① ＴＫＣ全国会会員は，税理士に与えられた「無償独占」業務を堅持するために，「電子申告」50万件達成に向けて，鋭意努力しなければならない。
② 電子申告の実践は，国策（筆者注：e-Japan構想）に沿うものであり，それを実践しないことは，税理士業務の「無償独占」の特権を税理士自ら放棄することにつながるものである。その意味において，「職業会計人の職域防衛」のために，電子申告を即時実践に移さなければならない。
③ 「無償独占」は，税理士業務の「公共性」に対して与えられた特権であり，無償独占特権を失うことは税理士の将来を危うくすることにつながりかねない。
④ 電子申告の未履行会員並びに一部履行会員は，事務所を挙げてすべてのクライアントに対し電子申告の実践に向けて取り組まなければならない。

上記の③について，武田教授は，次のように敷衍している。

「かくて，税理士の多くが電子申告に関心を示さず，また，協力しないとの態度をとり続けるならば，『無償独占』の特権を外すべきだといった議論がおきる可能性があると思料される（無償独占の廃止）。かかる行き方は，これまた政府の進めている『規制緩和』政策の促進を図るという方向性に適合するという趣旨説明をもって，制度改正へと向かうことが可能性として予測される。」（武田［2006］, 7頁）

武田教授は，「規制緩和と市場原理」の観点から，次のような論理を展開されている。

「市場原理に基づく『市場競争の活性化』という側面からは，相互参入を緩やかなものにし，『よりよいサービス』を『より安価に』提供するという形で意味づけられることであろう。しかし，電子申告の徹底推進問題は，無償独占という形で税理士にその業務を任せても国策に沿った所期の目的が達せられないということになれば，『無償独占』という業務特権を十分に活かさない逸脱行為とみなされることになろう。したがって，税理士の行為が国策に沿わないものとして，無償独占を撤廃し，誰でも税理士業務を行えるようにすることによって，国民の満足が得られるとすれば，税理士法の改正で

そのような方途を選ぶ可能性は十分あり得るものと考えるべきであろう。」
(武田 [2006], 9頁)

e-Taxという大規模な国家プロジェクトは，国税庁企画課長や武田教授の指摘にもみられるように，「効率的な電子政府」(国策)を実現するための貴重な投資であり，既に投入された膨大なシステム開発コスト（すなわち，国税）を無駄にすることは決して許されない。必要であれば，政府は市場原理の導入も辞さないと思われる。今後，税理士の対応が問われるであろう。

VI 電子申告システムの操作性に関する評価

既に述べたように，筆者はe-Taxの登録ユーザであり，申告受付開始日の2007年2月16日に電子申告を完了した。インターネットユーザとしての観点からe-Taxを総合的に評価すると，入力画面の設計や操作性に特にこれといった問題はなく，e-Taxは使い勝手の良いシステムと考えられる。電子署名済みの申告書を送信すると，「ＸＭＬ検証中」のメッセージが表示されるが，レスポンスタイムはかなり短く(30秒もかからない)，利用者にストレスを感じさせることはない。また，e-Taxは全国の銀行のインターネットバンキングとも連動しており，30分以内で，申告書の作成，電子証明書の添付，送信，受付完了メッセージの受信，およびpay-easy (ペイジー) による税金の振込が完結する。インターネットバンキングで引落の勘定科目名をみると，2007年2月16日付けで「ＰＥアシヤゼイムショ」と表示されている。自宅のパソコンの前に座ったままで,総ての必要な手続きが短時間で完了するわけであるから,e-Taxを利用するメリットは十分に享受できる。また，国税庁の玉川企画課長の指摘している「国民経済的」な視点からみても，社会的に無駄な人件費がドラスティックに解消されている。現在では，添付書類を緑色の封筒で所轄の税務署に郵送しているが（料金は受取人払いであり，通常の手書きの申告書類の郵送が本人負担であることと比較すると，国税庁はe-Taxユーザを優遇している），将来的にはこれも電子化されることが望ましいであろう。

第14章 電子申告の概要

　このシステムを円滑に運用するには，ある程度のＩＴのセンス（例えば，ソフトウェアのバージョンアップの概念等）が必要とされるものの，XBRLに関する知識は必ずしも必要ではない。実際，e-Taxの利用申請の提出から，電子納税の実施に至るまでの総てのプロセスにおいて，国税庁はXBRLという用語を一度も表に出していない。これは，ある意味で見識のある考え方といえるであろう。例えば，我々エンドユーザがワープロソフトや表計算ソフトを利用する際に，複雑で難解なコンピュータプログラムの動作原理に思いをはせる必要はない。逆にいえば，ユーザがそのようなことを考えなくても，マウスのクリックだけで簡単に操作できるソフトが優れたソフトである。一般の利用者には，XBRLよりも情報セキュリティに対する意識や，インターネットバンキングのパスワードの管理の方が重要になるであろう。上で検討したように，国税庁のe-Taxサイトにおいても，こうした事項の記述がメインになっている。適切なコンテンツで構成されている。

　e-Taxのソフト（国税電子申告・納税システム利用者用ソフトウェアVersion 1.6.0）では，画面の左側に表示されるメニューに「メッセージボックス」が組み込まれており，米国風の郵便箱のアイコンで表示されている。これがe-Taxシステムにおける国税庁とユーザとの正式なコミュニケーション手段の役割を果たしている。国税庁からの通知（例えば，電子申告の受付確認メッセージ）は，このメッセージボックスに格納される仕組みになっている。e-Taxシステムは双方向通信であり，EDINETの一方的な配信とは異なっている。なお，第Ⅲ節で述べた通常のメールは，セキュリティ機能が脆弱であることから，あくまで補助的な通信手段に過ぎず，広報活動目的のみに用いられている。

　メッセージボックスを開くには，16桁の利用者識別番号と暗証番号を入力しなければならない。受付システムへのログインが完了すると，財務省発行の「署名検査結果・証明書情報」が表示される仕組みになっており，厳格な情報セキュリティシステムが組み込まれている。この財務省発行の証明書では，証明書の発行者は財務省であること，データに改ざんがないこと，電子証明書の有効期限内のものであること，およびパス検証が正常に完了したことが検証さ

れている。

e-Tax は pay-easy（ペイジー）と連動している。e-Tax は，必ずしもインターネットバンキングを利用することが絶対的な条件ではないものの，銀行の窓口で税金を納付する方法では，電子申告の真価が発揮されない。上で述べたように，すべての必要なプロセスを自宅のパソコンで短時間で処理することに電子申告の本当の意義がある。

電子署名済みの申告書のＸＭＬ検証が終了すると，e-Tax ソフトの画面の右下に「インターネットバンキング」のアイコンが表示される。これをクリックすると，pay-easy に接続される。ただし，このとき，「これ以降は，国税庁の管轄範囲外です」という旨のメッセージが表示される。システムの境界問題を考えると，必要な措置である。納税者番号や納税額，収納機関番号（国税庁のコードは00200）等の情報は，自動的に引き渡されており，ユーザが入力する情報は銀行の暗証カードに記載された利用者番号と第一暗証・第二暗証である。インターネットバンキングは，おそらくすべての金融機関で，振込の上限額が10万円に初期設定されている。近年多発している振り込め詐欺に対する情報セキュリティ対策である。なお，振込額が10万円を超える納税者の場合には，第二暗証と第三暗証を用いて振込の上限額を変更できる。第二暗証と第三暗証のシステムは，筆者が利用しているＳＭＢＣとＭＵＦＧを比較すると，ほぼ同じような仕組みになっている。

Ⅶ　電子証明書とＩＣカードリーダのあり方

接触型のＩＣカードリーダ（ＵＳＢ接続）は手のひらサイズのコンパクトなものである。筆者が利用しているＮＴＴコミュニケーションズのＩＣカードリーダは，本体価格2,500円で，郵送料を含めると3,000円である。ＮＴＴコミュニケーションズのホームページから購入する。

住民台帳基本カード（住基カード）は，クレジットカードと同じ大きさであり，オプションで写真を付けることができる。写真の有無にかかわらずカード本体

は500円で，パスポートと同様に有効期間は10年である。ICチップに書き込まれる「電子証明書」は発行手数料500円で有効期間は3年である（発行者は各自治体の知事）。ICチップに書き込まれた電子証明書を読み取る場合には，住基カードをICカードリーダに挿入する。

ICカードリーダは，決して大型で高価なデバイスではない。最近，e-Taxユーザとの意見交換を行う機会が多くなったが，一般的な論調としては，ICカードリーダや住民台帳基本カードは電子化の普及・促進を推奨する目的にプライオリティを与えるならば，「無償」で配布すべきであるという意見が多いように思われる。ただし，電子証明書は，住民票の発行に準じて，適切な料金設定をしても制度上の問題は無いと思われる。

Ⅷ　電子税務調査

最後に，電子税務調査の問題に触れておきたい。電子税務調査（標準監査ファイル）とは，法人が電子帳簿を課税庁に提出し，税務調査官が電子的な方法で（具体的には，CAAT等のコンピュータ利用監査技法を用いて）税務調査を行うことを意味する。

既に述べたように，わが国の国税庁は，平成15年に「国税関係法令に係る行政手続等における情報通信の技術の利用に関する省令」によってXBRL仕様書2.0をベースとした国税電子申告・納税システム（e-Tax）を導入しているが，平成17年11月4日に「標準監査ファイルに関する調査委託」の企画案の募集を公示している。すなわち，国税庁は，電子申告に加えて，電子税務調査（標準監査ファイル）にも関心を有している。わが国では，SAFとXBRL GLの関係に関する研究が未だ十分に行われていないために，欧米の先進的な事例や取り組みについての調査が必要になっているものと忖度される。SAFとXBRL GLの関係を整理することは，今後の重要な研究課題であると考えられる。

オランダのPwCのMarc van Hilvoordeは，SAFとXBRL GLの関係について，次のように述べている。SFAの監査業務への利用にも言及している。

第4編　ネットワーク社会と電子申告

「既に広く知られていると思われるが，オランダにおいては，Belastingdienstによって仕様が定められたXML監査ファイル（XML audit file）が利用されている。監査法人として，我々はこの監査ファイルを監査ソフトに取り込んで活用している。

　我々は，総ての明らかな理由によって，スタンダードを確立することに協力したいと考えており，XBRLとXML監査ファイルの特質を比較している。私見では，XBRLの財務報告のレベルではなく，XBRL-GLタクソノミのレベルで細部の比較を行うことが正しい。」(http://lists.oasis-open.org/archives/tax/200403/msg00033.html)

　XBRLとSAFは，ともにXMLの派生言語（デリバティブズ）である点では共通しているが，AICPAのXBRLがもともと財務報告や事業報告の目的で開発されたものであるのに対して，OECDのSAFは課税目的で開発されたものである。このように開発された経緯に違いはあるものの，PwCのMarc van Hilvoordeも指摘しているように，結果的には類似した部分も多く，両者の概念的な整理が必要になっている。OASIS Tax XML Technical Committeeは，*XML Position Paper for Tax Administrations* の最新版を2005年9月1日に公表し，課税目的のための事業・財務情報を処理する中心的な基準はXBRLであると勧告している。

　Eric Cohenの「XBRL GLによる税務調査と監査の改善」(Cohen [2005])によると，SAFとXBRL GLの研究や制度化には，OECD-FTA，OASISおよびXBRLの三つの団体が関与している。Oasis Tax XMLは上記のように*XML Position Paper for Tax Administrations*でXBRLの使用を勧告しているので，オランダPwCのMarc van Hilvoordeが指摘しているように。今後，OECDのSAFとXBRL-GLの細部を比較していく作業が必要であろう。

IX　む　す　び

　本章では，電子申告（e-Tax）と電子税務調査（SAF）の現状と課題を検討

第14章 電子申告の概要

してきたが,最後に,IT監査研究の立場から幾つかのポイントを指摘しておきたい。

第一に,従来は,IT監査(システム監査)というと,主に民間企業の情報システムを対象にして考えてきたが,これからは,国税庁,税務署,各自治体等のパブリックセクタにおける情報セキュリティ監査の必要性が一層高まっている。電子納税制度の根幹に関わる重要な問題である。

第二に,今後の重点研究テーマであるSAFは,税務会計領域に含まれる問題であるものの,実際に適用されるCAATは会計監査と同じ監査技法である。この点で,SAFはIT監査の研究成果が応用されうる興味深いテーマである。

【参考文献】

American Institute of Certified Public Accountants(AICPA)[1994], *Improving Business Reporting-A Customer Focus : Meeting the Information Needs of Investors and Creditors,* Report of the Special Committee on Financial Reporting (often called the *Jenkins Committee* after its chairman, Edmund Jenkins), New York, NY: AICPA.

―――[1997], *Report of the Elliott Comittee.* Report of the Special Committee on Assurance Services(often called the *Elliott Committee* after its chairman, Robert K. Elliott), New York, NY: AICPA. (Downloaded on November 4, 2000 from http://www.aicpa.org/assurance/indx.htm)

Botosan, Christine A[1997], Disclosure Level and the Cost of Equity Capital, *Accounting Review* 72(3), pp. 323-349.

Canadian Institute of Chartered Accountants(CICA) [2002], *Audit and Control Inplications of XBRL,* Report of the Information Technology Advisory Committee, Toronto, ON:CICA.

Cohen, Eric. E[2005], *Improving Audit with, and Auditing, XBRL GL,* PPT Presentation at the Twelfth XBRL International Conference in Tokyo.

Debreceny, Roger S., and Glen L. Gray[2001], The Production and Use of Semantically Rich Accounting Reports on the Internat:XML and XBRL, *International Journal of Accounting Information Systems* 2 (1), pp. 47-74.

―――, and Paul L. Bowen [2005a], The Effects on End-User Query Performance of Incorporating Object-Oriented Abstractions in Database Accounting Systems, *Journal of Information Systems* 19(1), pp. 43-74.

―――, Glen L. Gray, Joeson Jun-Jin Ng, Kevin Siow-Ping Lee, and Woon-Foong Yau [2005b], Embedded Audit Modules in Enterprise Resource Planning Systems :

Implementation and Functionality, *Journal of Information Systems* 19(2), pp. 7−27.
―――― (Convenor), Akhilesh Chandra, John J. Cheh, Denis Guithues-Amrheim, Near J. Hannon, Paul D. Hutchison, Diane Janvrin, Roberta Ann Jones, Barbara Lamberton, Andy Lymer, Maureen Mascha, Robert Nehmer, Saeed Roohani, Rajendra P. Srivastava, Samir Trabelsi, Thomas Tribunella, Gerald Trites, and Miklos A. Vasarhelyi [2005c], Financial Reporting in XBRL on the SEC's EDGAR System: A Critique and Evaluation, Paper of Working Party of the AAA Information Systems and Artificial Intelligence/Emerging Technologies Sections, *Journal of Information Systems* 19(2), pp. 191−210.
Financl Accounting Standards Board (FASB) [2000], *Electronic Distribution of Business Reporting Information,* Steering Committee Report Series, Business Reporting Research Project, Norwalk, CT: FASB.
―――― [2001], *Improving Business Reporting: Insights into Enhancing Voluntary Dusclosures,* Steering Committee Report Series. Business Reporting Research Project, Norwalk, CT: FASB.
―――― [2006], *Conceptual Framework for Financial Reporting: Objective of Financial Reporting and Qualitative Characteristics of Decision-Useful Financial Reportong Information,* Preliminary Views, Norwalk, CT: FASB.
Hoffman, Charles, and Carolyn Strand [2001], *XBRL Essentials: A Nontechnical introduction to eXtensible Business Reporting Language (XBRL): The Digital Language of Besiness Reporting,* New York, NY: AICPA. (渡辺榮一訳 [2001], 『xbrl エッセンシャル：XMLによる財務情報サプライチェーンの構築』東京商工リサーチ)
―――― [2006], *Financial Reporting Using XBRL,* IFRS and US GAAP Edition, Kirkland, WA: UBmatrix.
Information Systems Audit and Control Association (ISACA) /IT Governance Institute (ITGI) [2005], *COBIT 4.0,* Rolling Meadows, IL: ISACA/ITGI.
International Accounting Standards Committee (IASC) [1999], *Business Reporting on the Internet,* A Discussion Paper Issued by the IASC Staff, London, UK: IASC.
Kaplan, Robert S [1990]. *Measures for Manufacturing Excellence,* Boston, MA: Harvard Business School Press.
――――, and David P. Norton [1996], *The Balanced Scorecard: Trancelating Strategy into Action,* Boston, MA: Harvard Business School Press.
XBRL Japan開発委員会 [2006], 『拡張可能な事業報告言語（XBRL）2.1/JIS X7206：2005』XBRL Japan 開発委員会．
――――マーコム（マーケットアンドコミュニケーション）委員会 [2007], 『XBRL Fact Book 9』XBRL Japan. (Doweloaded form http://www.xbrl-jp.org/download/XBRLFACTBOOK_ver.9.pdf on May11, 2007)
XFRML Steering Committee [2000], *XFRML (eXrtensible Financial Reporting Markup Language): An Overview for Financial Excutives,* New York, NY: XFRML

Steering Committee.
Ramin, Kurt [2005], *Financial Reporting Goes Global:XBRL and IFRS,* PPT Presentation at XBRL Symposium in Warsaw.
武田隆二 [2006],「緊急提言：電子申告の実践目標達成に向けて」『TKC』,第407号,4－13頁。
玉川雅之 [2006],「e-Tax の普及に向けた取組について」『TKC』,第407号,16－18頁。

（池田　公司）

第15章

電子申告とXBRL

I はじめに

　IT革命による社会基盤の整備と国際競争力の強化を図るため，いわゆる「e-Japan構想」が表明されたのは，2000年9月のことであった。このe-Japan構想を実現するため，2000年11月には「高度情報通信ネットワーク社会形成基本法」(いわゆるIT基本法)を成立させ，翌2001年1月には内閣に「高度情報通信ネットワーク社会推進戦略本部」(いわゆるIT戦略本部)が設置された。

　このときIT戦略本部から出された最初のe-Japan戦略では，電子政府を構築するために打ち出された施策として，2003年までに国が提供する実質的にすべての行政手続きをインターネット経由で可能とすることを目標とし，それをする実現するため個々の手続に求められる書類の削減・標準化，書面の提出・保存を求める法令の見直し等を行われることになった。これを受けて2002年2月には，「行政手続きにおける情報通信の技術の利用に関する法律」(行政手続オンライン化法)，行政手続きにおける情報通信の技術の利用に関する法律の施行に伴う関係法律の整備等に関する法律」(整備法)，「電子署名に係る地方公共団体の認証業務に関する法律」(公的個人認証法)という，いわゆる行政手続オンライン化関係三法が施行された。目下，行政機関への申請・届出等の行政手続きをオンライン化するための努力が，各方面でなされている。

　このような一連の改革の中で，当然ながら税務申告業務についてもオンライン化が進められてきた。国税庁による税務申告のオンラインシステムは「国税

電子申告・納税システム」と呼ばれ，その取組みについては，国税庁が運営しているWebサイト（http://www.e-tax.nta.go.jp/）において公開されている。2002年11月には，国税庁において電子申告のためのシステムを開発するにあたって，申告書に添付する財務諸表データの仕様としてXBRL (eXtensible Business Reporting Language) というXMLベースの財務報告用言語が採用された。

XBRLは，企業の財務諸表を記述するためのXMLベースのマークアップ言語であり，世界各国における電子開示，与信管理，税務申告などのシステムに採用されるべく国際的な協力体制のもとで開発が進められている。このXBRLが日本における電子申告の財務諸表データの標準仕様として利用されることにより，財務諸表データの一元的な管理への道が開けたことになる。その意味において，XBRLの採用は単なるデータ仕様の選定の問題にとどまらない。各企業における財務報告や納税業務などの業務の効率化をもたらし，日本における証券市場の活性化と与信リスク管理の効率化が期待され，その波及効果はかなり大きい。

本章では，まず電子申告が導入されるに至った経緯について簡単に触れ，電子申告システムにおいて，申告データの基本的な構造とXBRLがどのように利用されるかについて解説する。続いて，財務諸表データを記述するために利用されるXBRLについて，技術的な背景をふまえながら電子申告におけるXBRLの役割について述べる。最後に，電子申告と電子開示システムとの有機的な連携を図るために何が必要であるのか，将来に向けた展望について議論することにしたい。

II　電子政府の実現へ向けた諸施策

電子申告の導入が検討されるようになった根拠を遡ってみると，当時の総務庁が中心となってまとめ1994年6月に閣議決定された『行政情報化推進基本計画』に辿り着く。この基本計画は，「行政をめぐる内外諸情勢の変化に的確に対応し，行政の総合性の確保，簡素化・効率化の一層の推進，国民ニーズへの

第15章　電子申告とXBRL

対応等を図っていくことが要請されているが,近年急速な進歩を遂げつつある情報通信技術の成果を活用し,これらの要請に一層的確に対処する」(前文より)ために策定されたものであるが,1992年より取り組まれていた行政文書の規格統一化(行政文書のA版化)と電子媒体を利用した文書管理改善の推進(行政文書のペーパーレス化)の延長線上に位置するものであり,今日のe-Japan構想のように戦略的な意味合いはあまりなかったといえよう。

　行政情報化推進の施策に大きな転機が訪れたのは,1997年12月に『行政情報化推進基本計画の改定について』の閣議決定がなされ,基本計画の内容が大幅に刷新されてからである。1995年に5ヵ年計画を策定したものの,インターネット元年と呼ばれる1996年を境にパーソナルコンピュータとインターネットの爆発的な普及により状況は一変し,電子商取引等の動きが具体化するようになると,申請手続等の電子化による国民負担の軽減や行政部門の情報化が社会全体の情報化の先導的役割を担うことへの要請が高まりを見せるようになった。このような状況の変化に伴って『行政情報化推進基本計画』が変更されることになったが,計画変更内容の筆頭に掲げられているのが「申請手続等の電子化の推進,ワンストップサービスの段階的実施,インターネット等による行政情報の提供の推進」である。この時点においては,今日のe-Japan構想の大枠については出揃うことになった。しかし,それでもなお国家戦略として重要な位置付けをなされるまでには至らなかった。

　電子政府の構築が国家戦略としての色彩を帯びたのは,おそらく経済対策閣僚会議が1999年11月に公表した『経済新生対策』からであろう。この中で日本経済新生への道筋が提言されたが,新たな概念に基づいた発展基盤の整備の具体的な施策として電子政府の実現が挙げられており,電子申告についても「国税の電子申告については,必要な実験を行うなど,その実現に向けての基盤の整備を推進する」との文言が織り込まれている。さらに同年12月には当時の小渕内閣は『ミレニアム・プロジェクト(新しい千年紀プロジェクト)について』を内閣総理大臣決定し,2003年度を目処に国の申請・届出等手続の電子化の先導的取組みとして,「有価証券報告書等の提出・縦覧手続等」や「国税の申告手

239

第4編　ネットワーク社会と電子申告

続等」について，インターネット等のネットワークを利用して，オンライン申請・届出が可能となるようなシステムの実用化を図ることが打ち出された。他の国々に比べて電子政府への対応の遅れが指摘されはじめていたこともあいまって，ここに来て明確な国家戦略としての位置付けがなされるようになった[1]。その後，森内閣が2000年4月に発足し，e‐Japan構想が打ち出されることになったのである。

それでは，このe‐Japan構想の成果は実際にはどうだったのであろうか。**図表15－1**は，2001年度の時点における電子政府への取組みの国際比較表である（経済産業省［2001］，46頁）。この表は税務申告手続きの部分のみを抜粋したものであるが，税務申告に係る部分だけを見ても，2001年の時点において日本は

図表15－1　2001年度の時点における電子政府への取組みの国際比較

	様式入手	申告手続	確認証明
米　　　　国	○	○	○
イ ギ リ ス	○	△	
フ ラ ン ス	○	○	
ド　イ　ツ	○	○	
フィンランド	○	○	△
オーストラリア	○	△	△
日　　　　本	△		
韓　　　　国	○	○	
香　　　　港	○	○	
台　　　　湾	○	○	○
シンガポール	○	○	○
マ レ ー シ ア			
インドネシア	○		
フィリピン	○		
中　　　　国			

備考：○……電子媒体でほぼ可能，△……一部可能
出所：経済産業省［2001］，46頁より抜粋

欧米先進国に大きな遅れをとっているだけでなく，韓国・香港・台湾・シンガポールといったアジア諸国と比べても遅れをとっていたことが分かる。

その後の状況はどのように変化したのだろうか。たとえば早稲田大学の電子政府・自治体研究所（http://www.obi.giti.waseda.ac.jp/e_gov/）では，世界の主要32カ国を対象とした電子政府の進捗状況を調査・検証した世界ランキング結果『世界電子政府進ちょく度調査』を公表している。この調査は，(1)ネットワーク・インフラの充実度，(2)インターフェース・オンラインサービス，(3)マネジメント最適化，(4)ホームページの状況，(5)ＣＩＯの導入・評価，(6)電子政府の推進状況，という6分野28項目について評価を行っているが，2005年12月に公表した調査では，日本の電子政府の取り組みは世界第4位となっており，この第1回目の調査が行われた2004年時点の7位よりも三つランクアップを果たしている。その後も，2007年1月に公表された第3回目の調査結果でも，第4位という地位をキープしている（**図表15－2**）。

図表15－2　『世界電子政府進ちょく度調査』の電子政府ランキング

ランク	第1回調査（2004）	第2回調査（2005）	第3回調査（2007）
1	米国	米国	米国
2	カナダ	カナダ	カナダ
3	シンガポール	シンガポール	シンガポール
4	フィンランド	日本	日本
5	スウェーデン	韓国	韓国（同点4位）
6	オーストラリア	ドイツ	オーストラリア
7	日本	台湾	フィンランド
8	香港	オーストラリア	台湾
9	マレーシア	英国	英国
10	英国	フィンランド	スウェーデン

出所：電子政府・自治体研究所
　　　（http://www.obi.giti.waseda.ac.jp/e-gov/）

この調査結果のランキングには色々と異論はあるかもしれないが，少なくと

もe-Japan構想以降における日本の電子政府への取り組みは，それなりに成果が出ているという傾向については認めることができるだろう。

また地方自治体レベルでの取組みについては，ランキングは公表されていないが各国事情を詳細にまとめた報告書「各国の電子自治体の推進状況」が自治体国際化協会より公表されている（http://www.clair.or.jp/j/forum/compare/0607.htmlより入手可能）。この報告書にもあるように，国や地方自治体の申請手続きのほとんどは電子化されているが，その利用率は低いまま推移しているのが現状である。

そこで2006年1月に策定された「ＩＴ新改革戦略」において，2010年までに利用率を50％までに高めることが目標として定められた。その一方で，2006年9月にはパスポートの電子申請の利用率があまりにも低いため，9月末をもってシステム停止のアナウンスがなされるなど（http://www.mofa.go.jp/mofaj/toko/passport/denshi.html：2006年10月現在），必ずしもすべてが順調ではないことも現実として認識しておかなければならない。

Ⅲ　電子申告制度の始動

e-Japan構想が出された当時，国税庁に設置された「申告手続の電子化等に関する研究会」は2000年4月19日に『望ましい電子申告制度の在り方について』と題する報告書をまとめた。電子申告制度の基本的な考え方として，以下の四つの点を指摘している。

1　納税者の利便性

電子申告導入の目的は，従来の納税申告書を税務署への持参又は郵送により提出する申告方法に加え，申告内容を電子データの形でオンラインで送信するという，より簡便な申告方法の選択肢を納税者に提供することにある。したがって，電子申告は，所得計算そのものを含む納税者における申告に要する手間や時間など申告手続負担を可能な限り軽減することにより，納税者の利便性の向

上に資するものでなければならない。

2　納税者の信頼

納税申告は，納税者の権利・義務に大きな影響を与える手続であり，その内容は納税者のプライバシーそのものであることに鑑み，電子申告は納税者の秘密が完全に保たれることを含め，セキュリティの確保について納税者の信頼を得られるものでなければならない。

3　適正・公平な課税

電子申告の導入は，現在の申告水準の低下を招くものであってはならず，税務行政の基本である適正・公平な課税に資するものでなければならない。

4　税務行政の効率化・高度化

電子申告は，税務当局にとっても，書面処理等の省力化による事務の効率化や，電子申告データの多角的な分析，活用などによる税務行政の高度化に資するものでなければならない。

このような考え方のもとに，以下のような具体的な論点が示されている。
1．電子申告の対象税目
2．添付書類の取扱い
3．電子申告の方法
4．納税者等の認証とセキュリティの確保
5．その他，提出時期，提出の確認，環境整備等

これらの論点に対し，根田ほか[2001]では，わが国における電子申告制度の導入において，電子申告関与者の範囲，電子申告実施の範囲，電子申告の提出に係る諸問題，添付書類等の送付，といった四つの点に分類して問題が指摘されている。本章に関連する問題点のみを挙げるならば，電子申告実施の範囲については，どの税目で電子申告を実施するかによって，申告書の様式，付表の添付の有無，添付資料の範囲，納税者数等が異なるため，これらを総合的に

勘案して検討を進める必要がある点と（162頁），電子申告の提出に係る諸問題については，電子認証の方法，暗号化の方法，付表または計算書等の添付，添付を要する書類の取扱い等の点を解決しなければならないという点（170頁）に集約されるであろう。さらには，法人税の場合，添付書類として貸借対照表，損益計算書，損益金の処分表，勘定科目内訳明細書，資本積立金額増減明細書，事業概況説明書といった添付する必要がある。個人・法人にかかわらず事業を営む場合は財務諸表の提出が必要になることから，「会計勘定科目をコード化する必要」があり，「有価証券報告書等と統一化するかどうかは，今後の検討課題」（165頁）であると指摘されている。これらの問題は，2004年2月から段階的に実施される電子申告・納税システムにおいて，どのような対応がなされているのだろうか。そこで次のセクションにおいて，電子申告・納税システムの送信データ構造の概要を説明し，この問題を検討することにしたい。

Ⅳ　電子申告・納税システムの送信データ構造

　日本においては，電子申告・納税システムが2004年2月から段階的に稼動し，最初は名古屋圏から始まり，全国へと適用地域が拡大していった。日本の電子申告システムは後発の強みを生かし，最先端のシステムを構築している。以下，国税庁の電子申告・納税システムのWebサイト（http://www.e-tax.nta.go.jp/）の情報に基づいて，本システムの送信データ構造の概要を紹介し，先ほどの問題点をどのように解決しているかを見てみることにしよう。

　国税庁の電子申告・納税システムの送信データは，「e－Taxソフト仕様」として公開されている。前述した申告書の提出に係る諸問題は，e－Taxソフトと呼ばれる申告データの作成とデータの送信を行うソフトウェアを利用することによって，申告書を提出するにあたってあらかじめエラーのチェックができ，手軽にデータの送信ができるようになっている。このようなソフトウェアを用意することにより，データの作成に関する問題点の多くが解決している。また送信データの暗号化により，データの漏洩を未然に防ぐような仕組みが講じら

れており，電子署名と電子証明書を併用することによって，なりすましやデータの改竄などの脅威に対しても対策が講じられている。

　同様のシステムは，地方税についても実施されている。地方税の電子申告・納税システムはeLTAX（エルタックス）と呼ばれているが（URLはhttp://www.eltax.jp/），税目が異なる以外は，基本的には国税のe-Taxシステムと同じである。大きな特徴は，すべての自治体が同じeLTAXシステムを利用して申告・納税が可能であるという点であり，これによりわざわざ各地の税務署に赴かなくても，国税だけでなく地方税についてもインターネット上で申告・納税手続きが行えるようになっていることである。

　それでは，電子申告・納税システムにおいては，申告データの様式や添付書類である財務諸表のデータはどのように扱われているのだろうか。また，会計勘定科目のコード化や，有価証券報告書とのコードの統一化といった問題は，どのように解決されているのだろうか。ひとことで言うならば，データ形式としてXML（eXtensible Markup Language）を採用し，さらに財務諸表データをXBRLによって記述することによって解決しているのである。

　図表15-3は，申告書の送信データ構造を示している。送信データはXML 1.0によって記述されているので，冒頭に＜？xml version="1.0"encoding="UTF-8"？＞というXML宣言が指定される。さらにルートエレメントとして＜ＤＡＴＡ＞が定義されており，送信データはすべてこの＜ＤＡＴＡ＞と＜/DATA＞のタグの間に記述されることになる。送信データは，「手続き」と「ＸＭＬ署名」という二つの要素から構成され，「手続き」はさらに「管理用部分」と「内容部分」という二つの要素に大別される。具体的な申告データや添付書類等のデータは，この「内容部分」に記述されることになるが，次のような要素から構成されている。

①　ＩＴ部
②　帳票個別部分（独自）
③　帳票個別部分（汎用）
④　第三者作成の証明書等添付書類

第4編　ネットワーク社会と電子申告

図表15-3　電子申告・納税システムの送信データ構造

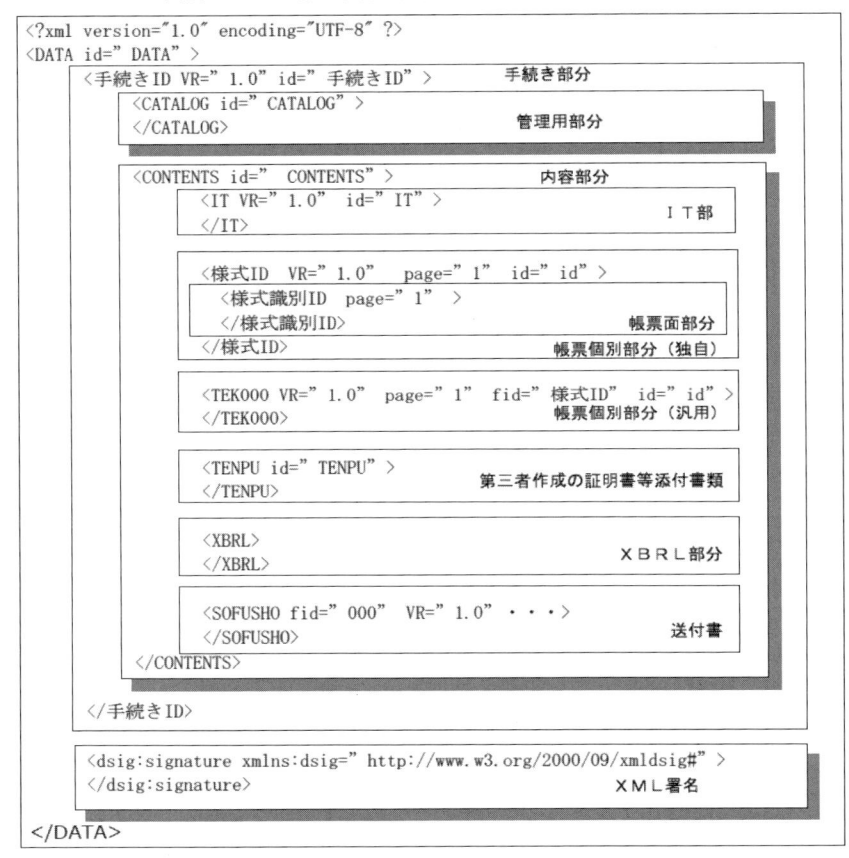

```xml
<?xml version="1.0" encoding="UTF-8" ?>
<DATA id="DATA">
    <手続きID VR="1.0" id="手続きID">            手続き部分
        <CATALOG id="CATALOG">                    管理用部分
        </CATALOG>

        <CONTENTS id="CONTENTS">                  内容部分
            <IT VR="1.0" id="IT">                 ＩＴ部
            </IT>

            <様式ID VR="1.0" page="1" id="id">
                <様式識別ID page="1">
                </様式識別ID>                     帳票面部分
            </様式ID>                             帳票個別部分（独自）

            <TEK000 VR="1.0" page="1" fid="様式ID" id="id">
            </TEK000>                             帳票個別部分（汎用）

            <TENPU id="TENPU">
            </TENPU>                              第三者作成の証明書等添付書類

            <XBRL>
            </XBRL>                               ＸＢＲＬ部分

            <SOFUSHO fid="000" VR="1.0" ・・・>
            </SOFUSHO>                            送付書
        </CONTENTS>
    </手続きID>

    <dsig:signature xmlns:dsig="http://www.w3.org/2000/09/xmldsig#">
    </dsig:signature>                             ＸＭＬ署名
</DATA>
```

出所：「国税電子申告・納税システム」Webサイト
　　　（http://www.e-tax.nta.go.jp/）より

⑤　XBRL部分
⑥　送付書

添付書類の財務諸表データは，このうち「XBRL部分」に記述されることになる。「XBRL部分」の要素は，任意で出現回数が1ということなので，必須ということではない。しかしながら事業者が電子申告を行う際に「XBRL部分」を省略した場合，印刷された紙媒体の財務諸表を別途提出しなければならない

第15章　電子申告とXBRL

ため，電子申告のメリットを生かすことはできない。したがって電子申告を行う企業のほとんどは，XBRLで記述された財務データを申告データに添付するものと思われる。

電子申告・納税システムの送信データは，XMLで記述されているため，XBRLのようにXMLベースの言語で記述されたものであれば，このように何の問題もなく取り込むことができる。送信データ構造を見れば理解できるように，単にXBRLによる財務諸表データだけでなく，XML署名のデータなどもシームレスに取り込むことが可能である。

ここにデータ形式としてXMLを採用した最大のメリットがある。XMLはデータ交換のための標準言語としての地位を確立しつつあり，単なるテキストデータだけでなく，画像データや音声データなども記述することが可能である。日本の電子申告・納税システムは，始動こそ少々遅れたものの，後発の強みをうまく生かして，結果としてデータ形式としてXMLという最先端の技術を取り入れることに成功した。このことは，柔軟かつ長期にわたって利用可能なシステムを構築することができたことを意味している。国税庁の電子申告関係者の先見性と，最新の技術に果敢に取り組む姿勢を高く評価したい。

XBRL部分には，①XBRL形式の具体文書（インスタンス）と，②別途指定するタクソノミ以外のタクソノミを使う場合はそのタクソノミ，という二つの情報が記述される。前述の問題点として指摘されていた「勘定科目のコード化」については，このタクソノミによって実現されることになる。同時に，有価証券報告書のコードの統一化もまた，このタクソノミによって実現されることになる。送信データの財務諸表データの記述について，XBRLを採用する意義はここにある。なぜXBRLを採用することによって，勘定科目のコード化や有価証券報告書とのコードの統一化が実現するかについては，次節において述べることにしたい。

V　XBRLタクソノミの役割

　XBRLの技術体系は広範囲かつ複雑であり，XML SchemaやXLinkといった最先端の技術をふんだんに利用していることもあって，これをひとことで説明することは難しい。そこでなるべく技術的な問題に立ち入らずに，XBRLのタクソノミが電子申告・納税システムの財務諸表データ部分の勘定科目コードとしての役割を果たし，さらに有価証券報告書等とのコードの統一化をはかることが可能となっている理由に関連する部分に限定して，以下に説明していくことにしよう[2]。

　XBRLは，電子申告・納税システムの送信データ構造にも書かれているように，「インスタンス文書」と「タクソノミ」から構成される。

1　インスタンス文書

　　財務諸表に記載される勘定項目とその数値を記載した文書で，XML形式で記述される。

2　タクソノミ

　　インスタンス文書に記載される勘定科目についての識別情報その他の関連情報を定義したもので，タクソノミ・スキーマと五つのリンクベースから構成される。タクソノミ・スキーマは，XML Schemaという規格に従って記述され，リンクベースはXLinkという規格に従って記述されている。

　図表15－4は，タクソノミを構成するファイル群とその役割を示したものである。

　勘定科目に関するコード体系といえば，日本工業規格（ＪＩＳ規格）で定められている勘定科目コード（JIS X 0406）をまず思い浮かべることになる[3]。ＪＩＳの勘定科目コードは4桁の数字で表現されているが，この数字は各勘定科目

図表15-4 タクソノミを構成するファイル群

ファイルの種類	役割
タクソノミ・スキーマ	勘定科目を識別するエレメント名を定義する
定義リンクベース	勘定科目の階層構造を定義する
表示リンクベース	財務諸表上の表示順序を定義する
計算リンクベース	各勘定科目の集計方法を定義する
名称リンクベース	財務諸表上の表示名称を定義する
参照リンクベース	各勘定科目の会計処理の根拠となる会計基準を示す

の「識別情報」であるだけでなく，その数字に一定の意味をもたせることで，勘定科目の「階層構造」と「表示順序」を示すように規定されている。会計に関連するソフトウェアは，勘定科目コードから得られるこれらの情報を利用するように設計がなされているが，勘定科目を識別し，階層構造を示し，表示順序を示してくれるものであれば，必ずしもJISの勘定科目コードを使う必要はない。XBRLのタクソノミもまたこれらの役割を果たすことが可能なので，勘定科目コードに取って代わることができる。XBRLのタクソノミには，これ以外にも様々な情報が定義されているので，さらなる高度な利用が可能であるというメリットもある。

　XBRLのタクソノミが勘定科目コードとしての役割を果たすことは理解できた。では，有価証券報告書等で利用される勘定科目コードとの統一化についてはどうであろうか。別の言い方をするならば，電子申告に用いられるタクソノミと，有価証券報告書等で用いられるタクソノミとの間で，勘定科目コードとしての役割を果たす諸情報を統一化できるかという問題である。結論からいえば，外部のタクソノミを取り込むためのimportという機能を使えば簡単に実現が可能である。事実，電子申告で当初利用されていた「税務用タクソノミ」では，有価証券報告書や商法決算公告等で利用される「基本財務諸表タクソノミ」を取り込んで利用するように設計されている。

　XBRLタクソノミの開発では，すべての財務諸表に共通する勘定科目に関する各情報を集約し，それを共通タクソノミとして定義することから始める。日

第4編　ネットワーク社会と電子申告

本では有価証券報告書や商法決算公告等で用いられる勘定科目について「基本財務諸表タクソノミ」が定義されており，一般的な商工業の企業が財務諸表を作成するためには，この基本財務諸表タクソノミを利用するだけで十分である場合が多い。しかしながら一般企業ではほとんど利用されないが，特定の業種ではしばしば使われる勘定科目というものも存在する。また特定の制度のもとでしか利用されない勘定科目も存在する。このような業種固有あるいは制度固有の勘定科目については，その目的別タクソノミを別途用意するが，そこにすべての勘定科目を定義するのではなく，基本財務諸表タクソノミに存在しない勘定科目のみを定義するようにする（**図表**15－5）。共通する勘定科目については，既にある基本財務諸表タクソノミを利用するようにすれば，効率的に目的別タクソノミを開発することができ，制度変更などにも柔軟に対応することができる。問題は，これをどのように実現するかである。

図表15－5　税務用タクソノミで定義される勘定科目の範囲

基本財務諸表タクソノミーで定義されている勘定科目　　　税務で利用する勘定科目

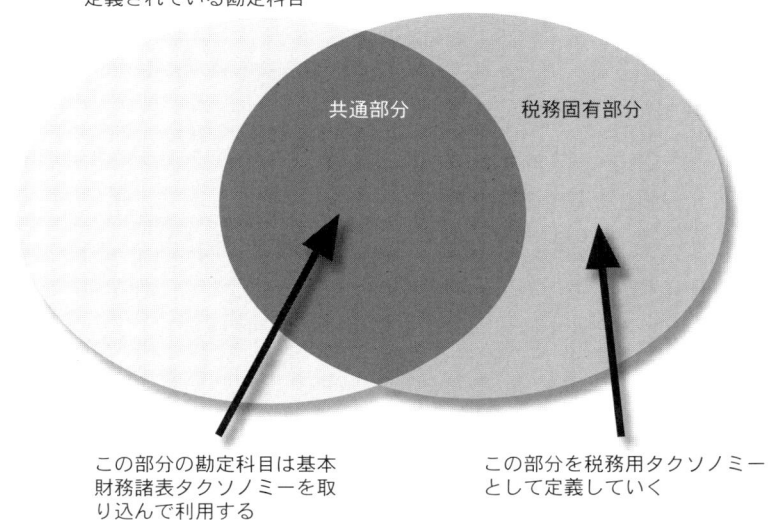

共通部分　　　税務固有部分

この部分の勘定科目は基本財務諸表タクソノミーを取り込んで利用する　　　この部分を税務用タクソノミーとして定義していく

少々技術的な話に立ち入らざるを得ないが，XBRLのタクソノミ・スキーマはXML Schemaに従って記述されている。XML Schemaでは，このような

機能を実現するためにimportとincludeという2種類の方法が用意されている。どちらも他のスキーマを扱えるようになるという点で共通しているが，importは他のスキーマを参照できるようにすることでこの機能を実現しているのに対し，includeは他のスキーマを内部に取り込むようにすることでこの機能を実現しているという点で異なっている[4]。

　XBRLでは前者のimportの機能を使って，他のスキーマの取り込みを実現している。税務用タクソノミでは，基本財務諸表タクソノミをimportしているので，税務固有の勘定科目のほかに，有価証券報告書などで利用される基本財務諸表タクソノミの勘定科目をそのまま利用する。したがって勘定科目コードとしての役割を果たすタクソノミ・スキーマ，定義リンクベース，表示リンクベースは当初から共通しており，特に何もすることなく体系の整合性が保たれることになる。

　電子申告・納税システムで利用されるXBRL部分では，標準で利用される税務用タクソノミや基本財務諸表タクソノミの他に，企業固有のタクソノミも指定することができるようになっている。XBRLは，このように柔軟な拡張を実現するための機能を備えているため，企業によって微妙に異なる財務諸表を，統一的なインターフェースで扱うことができるのである。この機能はまた，会計基準や税法の変更があっても，柔軟に対応できることも意味している。

VI　む　す　び

　電子申告制度を実現するためには，申告書の電子化だけではなく，添付書類についても電子化が必要となるし，送信データの信頼性を付与するために電子署名や認証の仕組みも講じなければならない。国税庁の電子申告・納税システムは，データ送信形式としてXMLを採用したことにより，これらの様々なデータを統一的に扱うことが可能となった。電子署名については「XML署名」を，事業者が申告する際に添付しなければならない財務諸表データについては「XBRL」を使うといったように，XMLベースの様々なデータ形式を自

第4編　ネットワーク社会と電子申告

家薬籠中の物のごとく扱うことができるのも，データ形式にXMLを採用したことのメリットである。

XBRLは，単に税務申告用の財務諸表データを記述するための言語というだけでなく，有価証券報告書や決算公告などの記述に対しても使用可能な規格であり，自在に拡張が可能であることから，XBRLを採用することで，あらゆる財務諸表様式に対応することが可能となる。XBRLは，電子申告だけでなく東京証券取引所の決算短信の電子データ形式としても採用されている。さらに商法の改正により決算公告をWeb上で行うことが可能となったが，XBRLで用意されたデータを決算公告用のHTML形式に変換すれば，簡単にWebサイト上で財務諸表を公開することができる。

1999年に当時の小渕内閣が示した『ミレニアム・プロジェクト』において，2003年度を目処に国の申請・届出等手続の電子化の先導的取組みとして，申告納税等の手続きと並んで挙げられていたのは，「有価証券報告書等の提出・縦覧手続等」である。これについては，金融庁のEDINET（Electronic Disclosure for Investors' NETwork）により既に実現している。しかしながら，データ形式としてHTMLを採用しているために，データの2次利用が困難となっており，電子化したメリットが十分に生かされていないとの声がしばしば聞かれている。

このような状況を打開し，また同時に国際化時代にふさわしく多言語対応とするための最も有効で，将来性があり，コストのかからない方法は，XBRLを採用することであろう。2009年3月期決算よりEDINETシステムにおいてはXBRL形式のデータの提供がはじまったが，このためのタクソノミが金融庁によって開発されている。この金融庁タクソノミは仕様2.1に基づく最新のものであり，この金融庁タクソノミの開発にあわせ，電子申告用や決算短信用のタクソノミも仕様2.1に更新される予定である。これを契機とし，様々な財務データを一元的に管理することが可能となり，ひいては証券市場の活性化のみならず，納税業務の効率化につながるなど多くのメリットが期待されている。

XBRLは，財務諸表のようにアウトプット面だけを扱うXBRL FRという仕様だけではなく，仕訳や帳簿を記述するための仕様，すなわちXBRL GLとい

第15章　電子申告とXBRL

うものも存在する。当初XBRL GLとXBRL FRは直接的に関連づけるための仕様は存在しなかったが，2007年6月にXBRL GLに関する新たな仕様が公表され，会計データのインプットからアウトプットまでをXBRLというデータ標準によって一元的に管理できるための下地が整った。このXBRL GLの動向は，電子帳簿のあり方にも影響を与えうる可能性を秘めており，今後ともその展開を注視していく必要があるだろう。

(注)
(1) 電子申告を実現するためには，会計帳簿の電子化についての理解と，それに伴う法整備が必要となる。豊森[2003]は，会計実務を電子化する際に考慮しなければならない様々な論点を提示している。また電子申告について，根田ほか[2003]は，各国の事情やそれを実現するための法整備に係る問題点を検討している。
(2) XBRLについては紙幅の関係上十分な解説をすることができないため，以下に入手可能な資料・書籍を紹介する。XBRLの概要や応用事例などについてはXBRL Japanマーコム委員会が発行している『FACT BOOK』(http://www.xbrl-jp.org/download/より最新版をダウンロードできる)を参照されたい。XBRLの意義については浮田・羽藤[2000]，浮田[2001]，河﨑監訳・バージェロン[2007]を，実践的な課題については金井[2001]を，電子開示システムに対する展望については斎藤[2001]をそれぞれ参照されたい。技術的な側面を詳しく知りたい場合は，XBRL Japan監修，坂上・白田編[2003]，坂上[2007]，坂上監修・石綿[2008]等を読まれることをお勧めする。また，非財務情報への応用については花堂・ダイヤモンド社[2008]がある。
(3) これは1976年1月に制定され，1984年11月に一度だけ改訂がなされている。規格自体は現在でも有効であるが，内容は1984年のままであり，会計ビッグバン以降の新たな会計基準にまったく対応できていない。
(4) これらを理解するためには，XML Schemaに関する知識，とりわけ名前空間(name space)に関する知識が必要となる，XML Schemaの詳細については，たとえば屋内恭輔[2003]を参照されたい。またXMLに関する網羅的な解説は，中山幹敏・奥井康弘[2001]および中山幹敏・奥井康弘・日本ユニテック[2001]が詳しい。

【参考文献】
XBRL Japan監修，坂上学・白田佳子編[2003]『XBRLによる財務諸表作成マニュアル』日本経済新聞社。
浮田泉[2001]「XBRLの意義と概要」河﨑照行編著[2001]『eディスクロージャー電子情報開示の理論と実践』企業会計2001年6月別冊所収，中央経済社。
浮田泉・羽藤憲一[2000]「XBRLの意義とその発展可能性」『企業会計』第52巻第12号，中央経済社。

253

第4編　ネットワーク社会と電子申告

金井淨 [2001]「XBRLの実践的課題」河﨑照行編著 [2001]『eディスクロージャー電子情報開示の理論と実践』企業会計2001年6月別冊所収，中央経済社。
河﨑照行監訳，ブライアン・バージェロン [2007]『21世紀の財務報告－XBRLの本質』同文舘。
経済産業省 [2001]『通商白書（平成13年版総論）－21世紀における対外経済政策の挑戦－』ぎょうせい。
斎藤俊一 [2001]「有価証券報告書等の次世代電子開示「XBRL」スタンダード化へ向けて」『旬刊経理情報』，中央経済社。
坂上学 [2007]『会計人のためのXBRL入門』同文舘。
坂上学監修，石綿勇 [2008]『XBRLの実務－会計実務のためのXBRL入門』同友館。
豊森照信 [2003]『電子会計・帳簿の考え方と実践』税務研究会出版局。
中山幹敏・奥井康弘 [2001]『標準ＸＭＬ完全解説〈上〉』技術評論社。
中山幹敏・奥井康弘・日本ユニテック [2001]『標準ＸＭＬ完全解説〈下〉』技術評論社。
根田正樹・柳裕治・矢内一好・山口斉昭・水野正 [2001]『電子申告－わが国の導入に向けて－』ぎょうせい。
花堂靖仁・ダイヤモンド社 [2008]『XBRLの衝撃－日欧米40数カ国550余機関が推し進める世界標準』ダイヤモンド社。
屋内恭輔 [2003]『ＸＭＬスキーマ書法』毎日コミュニケーションズ。

（坂上　学）

第16章

電子申告と税務情報の信頼性

I 電子申告の進展状況

　平成22年4月の国税庁発表において，インターネットで申告・納税ができるe-Taxの利用件数重点15手続が，平成21年度（平成21年4月～同22年3月）1,658万件(前年度比116%)となったことが明らかとなった。主な手続きを税目別に見ると，所得税申告784万件（同169%），法人税申告128万件（同130%），個人消費税申告549万件（同124%），法人消費税申告145万件（同130%），法定調書108万件（同127%）となっている。これは，政府のオンライン利用拡大行動計画ベースのe-Taxの利用率は重点15手続きを対象とした件数で45.1%（前年度36.6%）となっている。国税庁は，各税目のいずれもが顕著な伸びを示していることに関し，法人・個人ともに税理士による代理送信が普及してきたことを第一にあげている（http://www.e-tax.nta.go.jp/topics/21/pressrelease.pdf）。

　これまで5年間（平成16年度～同20年度）の電子申告件数の推移を見ると，特に平成19年度において伸びが顕著で前年度比法人税申告5倍，所得税申告7倍となっている（http://www.e-tax.nta.go/kohyo/katsudou/chronilc/pdf）。国税庁によると，この原因は平成19年1月4日から税理士による代理送信に際し税務申告の依頼者である納税者本人の電子署名を省略したことが加速させたと分析している。また，個人の電子申告については，国税庁ホームページのe-Taxコーナーから簡単に電子申告することができるようになったこと，確定申告期

第4編　ネットワーク社会と電子申告

間においては，来署される個人に対し，e-Tax コーナーからの送信を促進したことが電子申告を加速させたと分析している。

　平成20年度法人税電子申告数は約128万件であるから，単純に計算すると申告法人に対する電子申告の割合は約46％程度となる(http://www.nta.gt.jp/kohyo/press/2009/hojin/01.htm)。しかし，この電子申告件数の計算には，確定申告に加え中間申告や予定申告を電子申告した場合にも，電子申告件数としてカウントされている。国税庁によると法人の電子申告に占める割合は圧倒的に中小法人であり，中間申告や予定申告を電子申告で実施した割合は非常に僅少であり，電子申告数128万件にほぼ近似する数の法人によって電子申告がなされたものと推計される。

　法人においては，すでに電子申告を行う環境は整っており，今後の課題としては，税理士関与の少ない個人の所得税申告をいかに進めるかと，法人の普及策としては，地方税の電子申告を受け入れる地方公共団体の増加がオンライン利用拡大行動計画の目標達成のカギを握っているといえよう。

II　最近の税務行政の動向

　「平成20事務年度における法人税の申告事績について」(http://www.nta.go.jp/kohyo/press/2009/hojin/01.htm)，「平成21年3月11日に開催された第11回国税審議会の議事資料」(http://www.nta.go.jp/kohyo/katsudou/shingi-kenkyu/shingikai/090311/gijiroku/01.htm)，「平成21年5月12日税制調査会スタディ・グループに係る資料」(http://www.cao.go.jp/zeicho/gijiroku/sg/kaia.pdf)，「平成21年度査察白書」(http://www.nta.go.jp/kohyo/press/press/2010/sasatsu/index.htm)，「平成21年度国税庁における e-Tax の利用状況ついて」(e-tax.nta.go.jp/topics/21/pressrelease.pdf)などから，最近の税務行政等の動向を見るなかで税務の信頼性に係る観点に焦点をあて，わが国の税務情勢の課題や問題点を浮きぼりにしておきたい。

(1)　第11回国税審議会の内容等を見ると，まず，税務行政を取り巻く環境変化

第16章 電子申告と税務情報の信頼性

を分析している。これによると、近年のわが国の出生率の低下から、日本がかつてない早さで少子高齢化が進んでおり、これに伴い労働人口の減少が推測されることから、内需的側面から見ると右上がり経済が終焉を迎えつつあること。

所得税の申告書件数が増加しているにもかかわらず、行財政改革の影響で徴税にあたる税務職員の数が増員できなくなっていること。一方、経済取引の国際化・広域化・高度情報化等が進展しているなかで、国際的な租税回避阻止への注力や広域的に事業展開する企業グループや電子商取引など先端分野への適正な徴税体制の確立が必要であると分析している。

このような業務の質的変化・情報化による調査の困難化、さらに、国際化、広域化の進展に加え、国税の平成19年分実地調査率は法人4.9％、個人0.7％と低調な傾向が続いており、これは、適正、公平な納税実現という観点を考えると憂慮される。

(2) 平成20年国税庁事務年度法人税の申告税額は9兆7,077億円、前年度と比べ4兆8,244億円（33.2％）減少した。同年度において、大口・悪質な不正計算が想定される法人などを対象に14万6千件について実地調査がなされている。そのうち、何らかの非違のあったものは10万6千件、その申告漏れ所得金額は1兆3,255億円、前年度に比べ3,004億円（18.5％）減少した。また、不正脱漏所得金額は4,195億円で、前年度比73億円（1.7％）減少した。調査による追徴税額は3,272億円で、644億円（16％）減少している。

低成長時代のもと、法人税額の申告税額の減少なか、これに伴い申告所得金額漏れなども減少傾向にあるものの、依然大きな金額となっている。

また、毎年国税庁から査察白書が公表されるが、大口・悪質な脱税はあとを絶たない。平成21年度査察白書では、210件総額290億円にのぼる脱税が摘発されている。平成21年度中の脱税事案では、不動産業では、取引で得た利益を全く申告しないもの、商品・株式取引及び不動産譲渡では売上げを除外するもの、建設業では架空の原価を計上するもの、飲食店業では従業員等から徴収した源泉所得税を不納付とするものなどが目立った。

申告所得金額漏れや不正脱漏所得金額，脱税件数及び脱税金額は，前述の国税当局による実地調査率の低さを考えると，実際には相当の規模のものになると推測される。

(3) 平成21年度国税庁におけるe-Taxの利用状況ついての概要を見ると，相当の進展状況がうかがえる。電子申告を促進するためのこれまでの主な具体的な取組みとして，五つの視点に要約される。

① 平成19年1月4日，税理士等が納税者の依頼を受けて税務書類を作成し，電子申告等を行う場合の納税者本人の電子署名の省略が可能とされた。

② 納税者の利便性の向上の観点から，第三者作成の添付書類の送付を不要とした。なお，平成19年分以降の所得税の電子申告における医療費の領収書，給与所得の源泉徴収票等については，当該書類の提出又は提示に代えて，その記載内容を入力して送信することにより添付省略とされた。

③ インセンティブ措置として，e−Taxを利用した還付申告書について，処理期間を通常6週間程度から3週間程度へと短縮された。また，電子認証の普及拡大のため，平成19年分から22年分のいずれか1回のみ，電子証明書を有する個人の電子申告に係る所得税額の特別控除が創設された。

④ 運用改善として，平成18年分以降の所得税確定申告期間について，e-Taxの24時間受付とされた。また，国税庁ヘルプデスクは各国税局を含め，大幅な充実が図られた。

⑤ システム改善として，Java実行環境のインストール不要措置に対応したシステム変更などe-Taxの利便性の向上が図られた。また，メッセージボックスの確定申告のお知らせの表示項目に青色区分，消費税簡易課税項目が追加された。

Ⅲ　本章の趣旨

わが国の電子申告については環境整備が図られ，ようやく普及の軌道に入ってきたように思われる。特に，国税については法人税関連を中心として，税理

第16章　電子申告と税務情報の信頼性

士の代理送信により大きく進展してきた。

　このような状況のなかで，阻害要因として最も大きいことは地方税の電子申告の受け入れが未だすべての市町村において可能となっていないことにある。

　社団法人地方税電子化協議会の発表によると，地方公共団体の eLTAX の普及率を見ると，平成23年2月13日現在，47都道府県と19区528市417町78村においては eLTAX が実施されている。地方税の電子申告は市町村数1,727団体（H22.3.31現在）のうち1,023団体で実施しており，その普及率は約6割であり，相当進展してきた。

　しかし未だ100％の普及となっていないため，地方税申告については従来通り紙により，送付又は持参しなければならない市町村が在るため，納税者にとって業務を標準化することができず，利便性を欠くことになり，電子申告普及のもっとも大きい阻害要因となっていることが指摘されている。このため特に，事業所が全国に散在する大企業において電子申告が進展していない。

　地方税の電子申告の普及策として，公的年金受給者の納税の便宜を図り，徴収の効率化を図る観点から，個人住民税を公的年金から引き落としする制度が，平成21年10月からはじめられた。また，eLTAX を通じて電子データを授受できる国税・地方税の連携も平成23年1月から開始された。このような施策が実施されることで，電子申告実施の市町村が増加し，今後着実に利用する法人や個人納税者は増加するものと推測される。

　このような現状を見ると，わが国の抱える問題として，電子申告の普及については，地方公共団体の電子申告の受付をもれなく普及することであり，これは国と地方公共団体の推進に委ねられる。

　一方，国税査察白書等でみたように，税務情報の信頼性確保については，法人，個人共に国税当局による実地調査率の低調な傾向が指摘される。国際化，広域化，情報化の環境における捕捉の困難性が指摘されるなかで，民間の税理士の存在が一段と注目されている。

　平成13年の税理士法改正による書面添付に係る意見聴取の拡充，平成17年の会社法制の抜本的改正による記帳条件の明確化と会計参与制度の創設，会計情

第4編　ネットワーク社会と電子申告

報の正確性を図り適正納税を誘導する法規範の充実が図られた。

以上のようなことから，電子申告と税務情報の信頼性というテーマについて，会計情報の記録の作成，保存，申告が電子でなされることを踏まえ，税務情報の信頼性を誘導する法規範及び諸制度を見ながら，それらのスキームがどのように形成されているかを考察することとする。

Ⅳ　近年の会計，税務情報の電子化の潮流

1　東西冷戦の終結がボーダレス化を加速

商法，税法，金融商品取引法等の会社関係書類の電子化に係る一連の法律を改正するに至った背景は，国内的な問題よりもむしろ国際的な潮流に影響された。それは，1995年に世界貿易機関（World Trading Organization：WTO）の発効したモノとサービスの自由貿易協定によるところが大きいと考えられる。

1989年ドイツのベルリンの壁崩壊，1991年のソビエト連邦の解体後，EUをはじめとする諸外国においては，ボーダレスが加速するなかで，財貨，サービス及び人の自由な往来を促進し，そこに住する人々の利便性を高める潮流が強くあり，EU加盟各国は1990年半ばから精力的に法律・制度の整備を行ってきた。

わが国もこの流れに従ったといえよう。WTOのモノとサービスの自由協定の発効を受け，わが国では，行政改革推進本部規制緩和委員会において，平成7年度から「規制緩和推進3か年計画」を策定，次いで平成10年にこれを改定，さらに平成12年にも再改定され，継続して推進された。このように電子化の推進は紙による行政手続きを電子的手法をも容認する緩和策の観点から，WTOの自由協定を踏まえ規制改革に関する答申により行われてきた。そして，中央省庁等改革を確実なものとするため，行政改革大綱（平成12年12月1日閣議決定）が出され，その後行政改革の方針（平成16年12月24日閣議決定）による集中的，計画的な実施により推進された(http://www.gyoukaku.go.jp/about/taiko.html)。その間政府における行政改革の総合的，積極的推進を図るため，平成13年1月

第16章　電子申告と税務情報の信頼性

に内閣に行政改革推進本部が設置された。この組織は，平成18年に「簡素で効率的な政府を実現するための行政改革の推進に関する法律」等の施行に伴い同法68条に基づく行政改革推進本部に移行された(http://www.kantei.go.jp/jp/singi/gyokaku/index.html)。

　行政改革推進本部が行政改革を課題として申請手続きの電子化を進めてきたのに対し，当時，わが国政府は「高度情報通信ネットワーク社会推進戦略本部（ＩＴ戦略本部)」が中心となって情報化を進めてきた。また当時，与党自民党内にも「e-Japan特命委員会　ＩＴ・行政改革推進・国民生活利便性向上・経済活性化プロジェクトチーム」が設置されるなど，多重的な推進展開がなされてきた。

2　ＩＴ（Information Technology）革命がボーダレス社会を牽引

　東西冷戦が解消され，米国は軍需技術として秘匿してきたＩＴ通信技術を公開し，ここに，インターネット社会が大きく開かれるようになった。その際のキーワードは，フリー（Free），フェアー（Fair），グローバル（Global）な経済インフラを整備するものであった。会計情報はこのキーワードのフェアーを支える重要な役割を担うものと位置づけられる。

　こんにち利害者は，国家，地方公共団体，株主，投資家，債権者，顧客，従業員など多岐に及んでいる。しかも，グローバル化する現代社会においては，利害関係者は国境を越え，国際化，広域化しており，これを牽引しているのがＩＴ技術と言えよう。

　ＩＴ革命は人類にとって幸福をもたらすものとしなければならない。そう考えると，情報がただ単に発信者の一方的な恣意によるものや情報の改ざんを容認することがまかり通るような社会であってはならない。

　このため，わが国においても，規制緩和を推進すると同時に，経済インフラを秩序たらしめ，緩和が過度にならない制度づくりとを併せて行おうとしてきた。このようななかで，会計制度は，企業を取り巻く利害関係者の利害を調整する役割を担うものさしとして最も重要なものとなっている。このところの会

社法制や金融商品取引法の改正はこの一環といえよう。

3　ＩＴ革命による経済インフラの変容

　このところの社会経済の環境変化は劇的である。その変化をもたらした大きな要因が，ＩＴ革命であり，経済のインフラが書面（紙媒体）を用いた手法から電子へと大きく変容し，その結果企業の経済活動が電子を媒介としたものへと変化したのである。

　このような電子を介在した実務はわが国企業においても急速に進展してきており，会計情報の作成，伝達，保存，開示の手段は従来の手書きからコンピュータ・システムを利用した形態へと変貌した。

　会社関係書類の電磁化（電子化と同義）は，税法，証券取引法（現在，金融商品取引法），商法の順で改正された。電子化の経過を略記すると，まずは商法に先行して税法上において，「電子計算機を利用して作成する国税関係帳簿書類の保存方法に関する特例（以下，電子帳簿保存法と略す）」が平成10年3月法律第25号として公布され，同年7月1日に施行された。

　次いで，有価証券報告書の提出及び縦覧手続等をインターネットなど電子的手法により申請・届出を可能とする法律整備が証券取引法及び金融先物取引法の一部を改正する法律（平成12年5月法律第96号）として公布され，平成13年6月1日から任意適用として施行され，これが金融商品取引法に基づく有価証券報告書等の電子開示システムEDINETとして引き継がれている（金融商品取引法27条ノ30ノ2）。

　さらに，平成13年11月には，会社関係書類の電子化に関する商法等の一部を改正する法律（平成13年法律第128号）が公布され，14年4月1日から施行された。この平成13年改正よって，貸借対照表の決算公告を，官報又は日刊新聞紙に代えて，自社のホームページで公開し，これをもって公告をなしたと法律上とり扱われるようになった（商法283条⑤）。これまでも国税特例・電子帳簿保存法施行時に，会社関係書類の一部は，商法の解釈により，電子化は許容されていたのであるが，この改正によって法律に明記され実務への普及を促した（商法33

第16章　電子申告と税務情報の信頼性

条ノ2）。その後，会社法制の現代化による商法抜本改正において，会社法（平成17年法律第86号）が制定され，翌18年5月から施行された。これに際し，計算書類及び事業報告並びにこれらの付属明細書は電磁的記録をもって作成することができると規定（会社法435条③）されると同時に，電磁的公告も引き継がれた（会社法440条③）。

　ところが，この電子公告の許容がなされて8年余が経過するものの，中小企業の決算公告はほとんどなされていない現状にある。既に，中小企業においてもそのほとんどにパソコンが導入されており，電子公告のできる環境にあるものの進展していない。わが国において経済取引の信用供与機能として決算公告が機能していないその最大の理由は，中小企業の決算公告の公開を公的なホームページでの照会機能の未整備が指摘される。法務省や法務局，中小企業庁などのホームページにより，決算公告を行った会社名とその決算公告を閲覧できる仕組みづくりを期待したい。

Ⅴ　会計情報，税務情報の正確性を誘導する法規範等

1　会社法上の記帳条件

　IT時代において，会計帳簿への記載条件として，適時・正確という四文字が会社法上の明文規定として刻まれたことは画期的なことである。適時性が求められるのは，適時に記帳されないと，会計帳簿からの脱漏，或いは人為的改ざんによる不正が起こる可能性が高まるため，これを排除するためである（武田［2008］，184－185頁）。

　わが国会社法において，「株式会社の会計は，一般に公正妥当と認められる企業会計の慣行に従うものとされており」（431条），記帳条件として，「株式会社は，法務省令の定めるところにより，適時に，正確な会計帳簿を作成しなければならない」（会社法432条①）とされた。真実性の高い貸借対照表及び損益計算書を作成しようとすると，会計の入り口である，経済取引などの会計事象が法務省令に定めるところにより，適時に，正確に記録されることが前提となる。

263

ところで,平成17年改正前までは「会計帳簿ニハ左ノ事項ヲ整然且明瞭ニ記載スルコトヲ要ス」(商法32条①) と商法総則に規定されていた。しかし,コンピュータ会計の時代においては期末に一括して会計帳簿を「整然且明瞭ニ」作成することはいとも簡単にできることであり,IT時代に対応して,記帳条件の明確化が要請された。特に,IT時代において,会計帳簿の正確性を図るための条件として,適時記帳は欠かせない。

簿記は発生史的に備忘録であり,日々記帳することによって取引相互者の記憶を正確ならしめ,これにより決済を正確にし,商人相互の信頼を高めていくためのものであった。

会計帳簿から誘導されて作成される計算書類において,日々の適時な記帳の励行が正確性を担保する最も重要な行為と考えられる。このため,会社はもとより,商人一般を規定する商法においても,適時に,正確な商業帳簿(会計帳簿及び貸借対照表をいう)の作成が規定された(商法19条②)。

2 巡回監査

会計の最も重要な点は記録されるべき会計事象が正確に記録されることにある。往査によって,真正の事実を確かめることを巡回監査と位置づけられる(飯塚[1998],98-101頁)。巡回監査とは,「企業等毎月及び期末決算時に巡回し,会計資料並びに会計記録の適法性,正確性及び適時性を確保するため,会計事実の真実性,実在性,網羅性を確かめ,かつ指導することである」とされている。会計記録とそれを証明する領収書等の証憑突合がこれにあたる(TKC全国会中央研修所編[2007],2頁)。

わが国会計学の理論的礎を築かれたひとりである太田哲三教授とその弟子岩田巖教授の会話がこの重要性を見事に表現している。「計算を照合すること,つまり突合だね,これがまあ会計の一番肝心なところだ。会計のいわば要だな。会計の特徴といえば,結局はこの突合ということになるだろう」(岩田[1991],3頁)と言われ,証拠及びその事実を記録することの重要性が強調されている。

この突合の種類には,証憑突合(vouching),帳簿突合(checking posting),計

算突合(footing)，勘定突合(checking accounts)，伝票突合(checking slips)等があり，コンピュータ会計以前には，これらの監査手法は書面においてなされてきた(久保田[1995]，295-302頁)。

本来イギリス流の監査は，精細監査(complete audit)であるが，内部統制組織が確立されると，監査手続の適用範囲を縮小することができる(黒澤[1959]，38-40頁)。内部統制組織の有効な運用によって，相互牽制の仕組みが成立し，会計上の不正や誤りの発生は未然に防止されてくる。大会社において試査(test checking or trial audit)が採用されているのはこのためである(森上[1976]，134-144頁)。

ところが，中小企業においては，1年に1回税務申告時にまとめて記帳するようなことが行われている。このような適時性を欠いた記帳は，記帳時に数字を人為的に調整することなどの不正が行われる可能性がある(相澤[2005]，153頁)。

このため，内部統制の図られていない中小企業においては，毎月，巡回監査によって，会計帳簿が適時に，正確に作成されているかをチェックし，会計の精度を高め，信頼性を確保することが重要となる。ここに，巡回監査の意義がある。

3 米国内国歳入庁・歳入手続とわが国の電子帳簿保存法

1960年代に入り，アメリカをはじめとする諸外国において，コンピュータが実用化されるにいたり，これが企業経営に導入され，大企業においては，財務会計がコンピュータによってなされる時代となってきた。

このように，情報化が進展するなかで，1966年米国会計学会は「基礎的会計理論」(A statement of Basic Accounting Teory：ASOBAT)を発表した。このなかで，ＥＤＰ(Electronic Data Processing)会計が普及しつつある環境下，会計を「経済的情報を識別し，測定し，伝達する」プロセスであるとし，会計から作り出される情報の評価基準として，「目的適合性(Relevance)，検証可能性(Verifiability)，不偏性(Freedom from bias)，量的表現可能性(Quantiability)」の四

第4編　ネットワーク社会と電子申告

つが会計理論上重視されるものとしてあげられた（AAA [1996], p.2）。

これまで幾多の民間組織や権威ある政府機関によって，財務会計の概念及び基準のフレームワークが形成されてきた。今日，国際的な観点から，その主たる基準作成は，国際会計基準審議会（intenational Accounting Standards Board；IASB）であり，これと米国財務会計基準審議会（Financial Accounting Standards Board；FASB）が大きく影響を与える存在となっている。米国において，現在の会計基準の設定主体は財務会計基準審議会（FASB）であり，米国公認会計士協会（American Institute of Certfied Public Accountants；AICPA）が公表した意見書等に従うことが求められる。米国の会計は，独自の規定を必要とするもの以外は，一般に認められた会計原則（Generally Accepted Accounting Principles；GAAP）に準拠してきた。特に近年は，国際市場からの資金調達が盛んとなり，ニューヨーク証券取引所への米国企業以外の上場等により，特に財務諸表の比較考量及び金融商品会計が重視され，会計基準が複雑化・高度化されてきたとの指摘もある。このようななかで，なお，今日においても，1966年に米国会計学会が発表した「基礎的会計理論（ASOBAT）」はまさに会計の本質を突いているばかりではなく，複雑化する会計理論に会計の本来有する真の意味を問いかけてくれる基礎となるものとして示唆に富んでいる。そして今日においても，このASOBATの考えは，米国FASB概念書2号に受け継がれ，会計情報の有用性を決定するための基準として，予測価値，フィードバック価値，適時性，表現の忠実性，検証可能性，中立性及び比較可能性の概念として重要視されている。

また，米国会計学会がASOBATを発表した翌年（1967年）パリにおいて開催された，第9回世界会計士会議において，コンピュータ会計・監査についてが国際会議の舞台に主要なテーマとして本格的にて登場するなどコンピュータと会計・監査の関わりが注目されるようになり，その後，東京において開催された第13回世界会計士会議では「高度情報化社会における会計人の役割」というテーマを主題とした。爾来，職業会計士にとって，情報化への実務対応はきわめて大きなテーマとして，今日まで続いており，その重要性は当時よりもさら

第16章　電子申告と税務情報の信頼性

に増してきている（中地 [1985]，145頁）。

　米国会計学会が「基礎的会計理論」を発表した2年前の1964年に，米国内国歳入庁（Intrenal Revenue Servise：IRS）は，納税者の記録が自動データ処理（Automatic Data Processing）によって作成される機械関知記録（machine-sensible records）への記録及び保存に関する実務手続きに関して内国歳入手続64-12（Revenue Procedure 64−12）を発効し，納税者の記録が自動データ処理（ADP：Automatic Data Processing）システムに記録・保存される場合の規定が整備された。Rev. Proc. 64-12は，Rev. Proc. 86-19として改正され，さらにRev. Proc. 91-59（高田 [1993]，286−292頁）として改正された。その後もRev. Proc. 91-59, Rev. Proc. 98-25と部分修正がなされ，2010年3月30日に最終点検及び更新がなされ，今日に至っている。

　また，米国の会社法は各州それぞれによって制定されているが，内国歳入手続64-12が規定された前後にコンピュータ会計上，具備すべき条件を規定している。代表的な米国会社法である，ニューヨーク会社法では，1961年，コンピュータ会計において，「帳簿及び記録；閲覧権，一応の証拠」として「計算の正確（correct）かつ完全（complete）な帳簿」が求められており，その保存の条件として「電子的に記録された帳簿，議事録は書面形式に転換できる形式（capable of converted into written form）で保存されなければならない」とされ（New york Business Corporation Law, 1976 Ed, §624. 参照），1967年制定のデラウェア会社法においても（Delaware General Corporation Law, 1993-1994 Ed., §224. 参照），ニューヨーク会社法とほぼ同様の措置が講じられた。当時，米国は金融機関をはじめとする企業に大型コンピュータが導入され，これによるＥＤＰ（Electoric Data Processing）会計が進展しつつあり，これを踏まえ，関係諸法規が整備されたのである。

　他方，大陸法系の代表例としてドイツを見ると，1976年の改正商法，1977年国税通則法においてコンピュータ会計における記帳条件と保存のあり方が規定されている（飯塚 [1998]，271−283頁）。

　わが国においても，昭和40年代半ばから，コンピュータで会計処理及び保存

267

第4編　ネットワーク社会と電子申告

を行う場合の規定を創設すべきであるとの論調があった（飯塚［1998］, 125-150頁）。

　国税庁は，このような諸外国の動向やわが国経済団体や職業会計士団体からの要望を踏まえ，高度情報化・ペーパーレス化が進展する状況に鑑み，納税者の利便性を高め帳簿書類の保存に係る負担を軽減する等の観点から，また適正・公平な課税の確保に必要な条件整備を，自己が最初の記録段階から一貫してコンピュータを使用して作成する帳簿書類を対象として電子計算機を使用して作成する国税関係帳簿書類の保存方法等の特例に関する法律（以下，電子帳簿保存法と称す）」（平成10年3月31日法律第25号）が制定された。この法律は，いわゆる「コンピュータ会計法」と位置づけられる。

　この法律によって，不正の温床を抑制し，計算の正確性を確保するための保存条件が規定されたのである。その条件で，重要と思われるポイントは，帳簿保存に際し，訂正・加除を行った場合には履歴の確保を規定したこと（電子帳簿保存法規則3条1項1号），国税関係帳簿に係る電磁的記録の記録事項と関連関係帳簿の記録事項との間において相互に関連性を確認することができるようにすること（同法施行規則3条2項2号），検索機能の規定を設けたこと（同法規則3条1項5号），見読可能性装置等の設置を義務づけ可視性を確保したことがあげられる（坂本［1998］, 72-84頁）。その後，電子帳簿保存法の一部改正（平成17年2月28日）がなされ，3万円未満の請求書納品書等のスキャナ保存が許容された。

　わが国は確定決算主義を採用していることから，税務計算の前提には，会社法上の「一般に公正妥当と認められる企業会計の慣行に従う」（431条）とされ，記帳条件として，「適時に，正確な会計帳簿を作成しなければならない」（会社法432条①）ことを踏まえ，税法の，「一般に公正妥当と認められる会計処理の基準」（法人税法22条④）と「青色申告法人は，すべての取引を借方及び貸方に仕訳する帳簿」（法人税法施行規則54条）「一切の取引きを正規の簿記の原則に従い，整然とかつ明瞭に記録」（所得税法施行規則57条）を遵守することが求められる。

　いずれにしても，税法上の税務申告書の信頼性を確保しようとすると，会計

第16章　電子申告と税務情報の信頼性

の入り口段階で，会計事象を適時に正確に記録することが最も重要なことであり，偽って記録することや，遡及的に訂正・加除は行ってはならないのであり，遡及的に訂正加除を行った場合には，それらの履歴を確保することが電子帳簿保存法により規定された。

4　会計参与制度

　会計参与は，主に内部統制の構築がなされていない中小会社での設置を予定しており，取締役・執行役による計算書類の虚偽記載や改ざんを抑止し，計算書類の記載の正確性に対する信頼を高めることができる任意の設置機関と位置づけられている。計算書類の記載の正確性を図ることにより，株主・債権者保護，及び取引の安全・信用供与に資するという役割を担うことによって，会社法の趣旨を全うしようとするのである（日本公認会計士協会［2002］，11－12頁）。

　会計参与には，公認会計士と税理士が就任できるものとされた（会社法333条①）。これまでも，中小会社の経理は主に税理士が関与しているものの，商事基本法である会社法において，税理士は会計の専門家として明文化されておらず，この平成17年商法抜本改正ではじめて認められた。税理士が会社法において会計参与に就任することができるとされたことは，納税義務の適正な実現を図るためには計算書類の正確性の確保が前提にあり，このことから，税理士は，税務の専門家に加え，会計の専門家としての役割をも担ったことになる。

　会計参与に就任した場合，会社とは別に計算書類等を5年間保存しなければならないとされた（378条1項）ことから，取締役，執行役による計算書類の遡及的訂正や加除を抑止することにもなると考えられる。また，会計参与は，各事業年度に係る計算書類及びその付属明細書並びに会計参与報告を定時株主総会の日の1週間前の日から5年間（378条1項1号），臨時計算書類及び会計参与報告は臨時計算書類を作成した日から5年間，保存義務を有することから，会計参与設置会社の取締役が会計参与が保存する計算書類とは別個の計算書類を作成する牽制にもなると考えられる。

5　確定決算主義

わが国は、会社法・会社計算規則による決算の確定後、法人税法22条②・③の別段の定めによる計算を行い税額を計算する確定決算主義（法人税法74条①）を採用している。

会社法においては、計算にあたって、「一般に公正妥当と認められる企業会計の慣行に従うものとする」とされ、法人税法においては、「一般に公正妥当と認められる会計処理の基準」（法人税法22条④）によるとされている。このように、確定決算主義は、会社法会計から税務会計と一貫して計算されるブリッジの役割を果たし、計算の正確性を誘導する法規範として位置づけられる（日本税理士会連合会編［2005］，11－16頁）。

図示したように、計算書類は会計帳簿から誘導されて作成され、法人税法に規定される税務計算は、この確定した決算をもとに計算されるという制度設計がなされている。そして、適正納税の実現を図ることを使命とする税理士による税理士法33条ノ2第1項に規定される書面添付により、税務申告書の適正性を図ろうとするものである（**図表16－1**）。

この考えは、税務計算の適正性を図るためには、会社法・法務省令に従った計算書類の作成が前提となる。計算書類は会計帳簿から誘導されて作成される。したがって、会計帳簿の各残高と計算書類の勘定科目金額とは一致することになる。会計帳簿は証憑書をもとに、適時に、正確に、法務省令等に従って作成される。

次に、計算書類の当期純利益（又は当期純損失）の金額は法人税申告書別表4の当期利益又は当期欠損の額と一致するところから税務計算がはじめられる。

確定決算主義は、実務家から、所得計算の利便性と経済合理性の観点により、その意義及びその存在価値が高く評価されている。また、利害関係者からは計算の信頼を確保するためにも、確定決算主義は意義深い存在となっている。その理由として、企業が確定決算において選択した会計処理は、課税所得計算上変更できない歯止めがかかっているため、会社法上の利益は大きく、税務上の

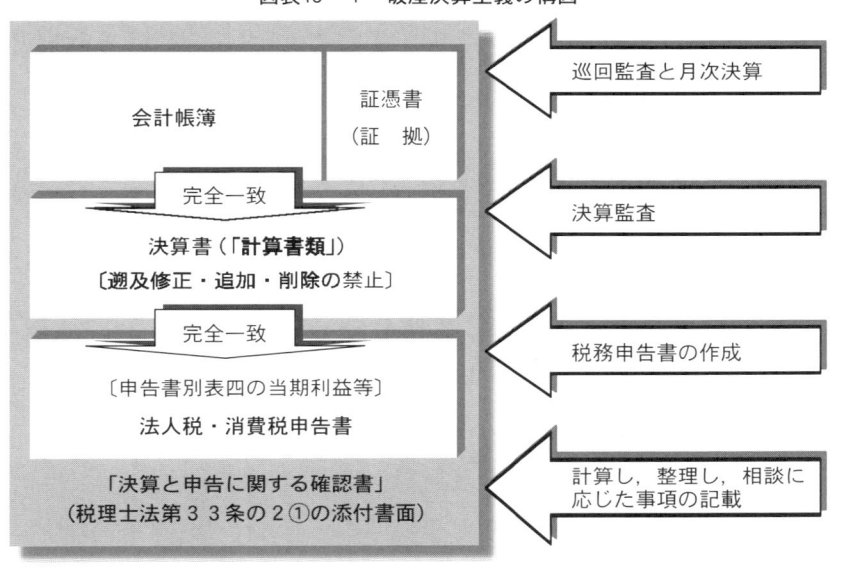

第16章　電子申告と税務情報の信頼性

図表16－1　破産決算主義の構図

```
┌─────────────────────────────────┐
│  ┌──────────────┬──────────┐    │ ← 巡回監査と月次決算
│  │   会計帳簿   │ 証憑書   │    │
│  │              │ （証　拠）│   │
│  ├──完全一致────┴──────────┤    │ ← 決算監査
│  │   決算書（「計算書類」）  │   │
│  │ 〔遡及修正・追加・削除の禁止〕│
│  ├──完全一致──────────────┤    │ ← 税務申告書の作成
│  │ 〔申告書別表四の当期利益等〕│  │
│  │   法人税・消費税申告書    │   │
│  ├────────────────────────┤    │ ← 計算し，整理し，相談に
│  │ 「決算と申告に関する確認書」│   │   応じた事項の記載
│  │ （税理士法第３３条の２①の添付書面）│
│  └────────────────────────┘    │
└─────────────────────────────────┘
```

所得は小さくなるような不当な会計処理による恣意性を排除することができると考えられる。これは，国家的立場で言えば，適正な租税歳入と財源の確保という観点から重視される。

6　税理士制度

「税理士は，税務に関する専門家として，独立した公正な立場において，申告納税制度の理念にそって，納税義務の信頼にこたえ，租税に関する法令に規定された納税義務の適正な実現を図ることを使命とする」(税理士法１条)とされた。昭和55年改正以前は，税理士の職責として，「税理士は，中正な立場において，納税義務者の信頼にこたえ，租税に関する法令に規定された納税義務を適正に実現し，納税に関する道義を高めるようにしなければならない」と規定されていた（日本税理士会連合会編［2002］，11－12頁）。

昭和55年税理士法改正において，最大の改正は，それまで，税理士の職責として「税理士は，中正な立場において」と規定されていた条文が，税理士の使

命と改められ,「独立した公正な立場において」と税理士の立場が明確となったことにある。従前から,中正の立場においての中正と言う文言があいまいであることから,その意義が不明確であるとの指摘がなされていた(日本税理士会連合会編[2005],11－16頁)。

　税理士は制度創設時から,憲法30条にかかげる国民の納税の義務を果たすことを実現するとの職責を付託されており,租税法律主義(憲法84条)が規定されている。一方,憲法では国民の財産権を保障しており,国権の乱用を制限している。この狭間のなかで,中正とは,どのような立場なのかが問われていたのである。

　今日においても,一部の税理士や納税者側の主張として,税理士は納税者の権利を擁護するものとの考えが存在する。社会正義を実現することを使命とする弁護士と異なり,税理士制度制定の背景に税理士の職責には国家の付託として納税義務者が負う納税義務を適正に実現し,これによって,申告納税制度の円滑,適正な運営に資することを趣旨として規定されている。この意味するところは,税理士は,独立した公正な立場において,租税法令に従って計算するのであり,納税者の依頼ができるだけ過少に申告したいとの要請があったとしても,租税法令を遵守した範囲において計算されるのであり,いわゆる節税の範囲にとどまるのである。

　昭和55年改正税理士法において,「独立した公正な立場において」とされたことにより,税理士は,形式的独立性と精神的独立性を保ち,官(国税当局)によらず民(委任者である納税義務者)によらず,独立した公正な立場で,租税法令に従って納税義務の実現を行うことが明確化され,財産権の不可侵は保障される(憲法29条①)ものの,公共の福祉により制限される(憲法29条②)との観念を踏まえ,適正な納税の実現を担うことを使命とすることが明示されたと見ることができる。

　ところで,戦後昭和20年～30年代の経済混乱期において,税務当局は法人に対してもっぱら推計課税による徴税を行っており,帳簿書類を重視した取扱いがなされていなかった。その理由は帳簿記録を持たない会社や個人がほとんど

第16章 電子申告と税務情報の信頼性

であったからである。このことは，戦後昭和24年9月にGHQから発表されたシャウプ勧告（福田 [1985]，412-413頁）において明らかである。これによると，多くの営利会社は帳簿記録を全く持たないとの調査結果がなされており，戦後混乱期における記帳は低調なものであったと評価されている。

　申告納税制度のもとにおける適正な納税の協力者は本来，納税者自らが自分の所得を算定するために正確な記録をし帳簿を作成することが前提となっている。しかしながら，戦後昭和20年代においては今日とはほど遠い状態にあったのである。このような状況下において，中等学校（旧制，昭和24年当時）において簿記の科目を重視した教育の必要性が説かれている。教育には時間がかかり，即効性に乏しいため，模範的な帳簿様式を会社と個人に提供し普及すべきであるとしている。しかし，教育と道具の提供だけでは不十分であり，このような帳簿様式を納税者が利用するように積極的に奨励すると同時にその実践者には恩典を与えなければ正しい記帳への誘導できないと分析しており，そこで，正確な帳簿記録を行う意思のあるものを税務署に登録する制度を構築してはと勧告している（福田 [1985]，414頁）。これがわが国において，青色申告制度の創設となったのであり，その背景がシャウプ勧告に描写されている。今日，わが国において青色申告制度は定着し，平成12年以降法人数の約9割が青色申告制度に登録されている（国税庁http://www.nta.go.jp/kohyo/katsudou/report/）。

　昭和26年に税理士制度が創設されたものの，当時，税理士は，税務署の補助機関と見られ，税理士の仕事は税務署側と納税者との利害関係の調整役として徴税の円滑化を図るための存在と捉えられていた（松澤 [1996]，314-318頁）。

　先の大戦中，統制経済のなかで軽視されていた商業教育がシャウプ勧告などによりしだいに復権し，簿記・会計の教育が進展してきたことも帳簿記録を重視する思潮形成の一翼を担ってきた。

　実務として，記帳能力を向上させたのは，昭和50年代から税理士事務所において，本格的に普及しはじめた，コンピュータを入力装置とした伝票会計の普及が大きく影響していると考えられる。中小企業にとって伝票会計は会計処理を簡便にし，会計事務所においてはこの伝票を入力情報としたコンピュータ会

273

計による月次決算が計算の信頼性を高めてきたと見ることができる。

税理士の地位が相当向上してきていた背景には，巡回監査（Field Auditing）により会計帳簿の正確性が高められ，これに基づいた決算・申告の流れが形成されてきていた潮流があったものと考えられる。昭和55年税理士法改正により「独立した公正な立場において」と，税理士の使命が明確化されたことは，これを担う存在と評価されたものと考えられる。

平成17年会社法制定に際しても，税理士を会計の専門家と位置づけ会計参与に就任できる者としたことの背景には，税理士が独立した公正な立場において，企業会計を踏まえ，確定決算により，税務計算を行うという実務が中小企業に定着しつつあり，これを政府・法務省が認識したからに他ならない。

7　税理士法33条の2による書面添付制度

前述したように，税理士の使命とは，独立した公正な立場において，納税義務者の信頼に応え，租税に関する法令等にもとづき，適正申告の実現を図ることとされている。税理士にとって，この使命をどのようにして実現するのかが実務上の課題となり，このことが税理士業務遂行上，最も重要なこととなる。

図表16-2に示したように，税理士の職務は，他人の求めによる委任契約に基づいて代理権が授権されたことによって行われる。税務代理，税務書類の作成，税務相談は民法643条による委任であり，受任者は善良なる管理者としての注意義務を負う（民法644条）。財務書類の作成，会計帳簿の記帳代行，その他財務に関する事務は民法656条の準委任となる。

税理士は，故意に真正の事実に反して税務代理若しくは税務書類の作成をしたとき，脱税相談に応じるなどの行為を行ったときには懲戒となる（税理士法45条①）。また，相当の注意を怠り，税理士法45条1項の規定に違反した場合にも懲戒対象となる。

このため，税理士は，納税義務者からの委任によって，税理士が租税債務を確定させるという重要な局面において，税務申告書の作成に至る，計算し，整理し，又は相談に応じた事項を記載するとの規定により（税理士法33条ノ2第1

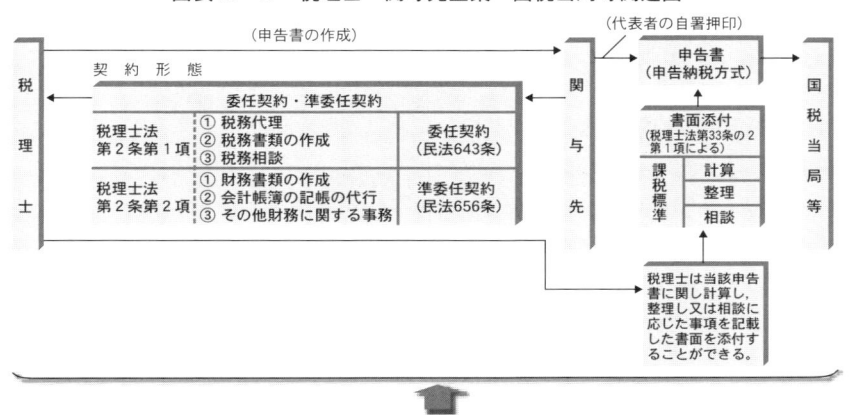

第16章　電子申告と税務情報の信頼性

図表16－2　税理士・関与先企業・国税当局等関連図

```
                    （申告書の作成）              （代表者の自署押印）
    ┌──契約形態──────────────────┐      ┌──申告書──┐
税  │     ┌─委任契約・準委任契約─┐     │ 関   │（申告納税方式）│ 国
理  │     │税理士法  ①税務代理    │委任契約│      │             │ 税
    │◄────│第2条第1項 ②税務書類の作成│(民法643条)│ 与   ├─書面添付──┤ 当
士  │     │          ③税務相談    │         │      │(税理士法第33条の2│ 局
    │     ├──────────────┤         │ 先   │ 第1項による） │ 等
    │     │税理士法  ①財務書類の作成│準委任契約│      │課  │計算   │
    │     │第2条第2項 ②会計帳簿の記帳の代行│(民法656条)│      │税  │整理   │
    │     │          ③その他財務に関する事務│         │      │標  │相談   │
    │     └──────────────┘         │      │準  │       │
    └────────────────────────────┘      └─────────┘
                                                    │税理士は当該申告
                                                    │書に関し計算し，
                                                    │整理又は相談に
                                                    │応じた事項を記載
                                                    │した書面を添付す
                                                    │ることができる。
```

特別法（税理士法）は一般法（民法）に優先して適用されるため，税理士には民法上の代理権限を越えて，独立した公正な立場において，**納税義務の適正な実現**を図ることが求められる。

税理士法第1条（税理士の使命）
税理士は，税務に関する専門家として，独立した公正な立場において，申告納税制度の理念にそって，納税義務者の信頼にこたえ，租税に関する法令に規定された納税義務の適正な実現を図ることを使命とする（昭和55法第26号改正）

項）疎明する権利を有している。

　この書面添付制度には，税理士が，その申告書の作成に関し，計算し，整理し，又は相談に応じた事項を記載する書面を申告書に添付する規定（税理士法33条ノ2第1項）と，税理士が，他人の作成した申告書を審査し，適正と認めたときに，その審査事項を記載した書面を申告書に添付する方式（税理士法33条ノ2第2項）とがある。2項に比べ1項の方式が計算等に関して税理士の関与の度合いが格段に高く，税務署に提出されている添付書面はそのほとんどが1項によるものである。

　これら一連の関係を略記すると上記のようになる（**図表16－2**）。

　適正な申告書を作成しようとする場合，当然にも確定決算に至るまでの計算が正確でなければならない。それには，帳簿に立ち入って，納税義務者が自ら作成した貸借対照表及び損益計算書に関し，関係帳簿や関係原始記録との突合

第4編　ネットワーク社会と電子申告

等により，これらの財務書類が正確に作成されているかどうかを確かめなければならない。そして，税理士が確かめた場合に，何によって，どのような方法により，どの程度まで確認したかを書面に記載することにより，その税務申告書にかかる計算の信頼性の程度について意見表明を行うのである（日本税理士会連合会編［2005］，144－150頁）。

この行為により作成された添付書面は，民法上において，疎明資料と見なされる。

VI　む　す　び

平成17年会社法制の抜本改正後，会計情報の正確性を誘導する法規範が明確化された。まず，これまでの商法総則に規定されていた「商業帳簿ノ作成ニ関スル規定ノ解釈ニ付テハ公正ナル会計慣行ヲ斟酌スベシ」（商法32条②）は「株式会社の会計は，一般に公正妥当と認められる企業会計の慣行に従う」（会社法431条）と「斟酌」という文言から「従う」に改められた。

次に，記帳条件が「整然且明瞭」から「株式会社は，法務省令の定めるところにより，適時に，正確な会計帳簿を作成しなければならない」（会社法432条①）と明確化された。このことは，株式会社にとどまらず，商人全般を規定する商法においても，「商人は，その営業のために使用する財産について，法務省令に定めるところにより，適時に，正確な商業帳簿を作成しなければならない」（19条②）とされた。

税理士は会計参与に就任できるものとされ，会計の専門家と位置づけられたことにより，企業会計の識見を有していなければならない存在となった。税理士法においては，これまでも「税理士の名称を用いて，他人の求めに応じ，税理士業務に付随して，財務書類の作成，会計帳簿の記帳代行その他財務に関する事務を行として行うことができる」とされており，これに，会社法上の会計の識見を有するものとしての技量が求められる。

株式会社の取締役等は，一般に公正妥当と認められる企業会計の慣行に従い，

第16章　電子申告と税務情報の信頼性

　会計帳簿の作成に関しては，適時に，正確な会計帳簿を作成しなければならないことから，日々適時に記帳を行い，月次決算による会計処理サイクルの確立が求められる。このように考えると，会計の専門家である税理士は，関与先企業に対して，日々記帳を励行しているか，正確な記帳及び計算がなされているかなど確かめることが必要となる。特に税理士は，申告法人の86.8％を関与し，その大部分が中小法人である。これら中小法人は内部統制が未整備という特徴を有していることから，このことを踏まえた対応が望まれる。

　企業会計の実務の中に慣習として発達したもののなかから，一般に公正妥当と認められたところを要約したものとは，例えば，中小企業にあっては，中小企業会計指針もそのひとつということになり（日本税理士会連合会・日本公認会計士協会・日本商工会議所・企業会計基準委員会［2005］），これを踏まえた会計を行うことになる（相澤・岩崎〔2005〕，26－28頁）。

　法人税の課税標準である各事業年度の所得の金額は，確定した決算書の当期純利益に基づいて計算する。

　会社法431条・432条①，法人税法22条④，法人税法74条①の規定を見ると，わが国の会社法は，まず一般に公正妥当と認められる企業会計の慣行に従うと規定しており，記帳に関しては，適時に，正確な会計帳簿を作成することが求められる。そして，法務省令に従った計算があり，これらによって確定した計算書類（決算書）に基づいて，法人税法の別段の定めにより各事業年度の所得計算がなされ，税額の算定がなされることになる。

　憲法30条に定める納税の義務を適正ならしめるという税理士の使命は，このような一連の法令等に基づいてなされるのであり，国家歳入の基盤となる租税に関しその税額の計算に関わるという重要な立場に置かれているといえよう。

　税理士は，社会正義を使命とする弁護士とは異なり，国家から適正申告の実現を付託された税務代理（税理士法2条①）が主たる業務であり，納税者擁護を第一義とする者にはないと解される。

　この立場は，官（税務当局）によらず，民（納税者）によらず，独立した公正な立場において，あくまでも租税法令に遵守して行わなければならないとされ，

第4編　ネットワーク社会と電子申告

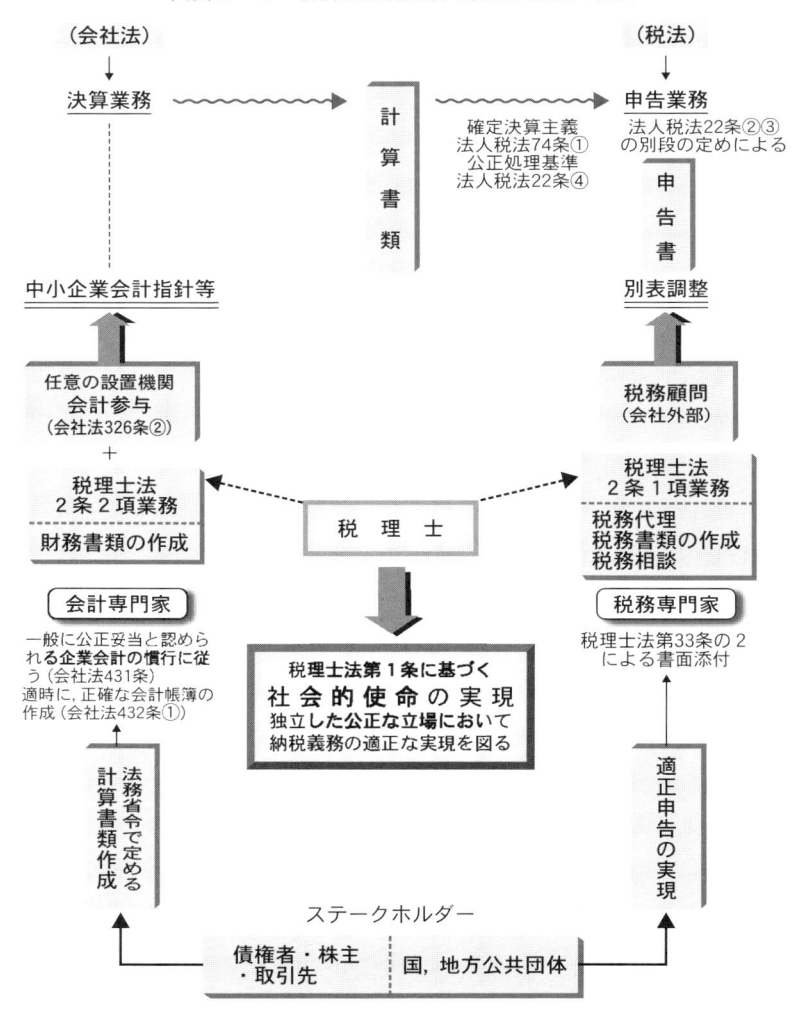

図表16-3　新会社法制定後の税理士業務の流れ

（会社法）→決算業務　〜〜〜〜→　計算書類　〜〜〜〜→　申告業務（税法）
　　　　　　　　　　　　　　　　　　　　　　確定決算主義　　　法人税法22条②③
　　　　　　　　　　　　　　　　　　　　　　法人税法74条①　　の別段の定めによる
　　　　　　　　　　　　　　　　　　　　　　公正処理基準
　　　　　　　　　　　　　　　　　　　　　　法人税法22条④
　　　　　　　　　　　　　　　　　　　　　　　　　　　　　　　申告書

中小企業会計指針等　　　　　　　　　　　　　　　　　　　　　　別表調整
　　↑　　　　　　　　　　　　　　　　　　　　　　　　　　　　　↑
任意の設置機関　　　　　　　　　　　　　　　　　　　　　税務顧問
会計参与　　　　　　　　　　　　　　　　　　　　　　　（会社外部）
（会社法326条②）
　　＋
税理士法　　　　　　　　　　　　　　　　　　　　　　　税理士法
2条2項業務　　　　←- - - -　税理士　- - - -→　　　2条1項業務
　　　　　　　　　　　　　　　　　↓　　　　　　　　　　税務代理
財務書類の作成　　　　　　　　　　　　　　　　　　　　税務書類の作成
　　　　　　　　　　　　　　　　　　　　　　　　　　　　税務相談

【会計専門家】　　　　　　　　　　　　　　　　　　　　　【税務専門家】

一般に公正妥当と認めら　　税理士法第1条に基づく　　　税理士法第33条の2
れる企業会計の慣行に従　　　　社会的使命の実現　　　　による書面添付
う（会社法431条）　　　　　独立した公正な立場において
適時に，正確な会計帳簿の　　納税義務の適正な実現を図る
作成（会社法432条①）

法務省令で定める　　　　　　　　　　　　　　　　　　　適正申告の実現
計算書類作成
　　↑　　　　　　　　　　　　ステークホルダー　　　　　　　↑
　　　　　　　　　　　債権者・株主　│　国，地方公共団体
　　　　　　　　　　　・取引先

このことが税理士の社会的使命と位置づけられる。

　新会社法制定後の適正申告の実現を誘導する業務の流れを税理士を中心に略図としてまとめたものを付記し（**図表16-3**），結びとする。

278

第16章　電子申告と税務情報の信頼性

【参考文献】
AAA［1966］, *A Statement of Basic Accounting Theory*, American Accounting Association.（飯野利夫［1971］『基礎的会計理論』国元書房）
相澤哲編［2005］『一問一答　新・会社法』商事法務。
─────・岩崎友彦［2005］「株式会社の計算等」『商事法務』, No.1746。
飯塚毅［1998］『正規の簿記の諸原則（改訂版）』森山書店。
岩田巖［1991］『利潤計算原理』同文舘。
久保田音二郎編［1959］『会計監査』青林書院。
黒澤清［1959］『監査基準解説』森山書店。
坂本孝司［1998］「わが国におけるコンピュータ会計法規制定までの沿革」松澤智編著［1998］『コンピュータ会計法概論』中央経済社。
髙田順三訳［1998］「アメリカ歳入手続91－59」松澤智編著［1998］『コンピュータ会計法概論』中央経済社。
武田隆二［2008］『最新財務諸表論（第11版）』中央経済社。
ＴＫＣ全国会中央研修所編［2007］『ＴＫＣ基本講座　巡回監査編（第3版）』ＴＫＣ出版。
中地宏［1985］『世界の会計思潮』同文舘。
日本税理士会連合会編［2002］『新税理士法』税務経理協会。
─────編［2005］『税理士法逐条解説』日本税理士協同組合連合会。
─────・日本公認会計士協会・日本商工会議所・企業会計基準委員会［2005］「中小企業の会計に関する指針」。
福田幸弘監修［1985］『シャープの税制勧告』霞出版社。
松澤智［1996］『税理士の職務と責任』中央経済社。
森實［1976］『近代監査の理論と制度』中央経済社。

(髙田　順三)

第17章

わが国における電子申告の現状と課題
―上場企業2,000社および税理士2,000名に対する実態調査の結果と分析―

I　はじめに

　本格的なネットワーク社会を迎え，わが国では，課税システムにおける情報技術の利用について，法制度面での整備・拡充が図られてきた。具体的には，「e-Japan構想」のもとで，2000年11月には，「高度情報通信ネットワーク社会形成法」（いわゆる「IT基本法」）が成立し，行政機関への申請・届出等の行政手続のオンライン化の一環として，2004年2月から，「電子申告・納税システム」（いわゆる「e-Tax」）の運用が開始された。その後，2006年3月には，国税関係手続の「オンライン利用促進のための行動計画[1]」が策定され，国税関係手続のオンライン化が積極的に図られてきた。その結果，「e-Tax」の利用件数は，2004年度には約5万件であったものが，2008年度には約1,006万件となり，約200倍という驚異的な増加がみられた。そこで，政府は，利用件数のさらなる増加を目指し，2008年9月には，「オンライン利用拡大行動計画[2]」を策定し，オンライン利用率の達成目標を，2010年度には50％，そして2013年度には65％に設定するとともに，現在，国税関係手続のオンライン化を強力に推進している。

　しかし，このような政府の精力的な取組みにもかかわらず，企業の税務担当

第4編 ネットワーク社会と電子申告

部門や税理士業界において，電子申告の普及はそれほど芳しいものとはいえず，電子申告に関するシステムのさらなる改善や法整備の充実が強く叫ばれている。

かかる状況を踏まえ，税務会計研究学会・「ネットワーク社会と税務会計」特別委員会では，2008年3月に，上場企業2,000社および税理士2,000名を対象に，「電子申告に関する実態調査」を実施した[3]。

本章の目的は，上記の実態調査の結果の分析を通じて，わが国の電子申告の現状と課題を浮き彫りにすることにある。本章の具体的な課題は，次の三点である。

(1) 「電子申告に関する実態調査」の分析を通じて，わが国における電子申告の現状を浮き彫りにすること。
(2) 電子申告の普及を阻害する要因に焦点をあて，わが国における電子申告の課題を闡明にすること。
(3) 電子申告が税務に与える影響を検討するとともに，ネットワーク社会における税務の将来を展望すること。

II 実態調査の概要と回収結果

1 実態調査の概要

本調査は，2008年3月に，上場企業2,000社および税理士2,000名を対象に，郵送による質問票調査（アンケート調査）の方法で実施された。**図表17-1**は，本調査の概要を要約して示している。本調査の調査対象は，具体的には，次のような上場企業と税理士である。

① 上場企業：東京証券取引所一部・二部および大阪証券取引所一部
② 税理士：近畿税理士会所属の税理士

また，主要な調査項目は，**図表17-1**に示す六つの事項である。

第17章　わが国における電子申告の現状と課題

図表17－1　実態調査の概要

(1)	調査対象	上場企業2,000社および税理士2,000名
(2)	調査時期	2008年3月
(3)	調査方法	質問票（アンケート調査）の形式（一部，自由記述を含む。）
(4)	調査内容	「e-Tax」（電子申告・納税システム）の取組状況 ① 電子申告の利用状況 ② 電子申告を利用（または利用を検討）している理由 ③ 電子申告の利用程度 ④ 電子申告の導入にあたり困難と感じた技術的作業 ⑤ 電子申告を利用していない理由 ⑥ 電子申告が将来の税務に与える影響

2　実態調査の回収結果

本調査の回収結果を要約的に示したのが**図表17－2**である。本調査では，調査対象4,000件のうち，回答上場企業が455社（22.8％），また，回答税理士が700名（35.0％）であり，回答の合計件数は1,155件（28.9％）であった。

図表17－2　実態調査の回収結果

		上場企業	税理士	合　計
(1)	調査対象数	2,000社	2,000名	4,000件
(2)	回　答　数	455社	700名	1,155件
(3)	回　答　率	22.8％	35.0％	28.9％

また，**図表17－3**と**図表17－4**は，回答上場企業および回答税理士の代表的なプロフィールを示している。図表17－3からわかるように，回答上場企業については，「従業員数5,000人未満」，「売上高2,500億円以下」および「資本金500億円以下」の企業が，回答上場企業全体の7割以上を占めている。また，回答税理士については，「従業員数5名以下」，「個人・法人の関与先数50件以下」の税理士が，回答税理士の過半数を占めている。

283

図表17－3　回答上場企業の特徴

	会社の規模	占有率
(1) 従業員数	5,000人未満	82.6%
(2) 売上高	2,500億円以下	69.9%
(3) 資本金	500億円以下	79.6%

図表17－4　回答税理士の特徴

	事業所の規模	占有率
(1) 従業員数	5名以下	66.0%
(2) 個人関与先数	50件以下	53.6%
(3) 法人関与先数	50件以下	52.4%

Ⅲ　電子申告の現状

1　電子申告の利用状況

電子申告の利用状況に関する調査結果を示したのが**図表17－5**である。本調査では、上場企業および税理士ともに、全体の約7割強（上場企業は73.2%、税理士は76.3%）が電子申告に肯定的（「利用中」または「検討中」）であった。

また、**図表17－6**は、上場企業および税理士の平均的なプロフィールについて、電子申告の利用状況別に集計して示したものである。本調査では、上場企業については、各利用状況別の「平均売上高」および「平均資本金」は、ともに「利用中」の会社が最も大きく、「未利用」の会社が最も小さくなっている。また、税理士についても、各利用状況別の「平均職員数」および「平均関与先数」は、ともに「利用中」の税理士が最も大きく、「未利用」の税理士が最も小さくなっている。このことから、組織の規模が大きくなるほど、電子申告への取組みが積極的であり、電子申告により大きなメリットを感じているものと思われる。

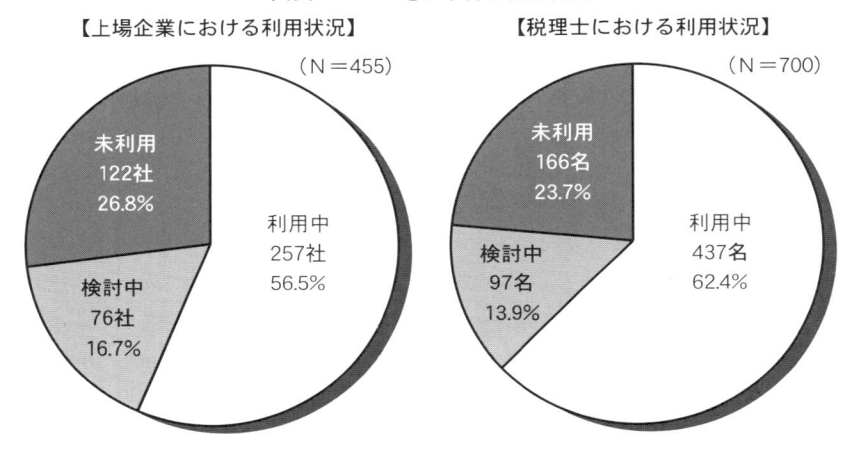

第17章 わが国における電子申告の現状と課題

図表17-5 電子申告の利用状況

【上場企業における利用状況】（N＝455）
- 利用中 257社 56.5%
- 検討中 76社 16.7%
- 未利用 122社 26.8%

【税理士における利用状況】（N＝700）
- 利用中 437名 62.4%
- 検討中 97名 13.9%
- 未利用 166名 23.7%

図表17-6 利用状況別の平均プロフィール

調査対象		利用状況	利用中	検討中	未利用
(1) 上場企業	①	平均売上高	4,203億円	2,839億円	1,832億円
	②	平均資本金	457億円	271億円	240億円
(2) 税理士	①	平均職員数	7.2人	3.5人	2.6人
	②	平均関与先数（個人）	91.4件	42.3件	28.8件
	③	平均関与先数（法人）	71.6件	40.1件	31.9件

2 電子申告の利用程度

　図表17-7は，上場企業の電子申告の年間利用回数を示している。上場企業が最も多く電子申告を利用する税目は「消費税」の168社（＝28社＋2社＋28社＋110社）であり，その中でも，最も利用が多かったのは，「中間申告11回と確定申告1回」（合計の年間利用回数12回）のケースであった。

　また，図表17-8は，税理士の税目別の電子申告利用率を示している。本調査では，調査対象の税目すべてについて，利用率が「75％超の税理士」と「25％以下の税理士」の二つに集中しており，利用率の二極化がみられた。つまり，

第4編　ネットワーク社会と電子申告

図表17－7　上場企業における年間利用回数（N＝257）

税　　　　目	法定申告種類		法定回数	回答社数
(1)　法　人　税	①	確定申告のみ	年1回	27社
	②	中間申告と確定申告	年2回	35社
(2)　消　費　税	①	確定申告のみ	年1回	28社
	②	中間申告1回と確定申告	年2回	2社
	③	中間申告3回と確定申告	年4回	28社
	④	中間申告11回と確定申告	年12回	110社
(3)　所得税徴収高計算書	①	毎月申請	年12回	36社
(4)　印　紙　税	①	毎月申告	年12回	39社
(5)　法人住民税・事業税（eLTAX）	①	確定申告のみ	年1回	14社
	②	中間申告と確定申告	年2回	24社

図表17－8　税理士における税目別利用状況（N＝437）

税　目＼利用率	～25%	～50%	～75%	～100%	回答無	平均利用率
(1)　所　得　税	131名	50名	32名	210名	14名	58.8%
(2)　法　人　税	193名	36名	20名	158名	30名	45.6%
(3)　法人住民税・事業税	253名	36名	16名	80名	52名	27.1%
(4)　法定調書・合計表	167名	36名	19名	177名	38名	50.8%
(5)　各種届出書	216名	47名	17名	110名	47名	37.0%

現在，「利用中」の税理士は，「積極的な利用者」と「消極的な利用者」に区別され，後者（消極的利用の税理士）については，電子申告を利用してはいるものの，一部の関与先に限っているケースが数多くあるものと考えられる。

3　電子申告の利用動機

電子申告を利用する理由について，調査項目への同意の程度を調査した結果が**図表17－9**である。この図表では，本調査結果と国税庁の調査結果（国税庁企画課・情報技術室［2008］）を比較して示している。

第17章　わが国における電子申告の現状と課題

図表17-9　「電子申告を利用する理由」への同意の程度

質問項目	調査対象（N：対象数）	上場企業 N＝333社	税理士 N＝534名	一般納税者等 N＝7,224名
①	税務署に行かなくても申告可能	216社 (64.9%)	347名 (65.0%)	4,552名 (63.0%)
②	税務署の閉庁時間でも申告可能	161社 (48.3%)	367名 (68.7%)	3,904名 (54.0%)
③	外部からの要請	285社 (85.6%)	403名 (75.5%)	1,274名 (17.6%)
④	書面に比べて負担が軽減	136社 (40.8%)	－	1,834名 (25.4%)
⑤	インターネットバンキングとの連動で納税が可能	82社 (24.6%)	－	213名 (2.9%)
⑥	申告業務のコスト削減可能	－	200名 (37.5%)	－
⑦	優遇措置がある	－	126名 (23.6%)	5,494名 (76.1%)

（注）　図表中の「一般納税者等」は，国税庁が2008年2月から5月にかけてホームページ上で実施したアンケート調査の結果を筆者が加工したものである。また，図表中の「－」は，該当する調査項目がなかったことを示している。

　この図表から明らかなように，「①税務署に行かなくても申告可能」および「②税務署の閉庁時間でも申告可能」という理由については，上場企業と税理士，および一般納税者等はともに，過半数以上がそれに同意していた。また，「③外部からの要請」については，上場企業と税理士が，最も多くの同意を示している。このことから，現在の電子申告は，税務署等からの強い要請による「受動的電子申告」の色彩が強いといってよい。さらに，一般納税者等について最も特徴的なのは，「⑦優遇措置がある」について，最も多くの同意がみられたことである。このことから，所得税における「電子申告特別控除制度（5,000円控除）」等の誘引措置が一定の効果をあげていることがわかる。

第4編　ネットワーク社会と電子申告

Ⅳ　電子申告の課題

1　電子申告導入の技術的阻害要因

　電子申告を導入するにあたり，技術的な阻害要因となりうる主な事前手続について，本調査結果と国税庁の調査結果を比較して示したのが**図表17－10**である。

　国税庁の調査の主な回答者は一般納税者等であると推測され，「⑤暗証番号の変更」を除くその他の作業に，約4割以上の回答者が困難を感じていることがわかる。これらの作業は，「e-Tax」の利用にあたって最も基本的な作業であるにもかかわらず，一般納税者等にとっては，困難な作業とみなされている。したがって，今後，スムーズな作業に向けてのシステムの改善が強く望まれる。

　これに対して，上場企業と税理士については，「②電子証明書登録やルート証明書のインストール」作業について，多くの回答者（34.6%）が困難を感じており，これが技術的阻害要因となっている。この結果は，一般納税者等

図表17－10　電子申告導入の技術的な阻害要因

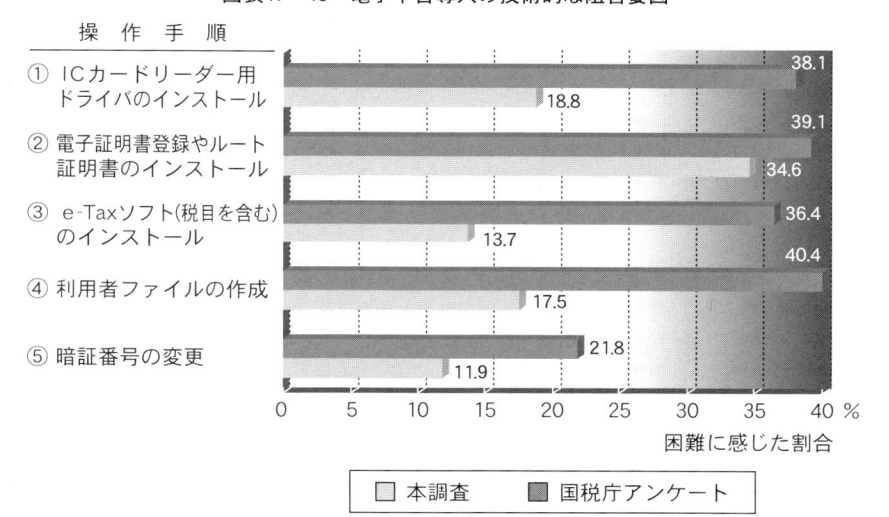

操作手順	本調査	国税庁アンケート
① ICカードリーダー用ドライバのインストール	38.1	18.8
② 電子証明書登録やルート証明書のインストール	39.1	34.6
③ e-Taxソフト(税目を含む)のインストール	36.4	13.7
④ 利用者ファイルの作成	40.4	17.5
⑤ 暗証番号の変更	11.9	21.8

困難に感じた割合(%)

第17章　わが国における電子申告の現状と課題

(39.1％) についても同様であり，最も大きな技術的阻害要因となっている。

このような調査結果は，電子証明書等に関する諸手続とともに，技術的作業については，納税者がより使い易く，かつ，簡素なシステムへの改善努力が，税務当局にとって継続的に必要であることを示している。

2　電子申告導入の制度的阻害要因

図表17－11と図表17－12は，現在，電子申告を利用していない上場企業および税理士に対して，その理由を調査した結果である。この調査は，調査事項に同意の程度を示す形式で行われた。

上場企業および税理士はともに，「①電子申告に至るまでの手続きが面倒」および「②申告業務の合理化・効率化に役立たない」ことが最も大きな理由となっている。このことから，既存の申告書については，レイアウトの変更や提出書類の削減など，何らかの思い切った施策が必要であると考えられる。

本調査では，電子申告を利用しない理由について，さらに，自由記述による調査を実施し，上場企業から28件，税理士から42件のコメントが寄せられた。

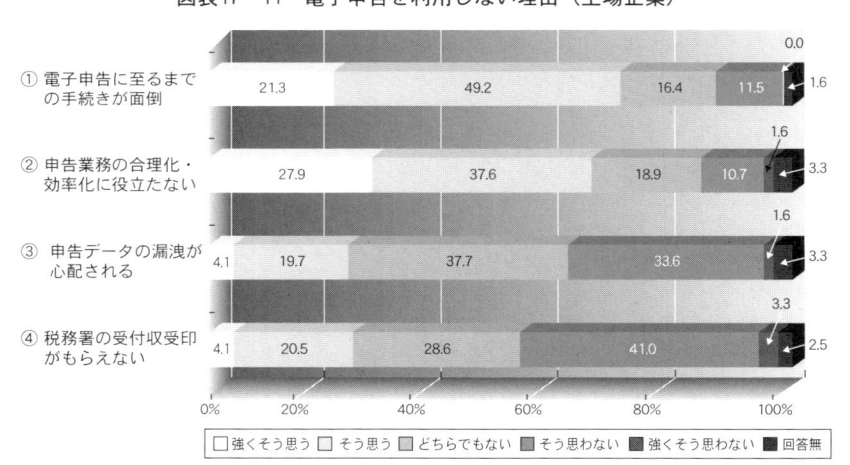

図表17－11　電子申告を利用しない理由（上場企業）

理由	強くそう思う	そう思う	どちらでもない	そう思わない	強くそう思わない	回答無
① 電子申告に至るまでの手続きが面倒	21.3	49.2	16.4	11.5	0.0	1.6
② 申告業務の合理化・効率化に役立たない	27.9	37.6	18.9	10.7	1.6	3.3
③ 申告データの漏洩が心配される	4.1	19.7	37.7	33.6	1.6	3.3
④ 税務署の受付収受印がもらえない	4.1	20.5	28.6	41.0	3.3	2.5

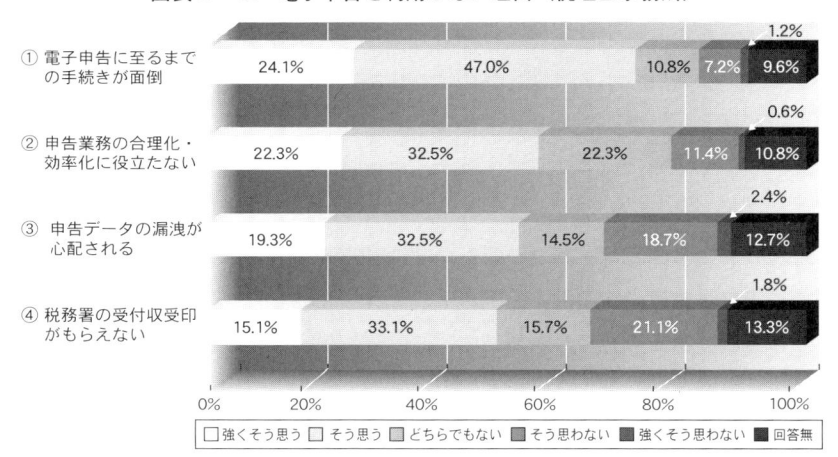

第4編　ネットワーク社会と電子申告

図表17-12　電子申告を利用しない理由（税理士事務所）

項目	強くそう思う	そう思う	どちらでもない	そう思わない	強くそう思わない	回答無
① 電子申告に至るまでの手続きが面倒	24.1%	47.0%	10.8%	7.2%	9.6%	1.2%
② 申告業務の合理化・効率化に役立たない	22.3%	32.5%	22.3%	11.4%	10.8%	0.6%
③ 申告データの漏洩が心配される	19.3%	32.5%	14.5%	18.7%	12.7%	2.4%
④ 税務署の受付収受印がもらえない	15.1%	33.1%	15.7%	21.1%	13.3%	1.8%

これらの結果を集約して示したのが，**図表17-13**（上場企業）と**図表17-14**（税理士）である。

上場企業からのコメントのうち，最も多かったのは，「①電子証明書の取得が困難・コストがかかる」(13件) であった。上場企業等の法人組織では，代表者の変更が一定期間で行われるため，その都度，電子証明書を取得する必要がある。そのため，このような手続面での煩雑さが主な原因であると考えられる。

他方，税理士からのコメントで最も多かったのは，「①高齢等により関与先が無い・少ない」(16件) であり，税理士業界の高齢化・二極化が電子申告業務にも影響を与えている。また，「②電子申告システム・法制度への不満と不安」(11件) および「③税務当局への不満」(7件) を合わせると相当数 (18件) にのぼり，現行の電子申告制度に対する漠然とした不満が，電子申告を利用しない大きな理由となっていることがわかる。

図表17−13 「電子申告を利用しない理由」に関するコメント（上場企業）

コメント	件数
① 電子証明書の取得が困難・コストがかかる	13件
② 添付書類の送信が困難	6件
③ eLTAXが一部市町村で未対応	3件
④ 税理士に依頼している	2件
⑤ その他	4件

図表17−14 「電子申告を利用しない理由」に関するコメント（税理士）

コメント	件数
① 高齢等により関与先が無い・少ない	16件
② 電子申告システム・法制度への不満と不安	11件
③ 税務当局への不満	7件
④ 事務所設備・技術力の不足	6件
⑤ その他	2件

V 電子申告の将来

1 電子申告が税務に与える影響

　電子申告が将来の税務に与える影響について，各質問項目への同意の程度を調査した結果が**図表17−15**と**図表17−16**である。

　上場企業については，「①金融機関への提出書類が電子データに変わっていく」（51.0％＝4.4％＋46.6％）が最も大きな同意を得ているものの，他の質問項目については，比較的否定的な結果となっている。

　また，税理士についても，上場企業のケースと同様に，「①金融機関への提出書類が電子データに変わっていく」（64.0％＝10.7％＋53.3％）が大きな同意を得ており，さらに，「②電子申告により税理士業務が将来大きく変わる」（47.1％＝8.0％＋39.1％）および「③電子申告をしている税理士としていない税理士に差別化が生じる」（39.3％＝8.3％＋31.0％）がこれに次いで大きな同意を得ている。

第4編　ネットワーク社会と電子申告

図表17−15　電子申告による税務への影響（上場企業）

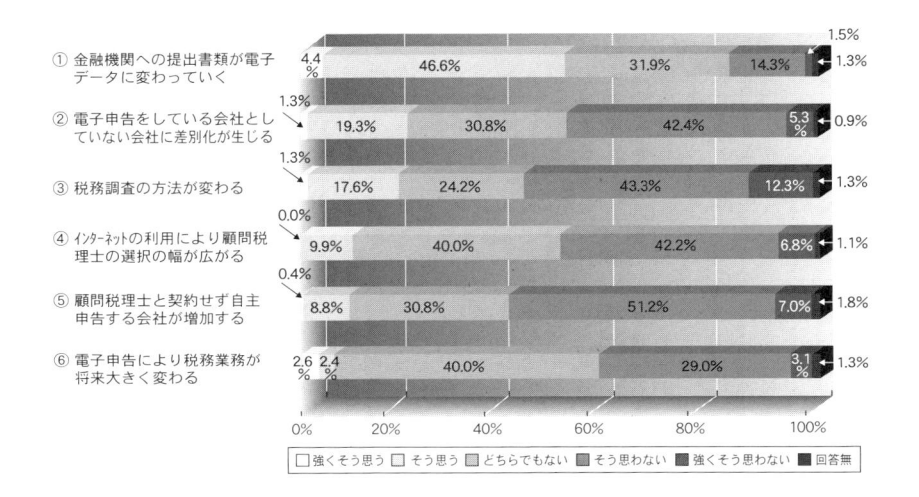

	強くそう思う	そう思う	どちらでもない	そう思わない	強くそう思わない	回答無
① 金融機関への提出書類が電子データに変わっていく	4.4%	46.6%	31.9%	14.3%	1.5%	1.3%
② 電子申告をしている会社としていない会社に差別化が生じる	1.3%	19.3%	30.8%	42.4%	5.3%	0.9%
③ 税務調査の方法が変わる	1.3%	17.6%	24.2%	43.3%	12.3%	1.3%
④ インターネットの利用により顧問税理士の選択の幅が広がる	0.0%	9.9%	40.0%	42.2%	6.8%	1.1%
⑤ 顧問税理士と契約せず自主申告する会社が増加する	0.4%	8.8%	30.8%	51.2%	7.0%	1.8%
⑥ 電子申告により税務業務が将来大きく変わる	2.6%	2.4%	40.0%	29.0%	3.1%	1.3%

図表17−16　電子申告による税務への影響（税理士）

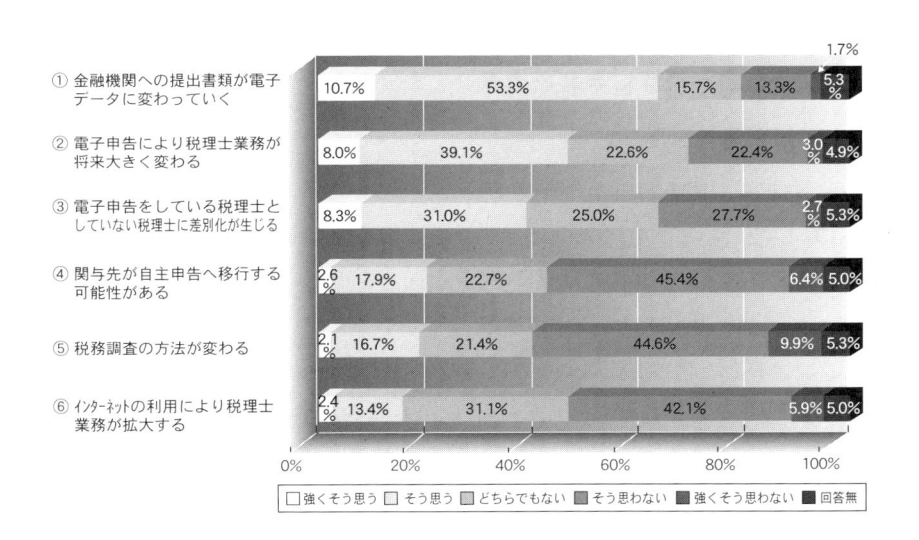

	強くそう思う	そう思う	どちらでもない	そう思わない	強くそう思わない	回答無
① 金融機関への提出書類が電子データに変わっていく	10.7%	53.3%	15.7%	13.3%	5.3%	1.7%
② 電子申告により税理士業務が将来大きく変わる	8.0%	39.1%	22.6%	22.4%	3.0%	4.9%
③ 電子申告をしている税理士としていない税理士に差別化が生じる	8.3%	31.0%	25.0%	27.7%	2.7%	5.3%
④ 関与先が自主申告へ移行する可能性がある	2.6%	17.9%	22.7%	45.4%	6.4%	5.0%
⑤ 税務調査の方法が変わる	2.1%	16.7%	21.4%	44.6%	9.9%	5.3%
⑥ インターネットの利用により税理士業務が拡大する	2.4%	13.4%	31.1%	42.1%	5.9%	5.0%

第17章　わが国における電子申告の現状と課題

なお，**図表17－17**は，上記の②および③の質問項目について，さらに詳細な分析を行うため，電子申告の利用状況別の同意率を示したものである。電子申告を「利用中」の税理士では，約半数が「電子申告は税理士業界に差別化をもたらし，税理士業務を大きく変化させる」と考えているが，「検討中」および「未利用」の税理士の同意率は次第に低くなる結果となっている。このことから，電子申告が将来の税務に与える影響についても，利用状況の相違によって意識情況が異なることがわかる。

図表17－17　税理士業界に与える影響に関する電子申告利用状況別の同意率

質　問　項　目	利用中	検討中	未利用
②　電子申告により税理士業務が将来大きく変わる	53.3%	42.2%	33.7%
③　電子申告をしている税理士としていない税理士に差別化が生じる	49.9%	25.8%	19.3%

2　将来の展望

本調査では，電子申告が税務に与える影響について，自由記述の形式で調査を行い，上場企業からは54件，税理士からは175件のコメントが寄せられた。その多くは，電子申告の将来への展望に関するものであった。**図表17－18**（上場企業）および**図表17－19**（税理士）は，これらのコメントを集約した結果を示している。

図表17－18　電子申告の将来（上場企業）

コ　メ　ン　ト	件　数
①　ペーパーレス・時間の削減が可能	25件
②　eLTAXの全国的対応に期待	8件
③　税務署・税理士との関係が変化	7件
④　社内システムの改善が必要	5件
⑤　その他	9件

第4編　ネットワーク社会と電子申告

図表17－19　電子申告の将来（税理士）

コメント	利用中	検討中	未利用	合　計
①　指導・助言の増加	31件	5件	8件	44件
②　税理士業務が変化	19件	6件	5件	30件
③　税理士間で格差	14件	—	3件	17件
④　自主申告の増加	8件	2件	3件	13件
⑤　遠方の関与が可能・巡回不要	10件	1件	—	11件
⑥　業務の効率化・合理化	7件	—	—	7件
⑦　懸案事項	5件	1件	—	6件
⑧　パソコンの知識が必要	4件	1件	1件	6件
⑨　無償独占に影響	4件	—	1件	5件
⑩　影響なし	5件	—	—	5件
⑪　税務当局の変化	5件	—	—	5件
⑫　制度の変化	2件	1件	—	3件
⑬　そ　の　他	8件	1件	14件	23件

　これらの図表から分かるように，上場企業では，「①ペーパーレス・時間の削減が可能」(25件) が，電子申告の波及効果として，将来，最も期待されることとされる。また，これらの負担軽減により，さらに「少人数化」や「税務プランニング」が可能といった内容にまで言及する意見もあった。

　他方，税理士では，「①指導・助言の増加」(44件) が最も多く寄せられたコメントであった。具体的には，「電子申告を行うことにより業務が効率化・合理化され，時間的な余裕ができること」，「インターネットや電子メール等の利用が活発化していること」等の理由により，現在の主な業務である税務代理からコンサルティング業務へ移行していくという意見であった。このように，電子申告による新たな業務領域に言及する意見としては，「⑤遠方の関与が可能・巡回不要」(11件) および「⑥業務の効率化・合理化」(7件) などがある。上記⑤の意見の中には「業務のＩＴ化により，時間的，地域的な制約がなくなり，その結果，様々なサービスが新たに生まれてくる」といった意見もみられた。

これらの電子申告のプラス面に着目した意見に対して,「③税理士間で格差」(17件),「④自主申告の増加」(13件),「⑧パソコンの知識が必要」(6件),「⑨無償独占に影響」(5件),「⑪税務当局に変化」(5件)などの意見は,電子申告のマイナス面を強調した意見であった。

これらのマイナス面の意見は,次の四つのタイプに分類できる。
(a) 税理士業界の二極化
(b) 税務調査体制の強化
(c) 税理士業務の縮小
(d) ＩＴ化への不安

上記(a)は税理士業界の二極化（勝ち組と負け組）への不安であり,(b)は対税務署との関係に対する税理士の地位に対する不安である。また,(c)は関与先との関係に関する不安であり,(d)は自らのＩＴスキルに対する不安である,ということができる。

Ⅵ　む　す　び

本章の目的は,上場企業2,000社および税理士2,000名を対象に実施した「電子申告に関する実態調査」を手掛りに,わが国の電子申告の現状と課題を浮き彫りにすることであった。本章での議論は,次の三点に要約できる。

(1) 電子申告の現状について,上場企業および税理士の利用率は約6割程度であり,組織の規模が大きくなるほどその利用割合が高くなっている。このことから,実務界では,組織の規模が大きいほど電子申告のメリットが大きいと感じられているようである。また,上場企業では「消費税」の利用率が最も大きく,税理士では利用率に二極化がみられた。さらに,電子申告を利用する理由については,「外部からの要請」に代表されるように専ら受動的な姿勢が特徴的であった。

(2) 電子申告の課題について,技術的には,電子証明書等に関する手続の簡素化が今後の継続的な課題となる。制度面では,電子申告に至るまでの手

第4編　ネットワーク社会と電子申告

続をより一層簡素化するとともに，提出書類等についてはその削減など，電子申告業務の思い切った合理化・効率化対策が必要であろう。

(3)　電子申告の将来について，それが税務に与える影響としては，まず，金融機関等への提出書類が電子データへ移行していくことが考えられる。また，電子申告を「利用中」の税理士は，電子申告によって税理士間の差別化が生じ，税理士業務は指導・助言など，コンサルティング業務へ移行していくと考えているようである。これに対し，上場企業は電子申告によってペーパーレスや業務時間の削減などが期待できるとしている。

今日のネットワーク社会では，情報技術の発展が社会の制度を大きく変化させる可能性がある。このような情報技術による社会的変化を背景に，電子申告が税務行政の主役となり，「e-Tax」が主要な税務申告手段となっていくことは疑う余地がない。その過程において，税務当局は，利用者が受動的に電子申告を行っている現状のような施策を推し進めるのではなく，利用者がそのメリットを認識し，能動的に行うことができる電子申告制度の確立に尽力すべきである。そのためには，さらなる提出書類の省略や電子署名の省略など，簡素化・合理化・効率化に資する思い切った電子申告施策が必要であろう。

本実態調査を行った2008年以降，税務当局はさまざまな施策を打ち出している。主要な施策を挙げれば，次のとおりである。

①　電子申告特別控除制度（5,000円控除）の適用期限延長
②　Webによる「確定申告書書等作成コーナー」の画面の改善や使い勝手の向上
③　e-Taxを利用することのできるパソコンを税務署に設置し，e-Taxの利便性を体験してもらう施策の導入
④　e-Taxの受付時間について，所得税確定申告期間は24時間受付，法人税申告が集中する5月下旬は受付時間を延長

このような施策により，本実態調査で浮き彫りになった「電子申告導入の技術的・制度的阻害要因」について，そのいくつかは解決されたと思われる。しかし，現時点においても，税理士および一般納税者ともに，能動的かつ積極的

に電子申告を利用しているとは言い難い状況であることに変わりはない。適正かつ公平な課税を実現するには，納税者の利便性をさらに向上させることが不可欠である。

(注)
(1) これについては，財務省のホームページを参照されたい。http://www.mof.go.jp/jouhou/sonota/e-j/180331_online.pdf
(2) オンライン利用率の計画値は下表のとおりである。

図表17−20　国税関係重点対象手続におけるオンライン利用率の計画値

	2007年度	2008年度	2009年度	2010年度	2011年度	2012年度	2013年度
計画値		30%	40%	50%	55%	60%	65%
実績値	23.1%	36.6%	45.4%				

(出典)　http://www.kantei.go.jp/jp/singi/it2/kettei/080916honbun.pdfのp.62より抜粋したものに筆者が直近のデータを加筆。

(3) 本調査の理論的基盤については，「ネットワーク社会と税務会計」特別委員会［2006］・［2007］。

【参考文献】
河﨑照行編著［2007］『電子情報開示のフロンティア』中央経済社。
「ネットワーク社会と税務会計」特別委員会［2006］・［2007］『ネットワーク社会における税務会計の諸問題』（委員長・河﨑照行），税務会計研究学会，中間報告（2006年10月）・最終報告（2007年10月）。
国税庁企画課・情報技術室［2008］『国税電子申告納税システム（e-Tax）の利用に関するアンケートの実施結果について』国税庁企画課・情報技術室。

【謝　辞】
　本調査では，アンケート票の発送，回収，分析作業にあたり，次の方々のご協力を頂いた。記して，感謝の意を表したい。
　池田公司氏（甲南大学），浮田泉氏（関西国際大学），浦崎直浩氏（近畿大学），沖野光二氏（兵庫大学），齋野純子氏（甲南大学），古田美保氏（甲南大学），河﨑美貴子さん，桜井希さん。

（上野　隆也）

索　　引

（あ）

ＲＡＯ ……………………………………65
ＲＭＴ ……………………………206, 207, 209
ＩＣカードリーダー …………………223, 230, 288
ＩＴ革命 …………………………………261
ＩＴガバナンス …………………………19
ＩＴ基本法 ……………………………4, 237
ＩＴ業務処理統制 ……………………22, 24
ＩＴ全社統制 …………………………19, 21
ＩＴ全般統制 …………………………21, 24
ＩＴ統制 …………………………………15
ＩＴ統制の構造 …………………………18
ＩＴ統制の内容 …………………………18
ＩＴ統制の評価 …………………………22
ＩＴ新改革戦略 …………………………242
青色申告 ………………………………58
青色申告制度 …………………………273
アクセス権承認 …………………………200
ASOBAT ………………………………265
アバター ………………………………203
アプリケーションシステム ………………25

（い）

ＥＲＰパッケージ ………………………101
e-Japan構想 …………………………4, 220, 237
e-Tax …………………220, 222, 225, 258, 281
e-Taxソフト …………………………222, 244
ＥＤＩ …………………………………84
ＥＤＰ会計 ……………………………265
ＥＤＶ会計検査 …………………………75
ＥＤＶ簿記 …………………………65, 70
ＥＢＲ …………………………………220
e-文書整備法 …………………………50
e-文書通則法 …………………………50
e-文書法 ………………………………110
異常な取引 ……………………………185

一目瞭然性の原則 ………………………85
一般に公正妥当と認められる会計処理
　の基準 ……………………………48, 268
一般に公正妥当と認められる会計の
　慣行 ………………………………84, 92
一般に公正妥当と認められる企業会計
　の慣行 ……………………………263, 268
一方的報告 ……………………………9
移転価格税制 …………………………155, 156
移転価格税制の理論 …………………162
移動の容易性 …………………………158
インスタンス …………………………247
インスタンス文書 ……………………99, 248
インターネット ………………………3, 239
インターネット言語 ……………………9
インターネットバンキング …228, 230, 287
インターネット法 ……………………205

（う）

ウェブサイト（Webサイト） ……9, 127, 143
迂回的取引 ……………………………192
売上税 …………………………………175, 195

（え）

ＡＯ ……………………………………66
影響強度 ………………………………27
ＨＧＢ …………………………………65
ＳＡＦ …………………………………231
ＸＭＬ …………………………………238
ＸＭＬ署名 ……………………………245
ＸＭＬ監査ファイル ……………………232
XBRL ……………9, 99, 188, 219, 237, 238
XBRL FR ……………………………100, 219
XBRL GL ……………………………99, 219, 231
XBRL Schema ………………………248, 250
XBRLソリューション …………………220
XBRLタクソノミ ………………………248

299

X Link ……………………………248
EDINET ……………………224, 252, 262
FAMA ……………………………74
eLTAX …………………………245, 259

（お）

OECD …………………126, 162, 180, 232
OECD租税委員会 ………………122, 186
OECDの対応 ……………………127, 129, 130
OECDモデル条約 …………………127, 143
オタワ会合 ………………………180
オリジナル文書……………………82

（か）

会計参与 …………………………269
会計参与制度 ……………………269
会計帳簿……………………………96, 263
会計ディスクロージャー …………7, 219
会計理論……………………………5
外国税額控除制度 ………………142
外国法人 …………………………141
開示対象の拡大化…………………7
開示統制 …………………………19
会社関係書類の電磁化……………262
外部委託簿記………………………71
改変の容易性 ……………………158
書き換え……………………………94
確実性 ……………………………133
確実性の原則 ……………………133
確定決算主義 ……………………142, 270
可視性………………………………53
加除 ………………………………268
課税管轄権 ………………………148, 149
課税原則 …………………………131
課税所得概念 ……………………139
課税所得の範囲 …………………141
課税徴収範囲 ……………………176
課税の空白 ………………………194
課税物件 …………………………210
課税方法 …………………………131

課税問題 ……………………………121, 139
課税問題の複雑性 …………………122
仮想アイテム ………………………204, 210
仮想企業 ……………………………123, 124
仮想経済活動 ………………………199
仮想世界……………………………199〜201
仮想世界サービス …………………199, 200, 204
仮想通貨 ……………………………206, 207, 210
仮想法律 ……………………………200, 205
紙媒体………………………………49
関係資産 ……………………………200
監査可能性 …………………………69, 78
勘定科目コード ……………………248
勘定科目のコード化 ………………247
勘定突合 ……………………………264
間接金融 ……………………………32
間接税 ………………………………175
簡素性の原則 ………………………133, 188
管理資料 ……………………………97
関連法人間取引 ……………………169

（き）

機械関知記録 ………………………267
期間帰属……………………………35
企業環境……………………………3
企業環境の変化……………………4
企業実体の変化……………………5
企業集団所得 ………………………164
企業ポイント ………………………209, 210
技術的阻害要因 ……………………288
記帳条件……………………………86, 263
記帳要件 ……………………………10, 91, 92, 95
寄附金税制 …………………………166
基本財務諸表タクソノミ …………249
基本三法 ……………………………156, 157
基本枠組みレポート ………………122
行政手続オンライン化法 …………220, 237
居住地国課税 ………………………141, 144
金融資産……………………………34
金融資産比率………………………33

索　引

金融負債比率 …………………………33

（く）

クリアリング・ハウス ………………178
クレジット決済 ………………………37
クロスボーダー取引 ……123, 176, 190

（け）

ゲームベース型仮想世界 ……………201
経験経済 ………………………………200
経済価値 ………………………………201
経済基盤の変化 …………………………4
計算センター ……………………………7
経済的効率性 …………………………132
計算突合 ………………………………264
計算リンクベース ……………………249
形式的独立性 …………………………272
形式的なＧｏＢ ………………………68
継続的報告 ………………………………9
契約確定 ………………………………35
契約資産 ………………………………38
契約成立主義 …………………………37
契約負債 ………………………………39
権威ある支持 …………………………74
原価・実現アプローチ ………………6, 34
検索機能 ………………………………110
原産地課税 ………………………177, 179
源泉地国課税 ……………………141, 144
源泉地主義 ……………………………136
現地通貨 ………………………………206
見読可能化のコスト …………………83
見読可能性 ……………………78, 109, 268
見読性 …………………………………111

（こ）

恒久的施設 …………………11, 121, 127, 143
公正価値 …………………………7, 31, 34
公正価値会計 …………………………37
公正処理基準 ………………………48, 60
公正性 ……………………………125, 186

公正性の原則 ……………………134, 186
公正なる会計慣行 ……………………48
公然とした不正確さ ……………………8
公的個人認証法 ………………………237
公平性 ……………………………134, 165
公平性の原則 ……………………134, 186
公平な課税 ……………………………243
効率性 ……………………………16, 132
効率性の原則 …………………………132
顧客対価 ………………………………39
顧客対価アプローチ …………………38
国際課税 ………………………………127
国際性 …………………………………191
国際取引 ………………………………140
国税 ……………………………………50
国税通則法 ……………………………66
個人認証サービス制度 ………………220
個別税法 …………………………50, 55, 58
コンピュータ会計 ……………………267
コンピュータ会計法 ……………85, 268
コンピュータシステム ………………106

（さ）

サーバ ……………………………127, 143
サービス価値 …………………………201
債権確定 ………………………………36
再検査可能性の原則 …………………85
歳入手続 ………………………………67
財務的効率性 …………………………132
財務報告 ………………………………31
削除防止 ………………………………80
産業構造の変化 ……………………5, 32
参照リンクベース ……………………249

（し）

ＣＯＭ …………………………………54
Ｃ２Ｃ …………………………35, 189
ジェンキンス報告書 ……………………7
ＧｏＳ …………………………………67
ＧｏＢ …………………………………65

GoBS	67, 72
時価・実現可能性アプローチ	7
事業所得	128
事業の場所	143
事業報告	31, 219
自己資本比率	33
自己申告制	131
試査	264
資産負債アプローチ	7, 34
システム設計	113
実現原則	35
実効性	134
実効性の原則	134
実質的なＧoＢ	68
実体法	55
実箱であるＧoＢ	72, 76
自動データ処理	267
支払能力の原則	134
資本輸出国	145
資本輸入国	145
資本輸出中立性	148
資本輸入中立性	148
仕向地課税	176
仕向地主義	130
シャウプ勧告	273
社外のＥＤＶ簿記	71
収益認識原則	39
収益認識プロジェクト	38
収益費用アプローチ	6
住基カード	226
州際取引	196
修正	80
柔軟性	134
柔軟性の原則	134
従来のwebサイト	204
受動的電子申告	287
取得原価	6, 31
取得原価主義会計	34
巡回監査	264, 274
純粋サービス	179

商業帳簿	84, 92, 97
消去処理	94
証拠資料	97
証拠能力	49, 59
使用税	195
承諾通知	36
消費課税	11, 121, 129, 175, 176, 193
消費国課税	130
消費地	131, 195
消費地課税原則	194
証憑突合	264
情報技術	121
情報セキュリティ	223
情報の信頼性	62, 98
証明力	49, 59
将来キャッシュ・フローの現在価値	7
使用料	128
所得	11, 31
所得分類	11, 121, 128, 143
所得分類ＴＡＧ	129
書面添付	270
書面添付制度	274
所有権移転	36, 200
シングルスタンダード	59, 62
申告業務の合理化	289
申告業務の効率化	289
申告納税制度	273
真実性	49, 53, 111
信頼性	98

（す）

垂直的公平	186
水平的公平	186
スキーマ	248
スキャナー保存	50, 268
スプレッドシート	26

（せ）

正確性	86, 91〜94, 263
正規性	69, 72, 73, 77

正規の記憶装置簿記の諸原則……………67
正規のコンピュータ簿記システムの
　諸原則……………………………………67
正規の情報処理の原則……………………72
正規の簿記…………………………………65
正規の簿記の諸原則………………………65
制限納税義務者………………………… 142
整合性ある3層構造………………………68
精細監査………………………………… 264
精神的独立性…………………………… 272
静的報告…………………………………… 9
制度の阻害要因………………………… 289
整備法……………………………… 220, 237
製品価値………………………………… 201
税務行政………………………………… 256
税務行政の簡素化……………………… 188
税務行政の高度化……………………… 243
税務行政の効率化……………………… 243
税務執行………………………………… 190
税務情報の信頼性……………………… 255
税務情報の電子化……………………… 260
税務調査の効率性……………………… 188
税務用タクソノミ……………………… 249
税理士制度……………………………… 271
税理士の使命…………………………… 277
税理士の認証…………………………… 225
セカンド・ライフ（Second Life）… 140, 200
世代間の公平…………………………… 186
説明書類の保存………………………… 109
全世界所得連結納税…………………… 164
専門的知識を有する第三者………………79

（そ）

相互追跡………………………………… 108
送信データ構造………………………… 244
双方向的報告……………………………… 9
ソーシャル型仮想世界………………… 201
ソーシャル・ネットワークサービス… 201
ソース・ルール………………………… 125
遡及的訂正………………………………… 94

即時的報告………………………………… 9
測定アプローチ……………………………38
租税回避………………………… 125, 185, 191
租税回避の防止………………………… 148
租税原則…………………………… 146, 164
租税法律主義……………………………59, 272
ソフトウェアベンダー……………………83

（た）

貸借対照表構成比率………………………32
代理送信…………………………… 255, 258
タクソノミ………………………… 247, 248
タクソノミ・スキーマ…………… 248, 249
タクソノミ文書……………………………99
多段階取引……………………………… 192
タックスヘイブン……………………… 125
脱税………………………………… 186, 191
ダブルスタンダード……………………59, 62
担税力…………………………………… 156

（ち）

知的資産…………………………………… 7
地方税の電子申告……………………… 259
中小企業会計指針……………………… 277
中小企業の会計に関する研究会報告書…91
中小企業の監査……………………………75
中立性…………………… 126, 131, 149, 165, 187
中立性の原則……………………… 132, 147, 187
超過収益力………………………………… 7
帳簿書類…………………………………… 96
帳簿突合………………………………… 264
帳簿の証拠力………………………………84
直接金融……………………………………32
直接税…………………………………… 175

（つ）

通常の期間…………………………………57
通常用いられない法形式……………… 192
通常用いられる法形式………………… 192

（て）

ＴＮＭＭ法	157
定期報告	9
定義リンクベース	249
定式分配法	155, 156
定式分配法の論理	163
訂正	80, 268
訂正機能	23
データ交換	70
データ仕様	100
データ送達	70
データ媒体	67
適時記帳	264
適時性	86, 91, 93
適正価格	156
適正申告	278
適正な課税	243
適正な時価	156
デジタル化	123
デジタルコンテンツ	199, 201
デジタル財	124, 128
デジタル・デバイド	126
手続法	55, 58, 176, 179
電子計算機	268
電子決済システム	200
電子公告	49, 263
電子承諾通知	36
電子商取引	3, 10, 35, 121, 139, 155, 179, 186, 189, 199
電子商取引課税	122
電子商取引課税の可能性	125
電子商取引化率	3
電子商取引の挑戦	123
電子商取引の特徴	158
電子証明書	221, 230, 245
電子証明書登録	288
電子署名	225, 245
電子申告	11, 219, 237, 255
電子申告システム	220, 228, 244
電子申告証明書登録	288
電子申告制度	223, 225, 242
電子申告特別控除制度	287
電子申告に関する実態調査	282
電子申告・納税システム	220, 238, 244
電子申告の課題	288
電子申告の現状	284
電子申告の将来	291
電子申告の法整備	220
電子申告の利用状況	284
電子申告の利用程度	285
電子申告の利用動機	286
電子政府	228, 237, 238, 240
電子税務調査	223, 231
電子帳簿	10, 91, 96
電子帳簿保存法	4, 47, 55, 58, 84, 110, 262, 265
電子帳簿保存法施行規則	50, 95
電子帳簿保存法取扱通達	57
電子帳簿保存法の改正	47
電子帳簿保存法の基本構造	52
電子帳簿保存法の創設	47
電磁的記録	47, 49, 53
電磁的取引	123
電磁的方法	49
電磁的保存	84
電子媒体	49, 239
電子マネー	210
伝統的なＥＤＶ簿記	71
伝統的な簿記	66
伝票突合	264

（と）

ドイツの電子帳簿	65
投資者保護	34
動的報告	9
登録による申告方式	195
匿名性	186, 190, 191
独立企業間価格	156, 170
独立企業原則	155〜157, 164

独立企業原則の論理 …………………162
取引形態の変化 …………………………5
取引単位営業利益法 …………………157
取引の異常性 …………………………193
取引の自動化 …………………………123
トレードオフ …………………………135

（な）

内外判定 ………………………………129
内国歳入庁 ……………………………265
内国歳入手続 …………………………267
内国歳入法 ………………………67, 145
内国法人 ………………………………141
内部統制 …………………………15, 19
内部統制システム ……………………53
内部統制報告制度 ………………15, 28
ナレッジ型会計モデル ………………31
ナレッジ型会計理論 …………………6, 7
ナレッジ型市場経済 ……………………7, 31

（に）

二重課税の排除 ………………………148

（ね）

ネット犯罪 ……………………………224
ネットワーク ……………………4, 107
ネットワーク環境 ………………………17
ネットワーク社会 ……………3, 4, 15, 31
ネットワーク接続 ………………………17

（の）

納税義務 ………………………………141
納税義務者 ………………………………49
納税システム ………………220, 238, 244
納税者の信頼 …………………………243
納税者の利便性 ………………242, 258

（は）

バックアップ …………………………114
バック系システム ………………………18

発見機能 …………………………………23
場の条件 ……………………………73, 76
販売基準 …………………………………35

（ひ）

ＰＳ法 …………………………………157
B2C ……………3, 35, 130, 162, 189, 193, 195
B2B …………………3, 35, 130, 162, 189, 193
非関連法人間取引 ……………………169
ビジネスモデル ……………123, 125, 201
ビジネスモデルの変化 ………………125
ビジネスレポーティング ………………8
bit tax …………………………………146
標準監査ファイル ……………………231
表示リンクベース ……………………249

（ふ）

ファイナンス型会計モデル ……………31
ファイナンス型会計理論 ……………6, 7
ファイナンス型市場経済 ………7, 31, 34
付加価値税 ………………………175, 177
付加価値税情報交換システム ………181
付加価値税登録 ………………………180
付加価値税納税者番号 ………………178
不確定法 …………………………………57
複式簿記の原則 …………………………56
複数要素契約 ……………………………38
不公正な有利 …………………………177
物権変動 …………………………………35
不変の記帳の原則 …………………80, 85
プロダクト型会計モデル ………………31
プロダクト型会計理論 …………………6
プロダクト型市場経済 …………………6
プロバイダー …………………………128
フロント系システム ……………………17
文書化 ……………………………69, 79

（へ）

ペイジー（pay-easy）……………228, 230
ペーパーレス …………………………107

ペーパーレス取引 ……………………124
変更……………………………………80

(ほ)

ボーダーレス …………………123,260
ボーダーレス社会……………………261
ボーダーレス取引……………………123
簿記の正規性…………………………77
保存……………………………………81
保存義務者……………………………49
保存形式の交代………………………82
保存性…………………………………111
保存媒体………………………………49
ボラティリティ………………………7,34
本店所在地主義………………………142

(ま)

マイクロフィルム……………………70

(む)

無形資産 …………………………157,161
無形資産取引…………………………155
無償独占………………………………226
無制限納税義務者……………………142
無体財産………………………………196

(め)

名称リンクベース……………………249

(も)

目的別タクソノミ……………………250

(ゆ)

有害な税の競争 ………………………126
有効性…………………………………16
有体財産………………………………196

(よ)

予防機能………………………………23

(り)

リアルタイム取引 ……………………124
利益の原則 ……………………………134
利益分割法……………………………157
利益法 ……………………156,158,170
リスク管理……………………………16
リバースチャージ方式 …………131,195
利用率の二極化………………………285
履歴保存………………………………108
リンクベース…………………………248
リンデンドル…………………………207

(る)

累積的間接税 …………………………175
ルーズリーフ式簿記…………………65
ルート証明書……………………225,288
ルート要素……………………………101

(れ)

連結納税制度 …………………………166

執筆者一覧 (執筆順)

河﨑　照行（かわさき　てるゆき）
甲南大学会計大学院教授
（第1章, 第8章執筆）

堀江　正之（ほりえ　まさゆき）
日本大学商学部教授
（第2章執筆）

浦崎　直浩（うらさき　なおひろ）
近畿大学経営学部教授
（第3章執筆）

福浦　幾巳（ふくうら　いくみ）
西南学院大学商学部教授
（第4章執筆）

坂本　孝司（さかもと　たかし）
税理士・米国公認会計士
静岡理工科大学大学院客員教授
（第5章執筆）

浮田　泉（うきた　いずみ）
関西国際大学人間科学部教授
（第6章執筆）

羽藤　憲一（はとう　けんいち）
近畿大学経営学部教授
（第7章執筆）

藤井　誠（ふじい　まこと）
日本大学商学部准教授
（第9章執筆）

古田　美保（ふるた　みほ）
甲南大学経営学部准教授
（第10章執筆）

齊野　純子（さいの　じゅんこ）
甲南大学大学院教授
（第11章執筆）

八ツ尾　順一（やつお　じゅんいち）
近畿大学法学部教授
（第12章執筆）

沖野　光二（おきの　こうじ）
兵庫大学経済情報学部准教授
（第13章執筆）

池田　公司（いけだ　こうじ）
甲南大学経営学部教授
（第14章執筆）

坂上　学（さかうえ　まなぶ）
法政大学経営学部教授
（第15章執筆）

髙田　順三（たかだ　じゅんぞう）
ＴＫＣ社長・税理士
（第16章執筆）

上野　隆也（うえの　たかや）
税理士
桃山学院大学大学院非常勤講師
（第17章執筆）

編著者紹介

河﨑　照行（かわさき　てるゆき）

1950年山口県に生まれる。1979年神戸大学大学院経営学研究科博士課程単位取得。経営学博士（神戸大学）。
1978年甲南大学経営学部助手，その後，専任講師，助教授，教授となり，現在，甲南大学会計大学院教授。
1992年～1993年米国テキサス大学客員研究員。
2004年～2006年甲南大学副学長。
税理士試験委員，公認会計士試験委員を歴任。
日本会計研究学会理事，日本簿記学会理事，税務会計研究学会理事，経済産業省中小企業政策審議会臨時委員などを歴任。

[主要著書]
『情報会計システム論』（単著，中央経済社．1997年），『リスクマネジメントと会計』（編著，同文舘出版，2003年），『電子情報開示のフロンティア』（編著，中央経済社，2007年），『企業パラダイムと情報システム』（共著，税務経理協会，1991年），『中小会社の会計指針』（共著，中央経済社，2006年），『21世紀の財務報告：ＸＢＲＬの本質』（監訳，同文舘出版，2007年），他多数。

編著者との契約により検印省略

平成23年3月31日　初版第1刷発行　**ネットワーク社会の税務・会計**

編著者	河﨑　照行
発行者	大坪　嘉春
印刷所	税経印刷株式会社
製本所	牧製本印刷株式会社

発行所　東京都新宿区下落合2丁目5番13号　株式会社　税務経理協会
郵便番号 161-0033　振替 00190-2-187408　電話(03)3953-3301(編集部)
FAX(03)3565-3391　(03)3953-3325(営業部)
URL http://www.zeikei.co.jp/
乱丁・落丁の場合はお取替えいたします。

© 河﨑照行 2011　　　　　　　　　Printed in Japan

本書を無断で複写複製（コピー）することは，著作権法上の例外を除き，禁じられています。本書をコピーされる場合は，事前に日本複写権センター（JRRC）の許諾を受けてください。
JRRC(http://www.jrrc.or.jp　eメール:info@jrrc.or.jp　電話:03-3401-2382)

ISBN978-4-419-05326-0　C3034